U0583542

复旦大学韩国研究丛书

中文社会科学引文索引（CSSCI）来源集刊
中国学术期刊综合评价数据库（CNKI）来源集刊
万方数据（WANFANG DATA）来源集刊

复旦大学韩国研究中心　编

总第四十四辑

韩国研究论丛

CHINESE JOURNAL OF KOREAN STUDIES

（2022年第二辑）

SSAP 社会科学文献出版社
SOCIAL SCIENCES ACADEMIC PRESS (CHINA)

本论丛的出版受到2022年度韩国学中央研究院韩国学出版项目资助，特此鸣谢！

This publication was supported by the 2022 Korean Studies Grant Program of the Academy of Korean Studies (AKS-2022-P-003).

复旦大学《韩国研究论丛》编委会

目录

CONTENTS

政治与外交

历史与文化

社会与管理

政治与外交

俄罗斯的东北亚政策：利益、实践与新趋势

文龙杰

【内容提要】俄罗斯地跨欧亚，东北亚一直是其重要外交方向。俄罗斯希望通过经营与东北亚国家关系，影响和塑造于己有利的东北亚地区安全结构，维护本国东部安全。由于拥有中、日、韩三大经济体，东北亚地区拥有巨大经济潜力和发展机遇，俄罗斯希望加强和扩大与东北亚国家的经济合作，融入地区经济一体化，拉动本国经济增长。更重要的是，俄罗斯希望深入参与东北亚事务，保持在地区乃至世界热点问题上的影响力，稳固自己的世界大国地位。但冷战时期遗留下的地区结构对俄罗斯的东北亚外交努力形成了限制，2022 年初俄乌冲突爆发后，俄罗斯过去一段时间在东北亚方向的外交实践遇到了新的挑战，东北亚局势也因此更趋复杂。

【关键词】俄罗斯　东北亚　乌克兰危机　地区结构

【作者简介】文龙杰，复旦大学发展研究院博士后，中国新闻社评论理论部副主任，主要从事俄罗斯外交、中亚问题、新闻传播等研究。

一般来说，东北亚包括中国、日本、韩国、朝鲜、蒙古国和俄罗斯六国。作为世界大国和东北亚地区大国，俄罗斯在对外战略中十分重视东北亚方向。独立三十多年来，俄罗斯的东北亚政策表现出既关注现实利益又重视长期战略的特点，展现了独特的外交传统、理念和技巧。俄罗斯与中国建立了全面战略协作伙伴关系，与韩国确定了战略伙伴关系，与日本构筑了建设

性伙伴关系，与蒙古国建立了友谊和全面战略伙伴关系，与朝鲜建立了新型的友好国家关系，保证了俄东部、南部边境安全，通过参与东北亚经济一体化进程，促进了其东西伯利亚和远东地区的经济发展。在此基础上，俄罗斯借助自身对东北亚乃至整个亚太地区的影响力，将自己打造成“欧洲—亚洲（太平洋）”国家，增强了在国际事务中的话语权。但 2022 年初俄乌冲突爆发后，俄罗斯与东北亚国家的关系出现了新的变化，这些变化不但对俄罗斯的东北亚外交提出了挑战，也对地区格局产生了显著影响，值得关注。

一　俄罗斯在东北亚地区的利益与目标

俄罗斯在东北亚拥有系统的利益考量与目标设定。在战略追求上，俄罗斯希望凭借地缘优势通过扩大在东北亚的影响力，获得参与重大国际问题的发言权，尤其是与西方国家进行对话的筹码；在安全考量上，俄罗斯既注意到全球秩序在东北亚地区权力结构中的投射，也重视根据该地区既有历史和地缘条件，致力于塑造以大国平衡为核心的东北亚地区权力格局；在经济合作上，尤其是充分利用位于东北亚地区的中、日、韩等国的资金、技术和市场，通过对外合作拉动本国经济发展。

（一）战略追求：通过参与东北亚事务维持大国地位

历史表明，全球秩序是东北亚地区秩序形成的重要背景，后者往往随前者的变化而变化。冷战初期，东北亚地区形成了两大阵营对抗的格局：一方是以美国为首，日本和韩国参加的军事同盟；另一方是以苏联为首，中国、朝鲜和蒙古国参加的阵营。20 世纪 60 年代中苏交恶，70 年代中美建交，东北亚的两大阵营对抗格局出现变化。冷战结束后，苏联解体，东北亚地区权力格局发生战后第三次大调整。

俄罗斯独立之初由于奉行倒向西方的外交政策，在 20 世纪 90 年代对东北亚有所忽视，一度在该地区事务中被边缘化。相比之下，美借助雅尔塔体系本就在东北亚安全秩序问题上一直发挥主导作用，冷战结束后更是凭“胜利者”的身份获取了对该地区事务的主导权，并针对俄罗斯等国家采取了一系列进攻性举措。例如，美国自小布什政府起在东北亚打造战区导弹防御系统，包括部署宙斯盾驱逐舰、X 波段雷达及“萨德”反导系统等。这不但对俄安全形成威胁，更是打破了俄美之间的战略平衡。随着“倒向西方”的失败，俄罗斯 20 世纪 90 年代中期转向“东西平衡”外交政策，开始积极参与东北亚事务。

进入 21 世纪后，俄意识到，包括东北亚在内的亚太地区正在成为发展最快的地缘政治空间，世界经济和政治重心正在向这里转移。包括 2013 年版俄罗斯外交构想在内的文件等都表明，俄罗斯认为，应抓住国际政治的这一变化，积极在东北亚开展外交运筹，为确立自己在新的国际舞台中心的位置投棋布子，体现其在东北亚的存在，在东北亚事务中发挥独特的大国作用，提升国际影响力，展示其全球大国地位。

（二）安全考量：塑造于己有利的地区平衡格局

东北亚地区地缘战略意义重大，美、中、俄等世界大国在该地区拥有地缘战略利益，日本、韩国作为重要经济体也致力于打造自己独特的地区影响力。与冷战时泾渭分明的两大阵营对抗相比，东北亚今天的国际政治虽在对抗烈度上有所减弱，但复杂性有所增加。在该地区，大国竞争激烈，但制度建设薄弱，又加之历史遗留问题难解，地区安全与稳定存在重大变数。

俄罗斯认为，对其而言，东北亚在安全上存在两大威胁，包括传统的军事威胁、常规武器和核武器扩散等，非传统的恐怖主义、跨境犯罪、环境和自然灾害、毒品贩运、非法移民、能源安全等。

在应对传统安全威胁方面，俄罗斯认为，美国主导的军事同盟有扩大条约“责任区”的趋势，包括覆盖俄日之间存在争议的领土。这将危及俄罗斯的利益，为了应对旧威胁和新挑战，俄罗斯致力于扩大在东北亚地区安全格局中的影响力，使该地区的安全结构朝于俄有利的方向发展，[①] 即通过积极布局“灵活的、不结盟的网状外交”，一方面，占据于己最有利的位置，拓展战略空间和回旋余地；另一方面，既要防止美国在东北亚的既有同盟实施遏制俄罗斯的策略，又要防止美国在东北亚组建遏制俄罗斯的同盟，防止

① Сергей Лузянин，Северо-Восточная Азия：внутренние и внешние измерения развития и безопасности，https：//www.perspektivy.info/book/severo－vostochnaja_ azija_ vnutrennije_ i_ vneshnije_ izmerenija_ razvitija_ i_ bezopasnosti_ 2012-03-07.htm.

美国主导建立于俄不利的新结构、新规则。

为了应对非传统安全问题，俄罗斯认为，应积极参与东北亚地区安全合作机制，包括东盟地区论坛（ARF）、上海合作组织等。俄罗斯认为，这些机制透明、开放，并不专注于军事政治联盟的发展，主要是通过对话、安全会议、政治倡议等维护该地区的安全与稳定。①

（三）经济合作：通过对外合作拉动国内发展

通过融入东北亚及亚太地区，带动远东地区经济发展，也是俄罗斯东北亚政策的重要目标。最大的联邦区远东联邦区面积占全俄的 36.1%，但俄罗斯在经济上则是“西重东轻”。西伯利亚和远东地区的发展长期落后于全国平均水平，这不但影响全俄经济发展，甚至危及俄罗斯的国家安全和社会稳定，例如大量人口从远东流失。远东的问题主要包括工业生产不发达、技术落后、劳动生产率低、基础设施严重缺失等。

俄领导人已清楚意识到问题的严重性，明确提出把发展东部当作国家最优先的发展方针。2009 年底，俄政府出台了远东和贝加尔地区 2025 年前社会经济发展战略，2012 年成立了第一个专门的地区发展联邦部远东发展部，2013 年批准了远东与贝加尔地区的社会经济发展国家计划。通过考察俄出台的远东发展战略和国家规划可以发现，俄罗斯的主要思路是通过对外合作拉动国内发展，尤其是在推动远东发展上，必须搭上亚太地区的经济快车，充分利用中、日、韩等国的资金、技术和市场。

二　向东看：俄罗斯的东北亚外交

冷战后的东北亚政治安全局势虽总体有所改善，但现实问题也常勾动和叠加历史问题而使地区政治安全形势更具复杂性和多变性。这种复杂性和多变性既是俄罗斯经略东北亚的现实条件，也为其介入东北亚事务提供了机会。分析俄罗斯的东北亚外交政策，仍要具体到其与该地区各国的双边关

---

① Сергей Лузянин，Северо-Восточная Азия：внутренние и внешние измерения развития и безопасности，https：//www.perspektivy.info/book/severo-vostochnaja_ azija_ vnutrennije_ i_ vneshnije_ izmerenija_ razvitija_ i_ bezopasnosti_ 2012-03-07.htm.

系。俄罗斯主要通过与东北亚国家在政治、安全、经济等领域的互动实现其整体的东北亚战略目标。

（一）俄中关系

中国是俄罗斯在东北亚最大的邻国，两国拥有共同边界 4300 公里。中国还是东北亚地区最大的经济体，与俄经贸合作潜力巨大。更重要的是，两国已解决了所有历史遗留的边界问题，不存在潜在的冲突点。俄中建立了高度的战略互信，2019 年 6 月两国领导人共同签署了关于发展新时代全面战略协作伙伴关系的联合声明。俄中互信上不封顶，战略合作不设禁区，世代友好没有止境。① 俄中两国在东北亚的主要目标一致，确保东北亚地区的和平稳定是两国的共同利益，俄中新时代全面战略协作伙伴关系是东北亚稳定的重要基础。

近年来，俄中经贸合作取得了巨大成就。尽管近年来全球经济复苏乏力，且受到新冠疫情反复冲击，俄中经贸合作仍保持了良好增长势头。2021 年，俄中双边贸易额再创历史新高。中国商务部的数据显示，2021 年中俄货物贸易额达 1468.7 亿美元，同比增长 35.9%，中国连续 12 年稳居俄第一大贸易伙伴国地位。② 2014 年克里米亚危机后，美国、欧盟对俄实施制裁。近年来，中美贸易摩擦也给中国带来一定压力。俄中都试图通过提升和加深经贸合作，应对来自西方的挑战。在此背景下，俄中经贸合作实现历史性突破。得益于在与中国经济合作中获得的资金、技术、市场，俄挺过了西方制裁的难关。③

尤其值得一提的是，与中国的合作带动了俄远东地区的发展。据俄方统计，2018 年中国与俄远东联邦区贸易额达 98 亿美元，同比增长 27.6%，占该联邦区外贸额的 28.4%，中国成为俄远东地区第一大贸易伙伴国，中方参与俄远东跨越式发展区和自由港项目 30 余个，规划总投资超过 40 亿美

---

① 《2022 年 1 月 27 日外交部发言人赵立坚主持例行记者会》，外交部网站，2022 年 1 月 27 日，https：//www.mfa.gov.cn/web/wjdt_ 674879/fyrbt_ 674889/202201/t20220127_ 10635286.shtml。

② 《中俄经贸合作成果丰硕》，国务院新闻办公室网站，2022 年 2 月 9 日，http：//www.scio.gov.cn/31773/35507/35513/35521/Document/1720030/1720030.htm。

③ 冯玉军：《中俄经济关系：现状、特点及平衡发展》，《亚太安全与海洋研究》2021 年第 3 期，第 83~84 页。

元，是俄远东地区最大的外资来源地。[①] 由此可见，无论从合作条件、合作意愿看还是合作效果看，中国都是俄在东北亚方向开展经济合作最重要的对象国。未来，中俄经济合作前景广阔。正如习近平总书记所指出的，“中俄两国都处在国家发展的关键阶段，要携手并肩实现同步振兴”。[②] 毫无疑问，双方将继续开展共建“一带一路”同欧亚经济联盟对接，持续推进战略性大项目顺利实施，深入挖掘新兴领域合作潜力，充分发挥地方互补优势，构建全方位、深层次、多领域的中俄互利合作新格局，实现更紧密的利益融合。

（二）俄日关系

日本是世界上最发达的经济体之一，俄致力于通过挖掘与日本经济合作潜力，“全面活跃同日本的关系，包括深化在国际舞台上的相互协作，扩大经贸合作和其他合作”，[③] 但领土问题涉及俄日两国核心利益，目前尚未看到解决的可能性，这一历史包袱限制了两国关系的发展。

俄日经济合作水平仍有较大提升空间。据俄联邦海关总署统计，2021 年，俄日贸易额为 198.74 亿美元，俄对日出口额为 107.48 亿美元，俄从日进口额为 91.26 亿美元。2021 年，日俄贸易额在俄对外贸易额中占 2.5%，排第 13 位，不但远逊于中国，也落后于韩国。[④] 能源合作是俄日经济合作的重点，俄向日供应石油、天然气和煤炭等，有助于解决后者的能源匮乏问题。2021 年，能源产品占俄对日出口总额的 61.49%，2020 年甚至高达 70.23%。[⑤] 此

① 刘华芹：《开启中俄经贸合作新时代——中俄（苏）经贸合作七十年回顾与展望》，《俄罗斯东欧中亚研究》2019 年第 4 期，第 72 页。

② 习近平：《携手努力，并肩前行，开创新时代中俄关系的美好未来》，新华社莫斯科 2019 年 6 月 5 日电。

③ 伊·伊万诺夫：《俄罗斯新外交》，陈凤翔等译，当代世界出版社，2002，第 110~111 页。

④ 2021 年日本在俄出口总额中占 2.2%，排第 12 位（2020 年也排第 12 位）；2021 年日本在俄进口总额中占 3.1%，排第 8 位（2020 年也排第 8 位）。这两项指标也都落后于中国、韩国。Отчёт о внешней торговле между Россией и Японией в 2021 году：товарооборот，экспорт，импорт，структура，товары，динамика. 12 февраля 2022 г.，https：//russian-trade.com/reports-and-reviews/2022-02/torgovlya-mezhdu-rossiey-i-yaponiey-v-2021-g/?ysclid=l73atsbjce73080738.

⑤ Отчёт о внешней торговле между Россией и Японией в 2021 году：товарооборот，экспорт，импорт，структура，товары，динамика. 12 февраля 2022 г.，https：//russian-trade.com/reports-and-reviews/2022-02/torgovlya-mezhdu-rossiey-i-yaponiey-v-2021-g/?ysclid=l73atsbjce73080738.

外，俄日还正在电力工业、化学工业、木材加工、制药工业、电力工程、农业和医药等领域实施联合投资项目。

近年来，俄日经济合作的提升主要得益于安倍晋三的积极推动。安倍晋三2012年12月重新担任日本首相后，致力于在日俄关系上有所突破。2016年5月，两国领导人在索契举行重要会晤，安倍晋三提出对俄“八点合作计划”。当年12月，俄总统普京实现自2005年时隔11年再次访日，与安倍晋三再次以经济合作为中心议题进行会谈。此访前夕，双方按照“八点合作计划”，在政府间和企业层面签署了80项协议，包括能源开采、医药保健、远东开发等，日方投资达3000亿日元。[①]

2012~2020年，安倍晋三与普京会晤达27次之多，达到了俄日关系改善和走近的高潮。通过经济合作提升双边关系水平，为解决领土问题创造条件，是安倍晋三对俄政策的核心。但由于俄日双方在领土问题上存在原则分歧，安倍晋三未能“如愿”实现既定目标。随着安倍晋三卸任，俄日关系出现新变化，关于和平协议的谈判进入“死胡同”，日方推动经济合作的积极性受到一定影响，将经济合作与领土谈判捆绑的思路也在日本国内受到批评。[②] 于2021年10月出任日本首相的岸田文雄在领土问题上持强硬立场，重新揭开了两国关系中的领土问题旧疤，“中止”了俄日继续走近。此后，由于受到俄乌冲突影响，俄日关系跌入低谷。

（三）俄韩关系

发展与韩国的关系是俄罗斯东北亚政策的重要方向之一。建交30余年来，俄韩关系不断取得质的飞跃，从建设性互补伙伴关系（1994年6月）到全面伙伴关系（2004年9月），再到战略合作伙伴关系（2008年9月），推进了双方的政治、经济、投资、人文、交通、能源等全方位合作。对俄而言，改善和提升与韩关系，可防止美国利用其美日韩盟友体系对俄形成整体性压力；可为俄远东地区发展、转变经济增长方式提供资金、技术支持；有利于俄实现东北亚外交多元化。对韩而言，俄在促进半岛问题解决进程中扮

① Дайсукэ Саито, 80 документов действия, 15.05.2017, https://www.eastrussia.ru/material/80-dokumentov-deystviya/? ysclid=l739n5ym40453292581.

② Дайсукэ Саито, 80 документов действия, 15.05.2017, https://www.eastrussia.ru/material/80-dokumentov-deystviya/? ysclid=l739n5ym40453292581.

演重要角色，需与俄保持必要的互动以获得支持；与此同时，韩也希望通过加强与俄经济合作，扩大本国经济空间，寻找新的增长可能。但俄韩关系的发展无法超越美韩同盟的桎梏，2016年韩部署“萨德”损害俄韩互信，韩国加入反俄制裁导致俄韩关系停滞，均体现了美国作为外部限制性因素的影响。

韩国是俄在东北亚方向重要的经济合作伙伴，自2000年以来两国贸易额增长了逾20倍。俄韩在经济合作上拥有较好的互补性。俄罗斯拥有韩国所需的资源，韩国则拥有俄罗斯需要的工业产品和高科技产品。2021年，据俄方统计，俄韩贸易额为298.82亿美元，俄对韩出口额为168.97亿美元，俄从韩进口额为129.85亿美元。2021年，韩俄贸易额占俄对外贸易总额的3.8%，韩国是俄第八大贸易伙伴，是俄第十大出口对象国、第五大进口来源国。俄对韩出口以石油和天然气等能源产品为主，占出口总额的3/4，其他主要出口品类还包括食品和农业原材料、金属及其制品、有机和无机化学产品等。俄主要从韩进口机械、设备和车辆、化工产品等，2021年机械、设备和车辆进口额占俄从韩进口总额的73.77%。[①]

在俄出口产品中，除石油、天然气、煤炭外，一些特殊领域的产品和技术，如航天领域、军工领域、核能等也特别受到韩国“青睐”。[②] 根据韩国驻俄大使馆的数据，近年来，已有900多家韩国公司参与对俄贸易，其中三星、LG、现代、大宇占70%。[③] 这些韩国大公司对俄投资涉及电子、机械工程、食品工业、房地产、旅游、农业等领域，创造了就业，提高了俄相关产品的竞争力。此外，俄罗斯西伯利亚和远东地区与韩国在地理上邻近，且拥

① Отчёт о внешней торговле между Россией и Республикой Корея（Южной Кореей）в 2021 году：товарооборот，экспорт，импорт，структура，товары，динамика，12 февраля 2022 г.，https：//russian-trade.com/reports-and-reviews/2022-02/torgovlya-mezhdu-rossiey-i-respublikoy-koreya-yuzhnoy-koreey-v-2021-g/？ysclid=l73be4oyjb570366884.

② 以核能为例，自1988年以来，俄罗斯国家原子能公司下属的对外贸易公司（TENEX）一直向韩国水电与核电公司（Korea Hydro & Nuclear Power）供应浓缩铀，后者是韩国所有核电站的运营商。韩方还与俄罗斯物理与能源研究所开展合作。Экономические отношения России и Республики Корея，1 июня 2016，https：//tass.ru/info/3331211？ysclid=l71yz2183x778529858&utm_source=yandex.com&utm_medium=organic&utm_campaign=yandex.com&utm_referrer=yandex.com.

③ Товарооборот между РФ и Южной Кореей вырос.28 октября 2021，https：//news.rambler.ru/politics/47472080/？utm_content=news_media&utm_medium=read_more&utm_source=copylink.

有丰富的自然资源，也吸引了韩国投资者。但俄韩经济合作也存在“雷声大雨点小”的问题。2017 年，时任韩国总统文在寅提出了“九桥战略”，将俄韩贸易和投资集中在基础设施、农业和渔业等九大领域，但未取得重大成果。此外，欧亚经济联盟和韩国之间建立自由贸易区的努力也停滞不前，韩国态度审慎，俄罗斯并未看到其希望的大规模新增投资。俄乌冲突爆发以来，西方对俄制裁给俄韩经济合作带来了新的变数。

（四）俄朝关系

发展与朝鲜的关系是俄罗斯在东北亚的重要传统方向。冷战时期，朝鲜一直是苏联在东北亚的重要盟友。俄罗斯独立初期，奉行“重南轻北”的朝鲜半岛政策，与朝关系几乎停滞。普京上台后，随着朝鲜半岛出现新态势，俄开始积极恢复和推动与朝鲜关系。2000 年 2 月，俄朝正式签署睦邻友好合作条约，两国关系进入新阶段。2000～2002 年，俄总统普京与时任朝鲜领导人金正日实现了三次会晤。此外，俄罗斯外长、铁道部长、莫斯科市长和俄罗斯总统远东地区特命全权代表先后访朝，朝鲜最高人民会议常任委员会主席、内阁副总理和外相等也接连访俄，[①] 扭转了 20 世纪 90 年代几乎陷入停滞的俄朝关系。进入 21 世纪，俄朝关系平稳发展，双方在共同关心的关键问题上开展对话。2011 年，金正日访俄并与时任俄罗斯总统梅德韦杰夫举行会晤，就重启六方会谈等达成共识。[②]

2013 年 2 月，朝鲜进行第三次核试验。当年 12 月，俄总统普京签署命令，执行联合国安理会 2013 年 3 月通过的对朝制裁决议。俄朝关系因此受挫，但于次年迅速回升。2014 年克里米亚危机发生后，俄与西方关系严重倒退。为化解来自西方的制裁压力，俄加大在亚太方向的外交投入。在此背景下，在对待西方方面立场相近的俄朝两国，迅速结束 2013 年的短暂疏离而再次走近，实现高级别互访，并在务实合作领域取得进展。

对俄而言，其一，朝鲜在东亚处于独一无二的地缘战略位置，与朝维持良好关系对俄安全具有重要意义；其二，俄希望通过参与朝鲜半岛和平进程，保持在东北亚乃至亚太的影响力；其三，半岛问题涉及全球安全稳定，

---

① 尚月：《俄罗斯对朝鲜关系新动向》，《国际研究参考》2015 年第 8 期，第 38 页。

② 尚月：《俄罗斯对朝鲜关系新动向》，《国际研究参考》2015 年第 8 期，第 38 页。

俄通过与朝互动防止事态按美国设计的路线发展。朝鲜方面也希望通过与俄合作在国际上获得更多支持，占有更多与美对话筹码。但俄朝关系在两国各自的外交布局中均非最主要的方向，俄无法像苏联时期那样向朝提供经济援助，这限制了两国关系的发展。在俄乌冲突爆发之前，在朝鲜半岛方向，俄罗斯总体上还是奉行南北平衡或等距离外交。

（五）俄蒙关系

俄罗斯重视发展与蒙古国的关系。蒙古国的地缘战略位置对俄而言十分重要，蒙古国还积极支持和参与俄主导的欧亚经济联盟等经济一体化实践。2011年1月，蒙古国将“第三邻国”纳入新对外政策构想，并以法律形式予以确立，增加了多元外交的可能性。这在一定程度上调动了俄拉紧蒙古国的积极性。2014年，在莫斯科的积极推动下，俄蒙实现免签。2019年，俄蒙建立了全面战略伙伴关系。

目前，两国关系的成就仍主要集中在政治与安全方面，经济合作潜力尚待进一步挖掘。2021年12月，俄蒙两国签署《俄蒙建交100周年联合宣言》，成为继2019年《俄蒙友好和全面战略伙伴关系条约》之后的又一重要双边政治文件。双方强调，将军事和军事技术合作视为两国全面战略伙伴关系的重要组成部分，计划通过实施现有的提供军事技术援助的政府间协议，深化国防和安全领域的合作。俄蒙每年举行双边军事演习，俄保持着蒙古国军队军事装备主要供应商的地位。此外，双方还高度重视在打击“三股势力”、跨国有组织犯罪、非法贩运武器、毒品走私等领域开展全面合作。①

但俄也认识到，蒙古国“这个在内亚深处占据重要战略地位的国家”正在变成世界大国、地区大国之间“公开和隐藏的政治和经济竞争的舞台”。②2012年3月，北约与蒙古国正式签署合作伙伴协议，标志着双方关系取得重大突破，引起俄担忧。目前，在北约部队持续向俄边境推进、西方制裁持

---

① Совместная декларация по случаю 100-летия установления дипломатических отношений между Российской Федерацией и Монголией，16 декабря 2021 года，http：//www. kremlin. ru/supplement/5757.

② Грайворонский В. В. России потерять экономические связи с Монголией нельзя. URL：http：//asiarussia. ru/news/3630/（Дата обращения：16. 12. 2016）.

续的背景下，俄更加注重与蒙古国的安全合作，确保自己在东北亚方向免于腹背受敌，并以蒙古国为战略跳板，发展与其他东北亚乃至亚太国家间的安全、经贸、物流和能源合作。

三　新变化与新趋势：俄乌冲突爆发后的俄罗斯对东北亚政策

2022 年初，俄乌冲突爆发，这对俄罗斯在东北亚方向的外交政策和实践产生了巨大影响。俄中关系保持以往的高水平战略协作；① 日、韩加入美西方对俄制裁行列，俄日关系、俄韩关系出现大幅滑坡；朝鲜在乌克兰问题上奉行亲俄政策，俄朝因此迅速走近。

（一）俄日关系由高潮滑至低谷

虽然安倍晋三开创了俄日关系改善和走近的高潮，但其继任者菅义伟并未“萧规曹随”。俄总理米舒斯京 2021 年 7 月 26 日到访南千岛群岛（日本称“北方四岛”）中的一座岛屿，引发日本政府抗议。而于 2021 年 10 月出任首相的岸田文雄则对俄持强硬立场，其早在担任外长期间就因将克里米亚与南千岛群岛相提并论而被俄“关注”。岸田文雄上任后随即发表声明宣布日本对上述岛屿拥有主权，他还于 10 月初在国会众、参两院答辩时说，四岛归属问题是缔结日俄和平条约的谈判主题，“与俄罗斯缔结和平条约的问题不能推给后代”。对此，俄总统新闻秘书佩斯科夫回应称，俄方不认同岸田文雄的有关声明，这些岛屿是俄联邦领土。10 月 15 日，俄两名副总理格里戈连科、胡斯努林视察了南千岛群岛中的伊图鲁普岛（日本称“择捉岛”）。② 俄关闭了和平协议谈判大门，俄日关系由高峰跌入低谷。俄停止了此前允许日本公民免签登陆南千岛群岛的政策，并在岛上部署 S-300V 防空导弹，于附近海域举行军演，甚至出动反潜舰驶入日本海，对日进行威慑。

① 中俄关系需从更广泛的全球视角和大国关系视角来考察，本文聚焦东北亚地区，且限于篇幅，不对中俄关系做全面展开讨论。

② 胡若愚：《施压日本？俄两名副总理同登争议岛屿》，新华网，2021 年 10 月 16 日，http://www.news.cn/world/2021-10/16/c_ 1211406580.htm。

2022年初，俄乌冲突爆发后，日本加入对俄制裁行列，对普京及一些俄罗斯官员、商人实施制裁，还取消了俄在日本贸易中的“最惠国”地位。3月7日，俄政府批准不友好国家和地区名单，日本也“榜上有名”。3月底，俄外交部表示，与日本谈判缔结和平条约不再有意义。这意味着安倍晋三时期改善俄日关系的努力“归零”。日本方面还提议，削减安倍晋三时期提出的“八点合作”，在这种背景下，优衣库、资生堂、索尼、任天堂、日立、小松、本田、马自达等日本品牌和企业于2022年初陆续撤离俄罗斯市场。① 5月4日，俄外交部表示，将无限期禁止包括日本首相和外长在内的63名日本公民入境俄罗斯。

不过，在能源合作领域，日本并无“退出”之意。2022年6月，普京签署命令设立新公司运营“萨哈林2号”项目，项目原有外方股东需在一个月内申请在新公司中保留股份，由俄政府决定是否批准。8月，普京签署命令禁止“不友好”国家和地区人员在2022年年底前交易俄战略项目、能源企业和部分银行的股份，涉及“萨哈林1号”油气项目。日方对此回应称“不会退出”，“保留该项目股份”的立场不变，② 并再三表示这“两个能源协议对日本都非常有利”，岸田文雄也直言“我们计划保持（在萨哈林岛两个项目中）的利益不变”。③ 日本是能源短缺国家，94%的一次能源供应依赖进口，④ 其能源供应结构极其脆弱，尽管在20世纪70年代两次石油危机之后，通过增加核能、天然气和煤炭等努力实现能源多元化，但对原油的依赖仍高达约40%，⑤ 液化天然气约占总能源的24%，但在电力生产方面

---

① Между нами снова лед. Россия отказалась от мирных переговоров с Японией. Почему в Токио призывают готовиться к войне?, 29 марта 2022, https://lenta.ru/articles/2022/03/29/jap_rus/?ysclid=l73enmiztm714211598.

② “Japan Intends to Keep Stake in Sakhalin-1 Oil Project, Industry Minister Says,” August 8, 2022, https://www.reuters.com/business/energy/japan-intends-keep-stake-sakhalin-1-oil-project-industry-minister-2022-08-08/.

③ “Japanese Ties to Sakhalin Gas and Oil Projects Uncertain Amid Scrutiny,” May 19, 2022, https://www.japantimes.co.jp/news/2022/05/19/business/japan-sakhalin-projects-uncertain/.

④ Ministry of Economy, Trade and Industry, Agency for Natural Resources and Energy, “Japan's Energy 2021-10 Questions for Understanding the Current Energy Situation,” February 2022, https://www.enecho.meti.go.jp/en/category/brochures/pdf/japan_energy_2021.pdf.

⑤ Japan's Energy Supply Situation and Basic Policy, https://www.fepc.or.jp/english/energy_electricity/supply_situation/.

液化天然气则占到36%。[①] 原油进口已接近天花板，其90%以上来自中东，因此，在扩大能源进口方面，日本对俄进口天然气依赖很大，而自2011年福岛核电站事件后，这种依赖又有所增加。[②] 鉴于俄日地理上的邻近，运输成本较低，日本一直积极扩大与俄在天然气领域的合作，三井物产、三菱商事持有俄"萨哈林2号"项目的股份，三井物产还持有价值210亿美元的"北极液化天然气2号项目"股份，伊藤忠商事和丸红公司则持有"萨哈林1号项目"股份，日本政府也以贷款形式向这些项目投入了数十亿美元，这些项目保障了俄对日天然气供应。[③] 俄罗斯正是抓住日本这一"命门"，通过能源工具对日进行敲打和钳制。

领土问题是限制和影响俄日两国合作的症结，而美日同盟则是外部不确定因素。当俄日经济合作顺利时，俄可借日本的资金和技术推动本国经济发展；当俄日经济合作遇阻时，其会成为一种彼此施压的武器，例如岸田文雄试图通过削减经济合作和制裁来逼迫俄在领土问题上让步，俄则通过限制对日能源出口来敲打日本不要在遏俄反俄道路上走得太远。尽管俄日能源合作可以防止两国关系全面中断，但其合作规模和层次尚不足以将两国关系完全拉回原有水平。

（二）俄韩关系既非战略伙伴也非对手

俄乌冲突爆发之后，韩国面临两难境地，一方面希望继续维持与俄过去一段时间的高水平合作关系；另一方面又面临美国施压，被逼加入对俄制裁行列。文在寅政府试图走一条谨慎的折中路线：既表明立场，反对俄罗斯对乌克兰用武，并支持对俄实施制裁，又并不急于实施具体制裁措施。2月24日，青瓦台首秘朴贤洙传达文在寅总统的正式表态：支持"通过经济制裁

① Rocky Swift, Yuka Obayashi, "Explainer: Why Japan's Power Sector Depends So Much on LNG," March 10, 2022, https://www.reuters.com/world/asia-pacific/why-japans-power-sector-depends-so-much-lng-2022-03-10/.

② Rocky Swift, Yuka Obayashi, "Explainer: Why Japan's Power Sector Depends So Much on LNG," March 10, 2022, https://www.reuters.com/world/asia-pacific/why-japans-power-sector-depends-so-much-lng-2022-03-10/.

③ 日方在"萨哈林1号"项目中持股占比约30%，在"萨哈林2号"项目中持股占比约22.5%，该项目生产出的60%液化天然气出口到日本。"No Easy Exit for Japan from Russia's Sakhalin-2 LNG Project," 2022.03.13, https://newsonjapan.com/html/newsdesk/article/133589.php.

等方式，遏制武力进攻并和平解决问题”，韩国“将参与”制裁。而韩外交部当天仍否认“考虑对俄单独制裁”。[①] 但在美国的压力下，[②] 韩国的立场出现变化，开始跟上西方制裁步伐，并宣布为乌克兰提供非致命性军事装备。2月28日，韩国宣布禁止战略物资对俄出口，并对非战略物资出口按照“FDPR”规则实行管制。3月1日，韩政府宣布追随美国将俄罗斯部分银行“踢出”国际金融交易系统（SWIFT），中止对俄国债投资。3月4日，又追加俄国防部等49个出口管制实体。[③] 3月7日，韩国被列入俄政府批准的不友好国家和地区名单。

5月，尹锡悦入主青瓦台后，表现出亲美疏俄倾向，打破了过去总统上任后向中美俄日派遣特使的惯例，仅向美国、欧盟派遣了特使，并积极发展与北约关系，参加8月底在西班牙马德里举行的北约峰会，成为韩国历史上首次参加北约峰会的总统。对于俄韩关系，俄罗斯认为，俄韩显然已不是战略合作伙伴关系，但也不是对手，韩国还不想完全站到俄罗斯的对立面。俄判断韩国为美国主导的反俄联盟中最薄弱的一环，因此，将韩国发展为“对立阵营”中相对没有敌意和务实的伙伴也是不错的结果，[④] 须精心培育“双边关系中残留下的积极性”。[⑤] 这种“积极性”由两点决定。一是俄韩存在密切的经济合作，完全与俄成为对手，韩将承受巨大经济损失。俄是韩第12大贸易伙伴和第9大进口对象国，据韩国国际贸易协会统计，俄韩2021年贸易额为273亿美元，韩从俄进口173亿美元，对俄出

① 曹世功：《对俄制裁：韩国转迟疑为积极的深刻背景》，http：//comment. cfisnet. com/2022/0307/1325111. html。

② 2月24日，美启动了“外国直接产品规则”（FDPR），对7个领域、57个下游技术项目对俄出口实行管制。因拒绝单独制裁，韩国被排除在“豁免”名单之外，对俄出口须经美国商务部同意。有了这个“紧箍咒”，韩国便无法再绕过美国与俄保持过去的高水平经贸合作。曹世功：《对俄制裁：韩国转迟疑为积极的深刻背景》，http：//comment. cfisnet. com/2022/0307/1325111. html。

③ 曹世功：《对俄制裁：韩国转迟疑为积极的深刻背景》，http：//comment. cfisnet. com/2022/0307/1325111. html。

④ Георгий Булычев，Россия и Южная Корея：отношения на паузе，21 марта 2022，https：//russiancouncil. ru/analytics-and-comments/analytics/rossiya-i-yuzhnaya-koreya-otnosheniya-na-pauze/.

⑤ Георгий Булычев，Россия и Южная Корея：отношения на паузе，21 марта 2022，https：//russiancouncil. ru/analytics-and-comments/analytics/rossiya-i-yuzhnaya-koreya-otnosheniya-na-pauze/.

口 100 亿美元。虽然俄韩贸易额仅占韩对外贸易总额的 2.2%，但韩在能源产品进口上对俄依赖较大，包括石脑油、原油、烟煤、天然气等。[①] 出口方面，在韩对俄出口总额中，40.6%为汽车和汽车零部件。[②] 韩国汽车巨头现代汽车集团（包括现代汽车公司和起亚汽车公司）过去几年在俄进行了大量投资，仅 2021 年对圣彼得堡的厂房进行扩建就投资逾 3.83 亿美元，其在俄工厂年产 23 万辆，2022 年初在俄汽车市场占有率为 22.5%，仅次于俄本土品牌"AvtoVAZ"。[③] 俄乌冲突爆发后，受制裁及空运、海运航线封锁影响，包括半导体在内的汽车零部件供应出现问题，现代汽车集团暂停了其圣彼得堡工厂的运营，现代和起亚 3 月份在俄市场销售分别下降了 68.0%和 68.4%，[④] 两公司的股票价格也出现下跌。[⑤] 对俄制裁给韩造成的经济损失，对经济上依赖对外贸易的韩国来说无疑是"剧痛"。二是俄罗斯作为联合国安理会常任理事国和朝核六方会谈成员国，在朝鲜半岛问题上发挥着重要作用，尤其是俄乌冲突爆发后，俄朝迅速走近，韩国担忧在半岛问题上失去俄罗斯的支持。

正是出于以上考虑，韩国从 7 月份开始表达与俄关系"正常化"的愿望。7 月 27 日，韩国外长朴振表示，在乌克兰危机结束后，韩国希望与俄恢复真正的合作，实现关系正常化和发展。朴振指出，俄韩两国关系源远流长，拥有经济合作潜力。[⑥] 8 月 6 日，韩外长朴振在金边东亚峰会外长会期间会见俄外长拉夫罗夫时表示，希望乌克兰早日实现和平，与莫斯科实现关

---

① 2021 年，俄是韩进口无烟煤的第二大供应国，占韩进口总量的 40.8%；是韩进口石脑油的最大供应国，占 23.4%；是韩进口烟煤的第二大供应国，占 16.3%；是韩进口天然气的第六大供应国，占 6.7%；是韩进口原油的第二大供应国，占 6.4%。Stephan Haggard, "South Korea, Ukraine and Russia Part II: The Economic Dimension," May 18, 2022, https://keia.org/the-peninsula/south-korea-ukraine-and-russia-part-ii-the-economic-dimension/.

② "151 S. Korean Firms in Russia Forecast to be Affected by International Economic Sanctions," http://www.arirang.com/News/News_Print.asp? type=news&nseq=294600.

③ Han-Shin Park, "Hyundai Motor between Rock and a Hard Place over Russia Operations," Aug. 8, 2022, https://www.kedglobal.com/automobiles/newsView/ked202208080016.

④ "Hyundai Motor, Kia Motors, Russian Sales Plunge in March in the Aftermath of War," April 7, 2022, https://www.newsdirectory3.com/hyundai-motor-kia-motors-russian-sales-plunge-in-march-in-the-aftermath-of-war/.

⑤ "Hyundai Motor Halts Output and Shipments in Russia for This Week," https://pulsenews.co.kr/view.php? sc=30800018&year=2022&no=194630.

⑥ Южная Корея хочет восстановить отношения с Россией, 27 июля 2022, https://www.gazeta.ru/politics/news/2022/07/27/18209732.shtml.

系正常化。[1] 对此，莫斯科持谨慎乐观态度，未对俄韩关系前景抱太大期望，认为韩国在与美同盟的框架下，不得不在很多方面通过“美国眼镜”看待俄罗斯，其对俄政策受到华盛顿的严格控制和限制。因为这种“主权赤字”，即便与俄改善关系对韩有利，也无法付诸实施。[2] 因此，俄罗斯不指望韩国会主动做出改变，也不指望两国关系出现质的进展，但随着时间的推移，尹锡悦政府的对俄政策会更加务实，会更多考虑国际政治的现实和过去形成的传统。[3]

（三）俄朝迅速走近

俄乌冲突爆发后，俄朝迅速走近，朝鲜是为数不多的明确支持俄罗斯的国家之一。2022 年 3 月 2 日，在联合国关于谴责俄罗斯的投票中，朝鲜投了反对票，并多次在双边和国际层面表示支持莫斯科。例如，朝中社 2 月 28 日援引朝鲜外务省发言人的话称，乌克兰问题的根源在于美国和西方国家对他国实施强权与专横的霸权主义政策；美西方国家无视俄罗斯合法的安全保障要求，推动北约东扩，甚至部署进攻性武器，破坏了欧洲的安全环境。[4] 朝鲜还于 7 月承认了顿涅茨克和卢甘斯克的独立。7 月 13 日，朝鲜副外相在平壤会见俄驻朝鲜大使，并递交了一份承认顿涅茨克和卢甘斯克独立的照会。乌总统泽连斯基宣称将对此做出严厉反应。随后，乌克兰外交部宣布，由于朝鲜决定承认乌克兰东部两地独立，乌克兰中断与朝鲜的外交关系和经济联系。8 月，朝鲜驻俄大使辛洪哲在使馆招待会上表示，朝鲜将继续支持俄罗斯在乌克兰危机中采取的行动。[5]

---

① Южная Корея понадеялась на нормализацию отношений с Россией, 6 августа 2022, https：//lenta. ru/news/2022/08/06/korea/? ysclid = l6x08guhb6406403936.

② Георгий Булычев, Россия и Южная Корея：отношения на паузе, 21 марта 2022, https：//russiancouncil. ru/analytics－and－comments/analytics/rossiya－i－yuzhnaya－koreya－otnosheniya－na－pauze/.

③ Андрей Торин, Перспективы отношений России и Южной Кореи в контексте режима антироссийских санкций, 24. 03. 2022, https：//interaffairs. ru/news/show/34390? ysclid = l6x08jpfti193642513.

④《朝鲜外务省：乌克兰问题的根源在于美西方霸权政策》，环球网，2022 年 3 月 1 日，https：//baijiahao. baidu. com/s? id = 1726049167502500998&wfr = spider&for = pc。

⑤ Посол Северной Кореи：КНДР продолжит поддерживать российскую СВО на Украине, 18 августа 2022, https：//russian. rt. com/world/news/1038743－kndr－rossiya－ukraina.

俄罗斯“投桃报李”，放松对朝制裁，例如恢复在远东的建筑工地使用朝鲜工人并让他们参与到顿涅茨克和卢甘斯克的建设中来。[①] 俄学者认为，朝鲜还将在潜艇技术和能源上获得俄罗斯的支持。[②] 8月15日，俄总统普京在就平壤解放日致金正恩的信中表示，俄朝将扩大“全面和建设性的双边关系”。朝方表示，两国间的“战略和战术合作、支持和团结”“已上升到新的高度，在共同战线上挫败敌对势力的军事威胁和挑衅”。普京当天还在莫斯科附近的一个军备展上表示，准备向盟友和合作伙伴朝鲜“提供最现代化的武器——从小型武器到装甲车和火炮、战斗机和无人机”。[③] 但俄朝关系并非没有上限，与朝鲜的经贸合作无法代替与韩、日两国的经贸合作，更重要的是朝鲜在发展核武方面的积极行动也令莫斯科感到担忧，因为该问题不但关乎半岛及东北亚地区的安全，也影响俄罗斯的安全。

四　结语

俄罗斯地跨欧亚，东北亚一直是其重要外交方向。针对不同国家，俄罗斯通过政治、安全、经济和地区治理等手段实现其在东北亚地区的战略目标，影响东北亚局势，维护自身利益。2022 年初爆发的俄乌冲突，对俄罗斯与东北亚国家的关系影响巨大。俄罗斯为应对新形势，对其东北亚政策和实践进行了调整。俄中保持战略协作，日韩被俄列为“不友好国家”，俄朝迅速走近，蒙古国则选择了谨慎的中立。东北亚地区的力量格局受到全球国家关系的影响，在美西方对俄制裁大框架下，随着日、韩国内政局出现新变化，俄日、俄韩关系改善面临一定困难，这也给该地区历史遗留问题的解决

---

① Раскрыто влияние украинского конфликта на Корейский полуостров:《Пора обзаводиться бомбой》, 27. 07. 2022, https: //www. mk. ru/politics/2022/07/27/raskryto - vliyanie - ukrainskogo-konflikta-na-koreyskiy-poluostrov-pora-obzavoditsya-bomboy. html.

② Награда Северной Корее за поддержку России на Украине и признание суверенитета двух пророссийских регионов, 10 августа 2022, https: //inosmi. ru/20220810/severnaya-koreya-255435197. html.

③ “Russia Vows to Expand Relations with North Korea,” August 15, 2022, https: //www. bbc. com/news/world-asia-62462276.

增添了新障碍。鉴于东北亚地区存在一些权力转移竞争的薄弱环节，[①] 后乌克兰危机时代的俄罗斯与东北亚国家的合作与矛盾相互交错，更趋复杂。未来，俄罗斯仍将通过积极参与东北亚地区事务，使该地区权力结构朝于俄有利方向发展，以应对旧威胁和新挑战。

① 徐载正：《乌克兰危机，韩半岛的变革》，《韩民族日报》2022 年 2 月 21 日，http://china. hani. co. kr/arti/opinion/10847. html。

基督教对韩国民主化进程的影响与作用*

刘 璐

【内容提要】韩国基督教与韩国政治发展进程息息相关，基督教在韩国经历了李承晚独裁统治时期政教协调发展和朴正熙威权统治时期民主斗争高涨的阶段，进而推动了韩国民主政治的转变。在韩国政治由威权主义向民主政体过渡的过程中，基督教积极参与民主化建设，成为民主运动的引领者和支持者，是韩国民主化建设中重要的主导力量之一，对韩国的民主化进程具有深刻的历史和现实意义。

【关键词】韩国政治　基督教　民主化进程

【作者简介】刘璐，浙江外国语学院副教授，主要从事朝鲜半岛社会与文化研究。

经过20世纪60年代至90年代的经济发展，韩国完成了经济实力的提升和现代化，一跃成为新兴资本主义工业化国家。韩国经济社会的快速发展带动了社会结构的分化、工业化以及教育和大众传播的普遍化，为韩国民主意识的增强奠定了雄厚的阶级基础，同时为基督教的发展奠定了深厚的思想文化基础。经过李承晚独裁统治、朴正熙军人威权统治的过渡，到1987年6月29日卢泰愚发表《八点民主化宣言》，韩国政治开始向民主政治转变。1987年10月27日，韩国通过了《大韩民国宪法》，开启了崭新的民主时

* 本文为大韩民国教育部和韩国学中央研究院（韩国学振兴事业团）“浙江地区海外韩国学种子型课题支持项目”（AKS-2020-INC-2230008）的研究成果、2022年度浙江省一流本科课程“朝鲜半岛概况”课程阶段性建设成果。

代，逐步实现了政治民主化。

推动韩国民主化进程不断发展和民主政治体制不断完善的因素是多方面的，而基督教在韩国民主化进程中发挥了较为重要的作用。基督教始终站在民主运动的最前沿，积极宣传反抗精神和民主意识，有组织有目的地领导、参与社会运动和民主运动，是韩国民主化进程中重要的主导力量之一。

一 李承晚独裁统治与基督教的政教协调

1945 年韩国脱离日本殖民统治之后，李承晚在美国军队的扶持下，于 1948 年建立了大韩民国政府。美国通过远距离操控，在韩国建立了美国式的三权分立制和总统制，形成了与朝鲜相对立的意识形态和政权。韩国光复后很多基督教教徒回国参与建国工作，积极参与政治势力化进程，明确表示支持李承晚政府，韩国基督教在建国后采取了亲政府的政策。

1952 年韩国基督教联合会成立了“基督教选举对策委员会”，各教派领导人担任选举对策委员，号召各教会组织拥戴李承晚，称李承晚为“基督教人的总统”，教会通过报纸和宗教关系在社会上制造舆论，呼吁为李承晚投票。[①] 基督教教会认为他对“基督教政治化”贡献很大，是未来实现“韩国基督化”和“民主基督化”的领军人物。[②] 基督教领袖希望借此得到国家的帮助和支持，在社会及政治领域扩大基督教的影响。同时，李承晚对基督教也采取了友好政策。李承晚之前长期居住于国外，国内的政治基础比较薄弱，缺少亲信，作为监理会信徒的李承晚，为了强化政治基础，自韩国光复起就一直督促基督教积极参与政治活动，利用基督教的教义信仰和组织影响民众的思想，推动国会选举，同时也得到了韩国基督教的大力支持。

李承晚执政时期虽然沿用了美国式的政党组织和议会机构，但美国式的三权分立在韩国的实际运用中并没有形成相互制约的权力机制。为了长期执政，李承晚政权采取了暗杀、镇压、修改宪法和法律等各种独裁手段。随着

① 郑继永：《试析新教参与韩国政治的过程及特点》，《当代韩国》2010 年第 2 期。

② 郑继永：《试析新教参与韩国政治的过程及特点》，《当代韩国》2010 年第 2 期。

李氏政权的不断发展，李承晚逐渐建立起独裁统治。1960 年 3 月 15 日，李承晚为了顺利取得第 4 届总统大选的胜利，不惜采取以暴力手段威胁投票人、伪造选票等舞弊手段，最终获得 92%的选票。为了反对李承晚的独裁统治，1960 年 4 月 19 日，韩国爆发了全国性的反政府、反独裁的学生运动。学生运动中的基督徒指责教会无视李承晚政府的腐败和独裁，缺乏社会责任感，要求教会反省自己的所作所为。

在这种背景下，基督教也重新审视了自身与国家政府的关系。一些基督教激进派进步人士认为教会和国民都应该成为民主主义的卫士，虽然只是少数，但从那时起，韩国基督教教会的一部分进步人士开始关注民主、人权和市民社会运动。激进派教会精英在与专制政府进行多次斗争之后，逐渐成为民主运动的旗手，这也宣告了政教协调的结束。正如金查君（当时的一位牧师）所说："4 月 19 日是黑暗中划出的闪电，唤醒了民众的意识，在道德上具有崇高的动机。这道光芒也照进了教会，号召教徒担负起责任，去除腐朽的统治。"① 四一九学生运动结束了李承晚的独裁统治，这是韩国历史上第一次成功的民主运动，基督教的民主思想传播对这次民主运动有巨大影响。

但即使在这个时候，大部分保守的韩国教会和基督徒仍然保持着与李承晚政府的友好关系，在强调"政教分离"的同时，遵循政府的政策和方针。自 1960 年四一九学生运动开始，韩国基督教教会在关于教会和国家问题的立场上分为进步派和保守派两个阵营，开始显示出较大的差异。

李承晚执政时期，基督教持续与李承晚政府开展合作，政教协调一致，基督教表现出积极的政治倾向性。李承晚身边的顾问和幕僚都是基督徒，当时韩国民主党成员中 20%是基督徒，国会成员中 60%是基督徒。② 一些基督教领袖加入政府并被委以重任，许多牧师成为社会和政治领袖，而部分政治领导人也成为基督徒，基督教思想逐渐融入韩国政权中。在此背景下，基督教得到了长足发展，民主精神得以传播。而依靠基督教上台的李承晚刻意扶持亲基督教势力，得到教会的大力支持，巩固自己的统治地位。基督教与李承晚政府的紧密合作和政教协调政策，不仅维护了李承晚政权的统治地位，

---

① Chun-Shin Park, *Protestantism and Politics in Korea*, University of Washington Press, 2003, p. 180.

② Chun-Shin Park, *Protestantism and Politics in Korea*, University of Washington Press, 2003, p. 173.

更重要的是，基督教在政府的支持下得到稳定发展，在政治和社会领域都获得了较大的影响力，进而使民主理念在社会上得以传播和发展，影响了韩国人的民主价值观，提高了韩国民众对民主的接受程度，推动了民主运动的发展。因此，可以说，虽然基督教与李承晚政府的亲密合作维护了李承晚政权的独裁统治，但也正是基督教思想中所蕴含的人人生而平等的民主精神的广泛传播，促进了韩国民主运动的产生，最终导致了李承晚的下台。

二　朴正熙威权统治与基督教民主活动的高涨

（一）“三选改宪”与基督教教会的反应

李承晚在四一九运动的示威声中下台，韩国经历了短暂的尹潽善和张勉政府。1961 年 5 月 16 日，朴正熙发动军事政变，推翻了民选政府，建立起威权主义的政治体制。因四一九学生运动而兴起的韩国社会高涨的民主主义意识被五一六军事政变压制，韩国进入了威权统治时期。此时，除韩国基督教教会的郑俊河和咸锡宪等少数进步分子外，大部分基督教领袖和教徒对五一六军事政变给予积极评价，认为这是反对政府腐败和反对社会主义的必要措施，呼吁美国支持五一六军事政变，[①] 同时在《基督教公报》上发表声明，支持五一六军事政变。

朴正熙执政后，提出了复苏韩国经济的第一个“经济开发五年计划”，韩国民众为了快速摆脱 50 年代以来的贫苦生活状态，牺牲民主和人权，集中力量发展经济，服从于朴正熙政府的威权统治。为了获得日本的资金，朴正熙政府开始与日本政府协商韩日邦交正常化，谈判进行过程中，屈辱的协商方案被公布，引发了国民的强烈反对，全国的大学生和社会团体多次举行反对韩日邦交正常化的示威运动。在这种情况下，韩国基督教协会发表《我们对韩日邦交正常化的见解》，表达了对韩日邦交正常化会谈的忧虑。协定签署后，韩国基督教不论激进派还是保守派，一致表示强烈反对。1965 年 7 月 1 日，金在俊、姜元龙、韩庚职等神职人员和 215 位神学家发表了反

① 한국기도교교회협의회,『기도교연감』, 서울: 한국기도교사회문제연구원, 1972, pp. 296-297.

对韩日邦交正常化的声明。同时，长老教会把从 7 月 4 日开始的一周时间定为祈祷周，并从 7 月 8 日起开展了为期三天的禁食活动，以反对韩日邦交正常化。这是自独立运动以来，韩国基督教激进派和保守派第一次为国家命运而统一参与的大规模运动，[①] 成为韩国基督教渐渐参与社会政治活动的重要契机，是韩国基督教历史上划时代的事件。

朴正熙执政的 18 年间，韩国经济和工业化迅速发展，韩国基本完成经济现代化，但朴正熙以集权方式稳定政局，具有明显的反民主倾向，遏制了韩国民主化的发展。执政期间，朴正熙为了实现个人长期执政和进行独裁统治，不断修改宪法，破坏了原有的宪政程序。1969 年 9 月，韩国国会在没有在野党与会的情况下，单方面通过“三选改宪”议案，使得朴正熙能够两次蝉联总统职位。在金在俊牧师带领下，基督教成立“反对改宪泛国民斗争委员会”，积极开展抵制“三选改宪”运动，但大韩基督教联合会（DCC）的朴亨龙、赵容基、金俊坤、金章焕等保守派人士联合 242 位教徒发表“改宪问题和良心自由”的声明，指责金在俊牧师是“扰乱圣徒良心的煽动者”，主张政教分离，保持中立，但在声明中却明确支持朴正熙的改宪运动。[②] 尽管基督教激进派和保守派围绕“三选改宪”产生了分歧，这次运动仍标志着基督教守护韩国民主、参与韩国政治的开始。

（二）“维新宪法”与基督教改宪请愿运动

朴正熙执政后期，通过颁布军事法，操纵军队、中央情报局和警察等国家机构，使用高压手段镇压人民群众的反抗和反对势力的挑战，巩固自己的统治地位，完全放弃了民主政策。1971 年韩国大选和国会议员选举之前，金在俊、千宽宇、李秉麟等基督教人士成立泛国民联合机关，为维护民主国民会议、实现公平公正选举而开展民主运动，这一团体后来成为反对朴正熙威权统治的一股重要的民主势力。

1972 年 10 月 17 日，朴正熙以国家安全面临“来自北方的南侵威胁”

---

① 한국기도교교회협의회,『1970 년대 민주화운동과 기독교』, 서울: 한국기도교사회문제연구원, 1982, p. 209.

② 한국기도교교회협의회,『1970 년대 민주화운동과 기독교』, 서울: 한국기도교사회문제연구원, 1982, p. 81.

为借口，发动军事政变解散国会，禁止一切政党和社会团体的政治活动，实行“维新宪法”，把总统任期由 4 年改为 6 年，宣布总统可以连选连任，取消由公民直接投票选举的规定，打破原有的宪政程序，通过由自己任主席的统一主体国民会议，开辟终身执政道路，争取完全独裁控制权。通过重组国会和进行总统选举，朴正熙建立起韩国历史上一人独裁的长期执政体制和完全军事独裁的第四共和国，这对韩国的政治民主化进程产生了巨大的消极影响。

“维新宪法”通过后，基督教进步阵营积极开展了反对维新体制的运动。1972 年 12 月 13 日，基督教长老会全州南门教会恩明旗牧师因举行反对维新宪法的集会而被逮捕，成为第一个被捕的神职人员。1973 年 4 月 22 日，基督教进步青年因在银南山复活节礼拜中高呼民主主义、分发传单宣传民主主义而被拘留。对此，基督教长老会于 1973 年 5 月发表《1973 年韩国基督教教徒宣言》，声明“针对政治压迫的抵抗和社会参与是在这片土地上传播弥赛亚的神学正当化之路”。[①] 该宣言发表后，韩国基督教内开展了一系列争取民主化和人权的运动。

1973 年 12 月，以张俊河为首的基督教领袖、基督教在野政治家和教授不顾政府的禁令谴责当局的恐怖统治，请愿政府废除“维新宪法”，呼吁政治民主和公民自由。12 月 3 日，以金在俊、咸石贤为代表的基督教牧师在首尔 YMCA 会馆开展时局恳谈会，要求恢复民主，呼吁教徒参与改宪请愿运动。12 月 24 日，“宪法修改请愿运动本部”正式成立并发起签名运动。[②] 改宪请愿签名运动一经展开，立即引发学界、媒体以及宗教界等社会各界的支持，签名运动仅开始 10 天，签字者就突破了 30 万人。于是，感受到威胁的朴正熙政权越过宪法，宣布 1 号、2 号总统紧急措施令，以“煽动叛乱”等罪名逮捕民主人士，但基督教激进派不断发表各种人权宣言，为此后的民主化运动和人权运动打下了基础。

① 한국기도교교회협의회,『1970 년대 민주화운동과 기독교』, 서울: 한국기도교사회문제연구원, 1982, p. 153.

② 한국기도교교회협의회,『1970 년대 민주화운동과 기독교』, 서울: 한국기도교사회문제연구원, 1982, p. 309.

（三）“民青学联事件”与基督教的社会民主活动

1974 年，当学生运动向全国扩散时，朴正熙政权宣布 4 号总统紧急措施令，拘留了 180 多人，捏造了“全国民主青年学生总联盟（民青学联）事件”，将相关者定性为“自生的共产主义者”，并试图一举铲除民主化运动势力。“民青学联事件”使韩国民主化运动扩散到全国教会，尹潽善、咸锡宪、金在俊等基督教界人士以此事件为契机，成立“民主恢复国民会议”，反对威权统治，基督教进步人士也因此受到政府的迫害。

随着反抗斗争的激烈化，朴正熙政府于 1974 年 8 月 23 日解除了 1 号、4 号总统紧急措施令，但民主化运动已势不可当，教会依旧举行大规模集会，呼吁恢复民主。1974 年 11 月 9 日，政府以国务总理金钟泌的名义发表了一份声明，声明中引用了《罗马书》的第 13 章“教会应顺从政府，政府是上帝认可的”一言。这份声明否定了基督教社会运动的正当性，引发了有关基督教与国家之间关系的激烈争论。11 月 18 日，韩国教会协会发表声明，指责政府违背上帝的旨意将权力永久化，表示教会将反抗这样的政府，拒绝与政府合作。同一天，基督教的 60 位神职人员发表神学声明，表示“当绝对化的权力践踏了人类的权利，我们将不得不去斗争”,① 表明了与威权政府作斗争的决心。同时，面对朴正熙军事独裁政府，基督教组织了学生、教授、神职人员、妇女、工人、城市贫民等组成不同的基督教团体，如韩国基督教学生会总联盟、基督青年协会、教会女性联合会等，这些组织团体在监督违反人权事件、监督投票选举、资助政治犯等不同层面进行祷告会和民主游行示威等各种社会民主活动，从不同方面对朴正熙的威权统治进行批判。

（四）“第 9 号总统紧急措施令”与基督教的社会民主活动

1975 年 5 月 13 日，朴正熙政府公布了“第 9 号总统紧急措施令”，禁止伪造、散布流言蜚语，歪曲事实；禁止集会、示威以及通过报纸、广播等方式宣传请愿运动、废除宪法等活动；除预先经过许可的上课、

---

① 한국기도교교회협의회,『1970 년대 민주화운동과 기독교』, 서울: 한국기도교사회문제연구원, 1982, pp. 180-181.

研究活动外，禁止学生进行集会、示威以及政治参与行为。因此，“第 9 号总统紧急措施令”是对反对政府的民主化运动和人权运动的全面禁止。

“第 9 号总统紧急措施令”公布以后，1976 年 3 月 1 日，以基督教和天主教为中心的尹潽善、金大中、文益焕、安秉武、李友静、金承勋等 20 多位在野人士在明洞教堂发表了《三一民主救国宣言》，要求朴正熙下台，对朴正熙威权政治发起正面挑战，被“第 9 号总统紧急措施令”压制的韩国民主化运动热潮又重新沸腾起来。自《三一民主救国宣言》起，韩国民主化运动进入组织化、大规模发展阶段。《三一民主救国宣言》为 20 世纪 70 年代后半期的民主化联合运动提供了理念和人力基础，对于韩国民主化进程意义重大。1977 年 12 月 29 日，社会各界民主化运动团体成立“韩国人权运动协会”，积极开展民主化运动，标志着韩国正式爆发民主化运动浪潮。1978 年 2 月 24 日，以尹潽善为代表的 66 位在野人士发表《三一民主宣言》。8 月 14 日，尹潽善、文益焕等 300 多位各界人士成立“民主主义国民联合会”，并发表《八一五宣言》。1979 年 3 月 1 日，尹潽善、咸锡宪、金大中等成立以基督教为首的联合社会各界人士的第一个政治势力——“为民主主义和民族统一的国民联合会”，[①] 不断推动韩国民主化的发展。

整个 70 年代，基督教有组织地进行了多次民主活动，与独裁政府作斗争，进步的基督教人士作为韩国民主化运动的主力，在以世界教会协议会（WCC）为中心的世界教会的帮助下，与朴正熙政府进行了斗争，一直持续到朴正熙政府垮台。

三　基督教投身民主斗争推动韩国民主政治的转变

（一）光州民主运动与基督教的社会民主活动

1979 年 10 月 26 日朴正熙遇刺后，经历了短暂的崔圭夏政府，1980 年

① 한국기도교교회협의회,『1970 년대 민주화운동과 기독교』, 서울: 한국기도교사회문제연구원, 1982, p. 208.

掌握军权的全斗焕逼迫崔圭夏下台，韩国重新进入独裁统治时期。全斗焕强行解散在野的民主共和党和新党，逮捕不同政见人士，通过修改宪法谋求连任，下令军队镇压民主运动，逮捕宗教领袖、知识分子和反对派政客，肆意破坏民主。但经过朴正熙时期的经济发展，韩国中产阶级逐渐壮大，对威权统治的不满更为明显，民主权利呼声越来越高。

80 年代韩国基督教的社会参与始于光州民主化运动。1980 年 5 月，光州学生和市民走上街头游行反对军政府和强权统治，全斗焕宣布《紧急戒严令》，禁止全国一切政治活动，关闭大学校园，禁止召开国会，逮捕金大中、金泳三等民主运动领袖和学生，组成戒严军进行强力镇压，造成 207 人死亡，122 人重伤，730 人轻伤。①

1980 年 5 月 25 日，光州地区基督教教会举行祈祷会，牧师和神职人员参加了善后处理工作，相邻的木浦市基督教联合会举办了非常救国祈祷会。5 月 25 日，韩国基督教长老会韩光教会的一名青年在光州民主化运动中因散发传单而被拘留。5 月 30 日，西江大学学生，同时也是基督青年协会（EYC）农村干事的金义起目睹光州民主运动之后，在首尔钟路 5 街基督教会馆内告知了光州民主化运动的真相，呼喊反政府口号，呼吁进行斗争。针对军事独裁政府的严刑拷打、折磨学生等人权蹂躏事件，韩国教会协会人权委员会召开了人权问题全国协商会，指责政府践踏人权，要求停止一切刑讯逼供、释放政治犯，积极开展调查真相和维护人权运动。光州民主运动期间，基督教教会医院积极开展善后工作，组织救援，抢救伤者，为抗争人士提供食物和日常补给；同时设立广播站，突破军政府的新闻封锁，向全国说明光州民主运动的真相，揭露戒严军滥杀无辜的暴行，颂扬市民的民主运动。

80 年代，韩国基督教还致力于公正选举运动。在 1985 年 2 月 12 日举行的国会选举中在野党新民党获胜。获胜的在野势力以“结束军事统治”和“总统直选制”为口号，掀起了全国民主化运动的热潮。在与政府的斗争中，韩国基督教青年协会、韩国基督教学生总联盟积极参与改宪签名运动和民主宪法争取运动，宣扬反抗精神和民主思想，督促全民参与民主运动，分

① 한국기도교교회협의회，『1970 년대민주화운동과기독교』，서울：한국기도교사회문제연구원，1982，p. 165.

享反对意见，提供信念支撑，基督教教会成为反对威权政治的主要论坛。同时基督教利用国际平台，通过美国的基督教新闻机构抨击全斗焕的独裁统治，通过美国政府要求韩国公正选举，采取和平方式解决民主斗争，避免流血事件的发生，为韩国民众争取人权、民主及社会公正等，最终使全斗焕政权摇摇欲坠，直至被推翻。

（二）“6 月抗争”与基督教的社会民主运动

1986 年，民主运动领袖朴钟哲被警察逮捕并拷问致死事件引发了国民的愤怒和强烈抵抗，爆发了大规模游行示威，催化了全国性、各阶层的民主斗争，要求全斗焕谢罪，结束独裁统治，并由此成立了“2·7 追悼大会”和“3·3 民主化大游行”。在此情况下，金泳三和金大中建立了统一民主党，开始了与全斗焕政权的正面对决。对此，全斗焕发表了“4·13 对国民谈话”，声明为成功举办汉城奥运会，应停止改宪争论，依现行宪法选出下任总统。全斗焕政权的“4·13”护宪措施否定了民众的民主化意愿，遭到了强烈反对和谴责。“4·13”护宪措施后，韩国基督教教会发表了反对护宪的声明，发行书刊进行宣传，举行救国绝食祈祷会等活动，拉开了 6 月民主抗争的序幕。

6 月抗争期间，基督教在全国范围内起着联络网和组织网的作用。示威运动大多以基督教教堂为据点展开，基督教的教士和牧师等积极投身反抗斗争，成为民主运动的一股重要力量。基督教各教团和地方议会纷纷举行“为国祈祷会”，发表时局声明；大韩耶稣教长老会把 6 月 22 日至 27 日定为祈祷周，为扭转时局举行各种祈祷会，基督教大韩圣洁教会也于 6 月 23 日举行了废除护宪措施的救国祈祷会和示威运动。由此，对时局问题漠不关心的保守教团也纷纷参与到 6 月抗争中来。

随着韩国民主运动的激烈展开，威权统治已经不能阻挡韩国民主化进程，民正党总统候选人卢泰愚被迫发表《八点民主化宣言》，主张“实行总统直接选举的制度；实施公正选举法；对受监禁的政治犯实行大赦；保证基本人权和法治；保证新闻自由；实行地方自治；确保政党的基本权利；保障社会稳定，保证公共福利”。《八点民主化宣言》开启了韩国民主化之门，宣告了民主制度在韩国的确立。10 月 27 日，《八点民主化宣言》被写入《大韩民国宪法》，全民投票通过，这次修宪代表韩国民主的胜利，标志着韩国开始由威权政治向民主政治转变，而基督教教会领袖和成员是韩国政治向民主过渡的主导力量。

四 基督教对韩国民主化进程发展的影响与作用

韩国的民主运动从20世纪70年代的反独裁民主化和人权运动发展到80年代的军事政权下台运动、改宪运动、在押犯人权保护运动、废除强制征兵运动、城市传教运动、城市贫民运动以及农民运动等各个方面，韩国基督教无一例外都参与其中，同时也独立开展了许多有意义的民主运动。可以说，韩国基督教是韩国全民民主运动的先导力量。如韩国总统金大中所说，“基督教为这个国家的现代化和民主进程提供了精神上的指导。没有基督信仰，韩国永远不会实现民主”。[①] 韩国基督教始终站在韩国民主斗争的前列，成为民主运动的支持者，其与政府的关系经历了从政教协调到反对独裁统治、争取民主自由的转变，在韩国政治民主化进程中发挥了重要作用。

首先，韩国基督教参与社会变革活动历史较久，从殖民时期一直延续下来的反抗斗争精神为领导民众开展民主运动奠定了基础。1919年3月1日，为反抗日本的殖民统治，朝鲜半岛爆发了独立运动，并发表了独立宣言，基督教是这场运动的主要领导者。以李承勋为中心的基督教教徒与天道教教徒携手动员基督教组织在全国范围内进行全民族独立运动，获得了积极响应。在独立宣言上签名的33名代表中，基督教信徒有15位。日本殖民统治期间对韩国实行奴化教育，禁止学校用韩语授课，压制韩民族教育和传统文化。而基督教教会的学校和教堂推行民族语言和文字教育，传播民族文化和平等民主思想，唤醒民众自主独立的民族意识和爱国意识，成为传播韩民族主义的中心。

同时，基督教通过传教士向国际社会介绍三一运动的惨状，与李承晚、安昌浩等海外独立运动家联系起来，帮助他们开展独立运动，并将国外的动向介绍到国内。在基督教的斗争下，日本被迫改变了对朝鲜的殖民

① 김명배，『한국사회와기독교（7）- 해방후한국기독교의민주화와인권운동』，서울：본질과현상，2015，p. 48.

统治政策。但这也直接导致了基督教教堂和学校遭到日本侵略者的严重破坏，数千名基督教人士遭到屠杀、遭受酷刑。因此，基督教在殖民统治时期把民族主义深深植入民众内心，是民众团结进行爱国运动的支柱，在社会各阶层积累了较高的威望，为后期参与、领导韩国民主运动奠定了坚实的基础。

其次，基督教将自身理念中包含的民主观念融入韩国社会变革之中，使西方民主与本土文明交融，推动了韩国政治民主化的发展。韩国在威权政治向民主政治过渡的过程中，引入西方民主思想进行社会思想引导，极大地冲击了威权统治。朴正熙政府通过集权稳定政局，集中力量发展经济，韩国民众牺牲民主和人权，服从于威权政治统治。此时的民主只是一种形式，而基督教教会通过投身民主斗争、宣传反抗精神和民主政治，不但使信徒，也使普通民众的民主意识不断增强，培养了民众的平等意识、参与意识和选举责任等民主价值观，提高了民众对民主思想的接受程度，使韩国政治再难形成以领袖人物为中心的极端政治。20世纪80年代末90年代初，韩国基督教知识分子和民主人士成立了经济正义实践协会、环境保护运动团体等市民运动团体，促进了韩国社会的民主意识和市民意识的高涨，促进了后期韩国文明政府和市民政府的建立。

在民主化进程中，一方面，基督教教会积极参与民主化建设，宣传平等自由的基督教价值观，加强民众民主政治文化熏陶和培育，使民主精神内化为民众的价值取向，使民主观念深入政治民主化进程中。另一方面，基督教在长期的宣传和斗争运动中，聚集了大量渴望民主的政治精英及各界人士，金大中等政治精英和领袖就是在基督教的影响下投身社会变革事业的，他们在基督教的督促和影响下，成为韩国民主建设的先锋力量，最终使韩国政体由威权政体过渡到民主政体。随着民主化建设的深入，基督教在各地传播福音，进一步普及基督教的民主理念，加强了韩国民众对基督教思想的认同，推动了韩国社会对民主的认知。

最后，韩国基督教推动了韩国社会运动和民主运动的发展，为韩国现代民主政治的发展奠定了基础。20世纪70年代，韩国基督教教会是韩国社会民主化运动过程中领导反独裁、民主化运动的核心力量。韩国基督教教会参与了劳动运动、农民运动、城市贫民运动、青年学生运动、妇女运动。韩国基督教的进步神学家、神职人员、教徒献身于民主化运动，为民主化运动提供了理念上和神学上的支持。1973 年韩国基督教教会发表了《韩国基督教教徒的信仰宣言》，年轻的基督教进步人士和学生积极投身民主化斗争和群众斗争。基督教教会通过其特有的组织结构开展民主运动，推动了民主化潮流，并对其产生了巨大影响。

80 年代，韩国基督教参与了劳动运动、农民运动、城市贫民运动、军事政权下台运动、改宪运动、人权保护运动、取消强制征兵运动、城市产业传教运动等几乎所有社会民主运动。基督教教会、教团，甚至保守阵营都积极参与，参与人员更广泛，参与方式更多样。80 年代韩国教会的民主化运动促使政府在 1987 年发表了《八点民主化宣言》，通过贯彻总统直选制，完善了韩国制度性的民主主义。以 1987 年的制度性民主主义为基础，韩国社会在 80 年代末和 90 年代开展了活跃的公民运动，韩国基督教教会在这些公民运动中发挥了中枢作用，为 90 年代韩国民主政治的实践奠定了深厚的基础。

1993 年，长期为韩国民主化奋斗的金泳三当选总统，因为新政府中还有大量威权主义残留，金泳三上台之后大胆实行政治改革，清算威权主义，扩大政治参与，为光州民主运动的受害者平反，最终完成了韩国威权政治向民主政治的过渡。1998 年，金大中出任总统，成为韩国历史上第一位通过民主选举上台的在野党领袖，真正实践了民主化。

五　结语

在韩国民主化进程的各个阶段，人们都可以看到基督教教徒的身影，他们积极参与、推动了韩国民主变革进程。韩国基督教教会在李承晚政府独裁统治时期，经历了政教协调，为基督教思想在韩国社会的渗透打下了基础，并为社会稳定做出了一定贡献。在军人政府统治时期，基督教教会成为反对政府独裁，主张社会正义、民主、人权、自由的主要阵地。由朴正熙政府开始，基督教慢慢分化为激进派和保守派。激进派由一小部分进步阵营的牧师、神学家、基督教学生等组成，他们在 20 世纪 70 年代有组织、有目的地进行民主活动，反对独裁政府的统治，主张社会正义、民主、人权、自由，是韩国民主化运动的重要力量。20 世纪 80 年代，基督教民主化运动已经逐渐发展成为大多数教会、教坛和领袖都参与的运动，他们积极投身民主斗争，推动韩国民主政治的转变，使韩国基督教的民主化运动逐渐走向成熟。韩国基督教教会自三一运动开始就带领韩国民众投身社会变革活动，为韩国民众开展民主运动奠定了基础。基督教不仅从其自身理念出发积极宣传民主精神，还直接参与领导民主运动，推动了韩国民主化进程，为韩国现代民主政治的发展奠定了基础。

韩国文在寅政府的新冠疫情应对政策探析

于婉莹　〔韩〕柳多絮　〔韩〕李熙玉

【内容提要】韩国自2020年1月20日发现首例新冠肺炎患者后，到2022年2月奥密克戎成为韩国疫情的主要毒株，共经历了4次新冠肺炎大流行，韩国在应对疫情的过程中逐渐摸索出了一套符合自身国情的应对模式"K防疫"，这也成为贯穿文在寅执政后半期的疫情治理路线。本文梳理了自新冠疫情出现以来，韩国政府应对新冠疫情的主要措施及其在各阶段的调整过程，并分析了"K防疫"的治理经验与暴露出的局限性，以期对未来的疫情防治有所启示。

【关键词】韩国　新冠疫情　文在寅政府　K防疫

【作者简介】于婉莹，政治学博士，北京大学区域与国别研究院博士后研究员，主要从事中韩关系、东北亚国际政治研究；柳多絮，北京大学政府管理学院博士研究生，主要从事中韩政治现代化研究、社会公共政策研究；李熙玉，政治学博士，韩国成均馆大学政治外交系教授，主要从事中韩关系、东北亚国际政治研究。

2020年，新冠疫情在全球扩散，各国采取了不同方式应对。韩国的新冠疫情防控经验，尤其是疫情流行初期的应对措施在国际上被赞誉为"模范案例"。经济合作与发展组织（OECD）在《2021年OECD规制政策概览》（OECD Regulatory Policy Outlook 2021）中介绍了各国应对新冠疫情的代表性案例，其中包括了“得来速”（drive-through）检测、步行（walk-through）检测、“3T”战略等韩国的应对方式。[①] 尽管韩国暴发了几轮较大规模的感染，但通过采取严格的“保持社交距离”、“3T”战略、疫苗接种、确保危重症治疗等措施，逐渐缓解了疫情的蔓延趋势。随着新增确诊病例数降低，以及疫苗接种率达到预期水平，2021年11月，韩国开启了分阶段恢复日常的计划，陆续宣布解除有关保持社交距离的限制，拉开了韩国后奥密克戎时期的序幕。从2020年1月20日发现首例新冠肺炎患者后，韩国每一轮疫情的流行也伴随着防疫政策的调整和升级，在这一过程中，被称为“K防疫”的文在寅政府的应对措施起到了关键作用。

一 新冠疫情在韩国的四次大流行及其应对措施

（一）疫情流行初期建立了应对基础（2020年1月至2020年3月）

2020年1月20日，韩国出现首例新冠肺炎患者，韩国政府将传染病危机预警级别升级为“注意”，设立了以疾病管理厅厅长为负责人的“中央防疫对策本部”，负责对涉疫人员的流调、诊断检测、检疫等一线防疫工作。1月27日，传染病危机预警被升级为“警戒”，设立了以保健福祉部长官为负责人的“中央事故处理本部”，为应对传染病危机提供医疗支援、整顿泛政府应对体系。2月下旬开始，大邱、庆北地区的“新天地”教会相关人群集体感染引发了新冠疫情在韩国的首次流行，韩国政府将传染病危机预警升级为“严重”，并启动了以国务总理为负责人的“中央灾难安全对策本部”。至此，韩国确立了“中央防疫对策本部—中央事故处理本部—中央灾难安全对策本部”的治理体系，形成了一种从中央到地方的防疫指挥体系。在这种体系下，制定了保持社交距离、个人卫生守则等面向社会的应对方式，以及特别入境检疫程序等。此外，还确立了患者隔离原则、重症病床分配、设立生活治疗中心、指定公共疾病专门医院等医疗应对体系。在这一阶段，韩国国会通过了被称为“新冠三法”的《传染

① “OECD Regulatory Policy Outlook 2021,” OECD, Oct. 6, 2021, https://www.oecd-ilibrary.org/governance/oecd-regulatory-policy-outlook-2021_38b0fdb1-en.

病预防法》《检疫法》《医疗法》的修订案，加强了防疫的行政力度。这一阶段应对体系的迅速建立和法律保障为“K 防疫”的开展奠定了基础。

（二）完善应对体系（2020 年 4 月至 2020 年 10 月）

韩国保健福祉部于 2020 年 6 月发布了名为“K 防疫 3T 国际标准化路线图”的防疫战略，具体步骤包括：检测（Test）、流调溯源（Trace）、治疗（Treat）。① 为了改善传染病应对体系，加强其独立性和专业性，将原来下设在保健福祉部的疾病管理本部提升为独立的“厅”，开展有关疾病和健康管理的各种调查及研究工作。② 为了有效分配病床和重症患者病床，建立了分区管理病床的应对体系，并增设了重症患者病床。5～6 月，韩国新冠肺炎新增确诊人数基本上保持了两位数的低位增长，甚至出现过单日 0 增长，但 8 月中旬开始，韩国出现了新冠疫情的第二次流行，主要由宗教团体和首都圈“8 · 15”集会所致，并伴随着中小群体集体感染呈持续反复趋势。在这种情况下，首尔市政府对首尔市内的 7560 个宗教设施发布了为期两周的限制集会的行政命令。③ 除了个别措施，保持社交距离政策相当于调整到了当时最严格的第 3 阶段。这一阶段根据疫情的变化完善了应对突发公共危机的治理体系，考验了“K 防疫”的适应能力。

（三）针对社区流行的应对体系（2020 年 11 月至 2021 年 2 月）

中央灾难安全对策本部从 2020 年 11 月 7 日开始对当时的保持社交距离政策进行了改进，进一步细化了其内容，调整了保持社交距离的标准。将保持社交距离从 3 个阶段细化为 5 个阶段，新增了民众熟悉的“第 1.5 阶段”“第 2.5 阶段”等名称，将其分为生活防疫（第 1 阶段）、地区流行

---

① 《将“K-防疫”模式打造成世界标准的指南出台》，韩国保健福祉部，2020 年 6 月 12 日，http：//www.mohw.go.kr/react/al/sal0301vw.jsp？PAR_MENU_ID=04&MENU_ID=0403&CONT_SEQ=354963。

② 《9 月 12 日疾病管理厅出台保健福祉部实行多副部长制度》，韩国行政安全部，2020 年 9 月 8 日，https：//www.mois.go.kr/frt/bbs/type010/commonSelectBoardArticle.do？bbsId=BBSMSTR_000000000008&nttId=79824。

③ 《首尔市 8 月 15 日起限制 7560 个宗教设施聚集的行政命令》，首尔，2021 年 2 月 18 日，https：//news.seoul.go.kr/gov/archives/514580？tr_code=sweb。

（第 1.5、第 2 阶段）、全国流行（第 2.5、第 3 阶段）。[①] 这一阶段韩国经历了新冠疫情的第三次大流行。与第一次、第二次大流行不同的是，第三次大流行并没有出现大型集体感染，但呈现全国多点暴发的趋势，主要集中出现在疗养院和教导所等集体居住设施内。因此，韩国加强了对疗养院等易感染设施的管理，首都圈和非首都圈的保持社交距离等级升级，并增加了病床，以保证危重症患者得到及时的治疗。这一阶段韩国调整了“保持社交距离”分级标准，细化了内容和准则，为后来韩国根据疫情的缓急实施不同等级的保持社交距离措施，以及公民的参与提供了更清晰的指导方针。

（四）疫苗的分阶段接种（2021 年 3 月至 2021 年 10 月）

这一阶段韩国政府公布了分阶段进行全民免费疫苗接种的计划。[②] 2021 年 7 月，韩国进入了新冠疫情的第四次大流行，表现为夏季休假后全国性的大规模感染，单日新增人数超过了 7000 人，德尔塔毒株成为主要流行毒株。作为应对措施，7 月 12 日起在首都圈实行了最严格的保持社交距离措施，即保持社交距离第四阶段方案。[③] 这一阶段新冠疫情进入全国大流行阶段，确保充足的疫苗和实施有序的接种并达到一定的接种比例是最紧迫的任务。疫苗接种率是分阶段恢复日常的最重要的判断标准，而疫苗接种的普及成为韩国能够保持新冠肺炎死亡率低位的重要因素。

---

① 《中央灾难安全对策本部关于新冠肺炎的例行记者会（11 月 1 日）》，韩国保健福祉部，2020 年 11 月 1 日，http：//www. mohw. go. kr/react/al/sal0301vw. jsp？PAR_ MENU_ ID = 04&MENU_ ID = 0403&CONT_ SEQ = 360602。

② 第一季度接种对象为疗养院、老人医疗福利设施人员，以及医疗机构的高危从业人员；第二季度接种对象为 65 岁以上人群、医疗机构及药店的医务人员；第三季度接种对象为慢性疾病患者、成人（19～64 岁）；第四季度接种对象为第二针接种者及未接种者。《新冠疫苗接种计划发布会》，政策发布，2021 年 2 月 15 日，https：//www. korea. kr/news/policyBriefingView. do？newsId = 156436662。

③ 第四阶段方案的主要内容包括 18 点以前私人聚会不得超过 4 人，18 点以后不得超过 2 人；禁止在首都圈举行任何集会活动；停止公共设施中的所有娱乐活动，其他设施只能营业到 22 点；体育比赛只能进行无观众比赛；学校全面实施远程授课；宗教设施只能进行“无接触”礼拜等。《首都圈实施新版保持社交距离第四阶段（7 月 12 日至 7 月 25 日）》，韩国保健福祉部，2021 年 7 月 9 日，https：//www. mohw. go. kr/react/al/sal0301vw. jsp？PAR_ MENU_ ID = 04&MENU_ ID = 0403&CONT_ SEQ = 366376。

二　防疫体系的转型与分阶段恢复日常

韩国政府以较高的疫苗接种率为基础，推进了分阶段恢复日常。基本方针是抑制重症及降低死亡率，确保中长期可持续性。鉴于奥密克戎变异病毒传播力强但症状较轻，韩国建立了无症状及轻症确诊患者居家治疗、重症患者在医院治疗的医疗体系。

（一）放宽管控与限制措施（2021 年 11 月至 2022 年 1 月）

根据韩国政府的计划，2021 年 2 月新冠疫苗接种开始后，当全体国民接种完成率在 11 月达到 70%，易感高危人群接种率完成 90% 以上，能够大幅降低新冠肺炎的危险。[①] 此前，有专家提出，放宽保持社交距离措施的前提条件是疫苗接种率达到 70%，[②] 这也是韩国探讨防疫体系转型的重要节点。由于长期持续的防疫措施，个体户、小商贩及弱势群体的收入持续减少，教育机构亏损、疫情焦虑及看护人力不足等民生领域问题加剧。出于建立可持续、与日常生活相协调的新型社会应对体系考虑，韩国政府于 2021 年 11 月 1 日开始实施分阶段恢复日常的计划，开启“与新冠并存”，具体措施包括将保持社交距离的目标从抑制确诊的普遍性限制调整为致力于提高疫苗接种率、降低重症率和死亡率、阻断新冠病毒向未接种疫苗及易感染人群的传播；恢复日常将分成三个阶段逐步放宽防疫措施，考虑到经济情况及防疫危险程度等，将依次按照公共利用设施、大规模活动、私人聚会的顺序放宽。[③]

---

① 《阶段性恢复日常实施计划发布》，韩国保健福祉部，2021 年 10 月 29 日，http://www.mohw.go.kr/react/al/sal0301vw.jsp?PAR_MENU_ID=04&MENU_ID=0403&CONT_SEQ=368300。

② 《保持社交距离起到了充分的效果，专家认为“无须保持社交距离，利用口罩、疫苗足以达到防疫效果”》，ChosunBiz，2021 年 10 月 1 日，https://biz.chosun.com/topics/topics_social/2021/10/01/BXSG6JQHGVCBJM6MTVD5GZYJGI/。

③ 《阶段性恢复日常实施计划发布》，韩国保健福祉部，2021 年 10 月 29 日，http://www.mohw.go.kr/react/al/sal0301vw.jsp?PAR_MENU_ID=04&MENU_ID=0403&CONT_SEQ=368300。

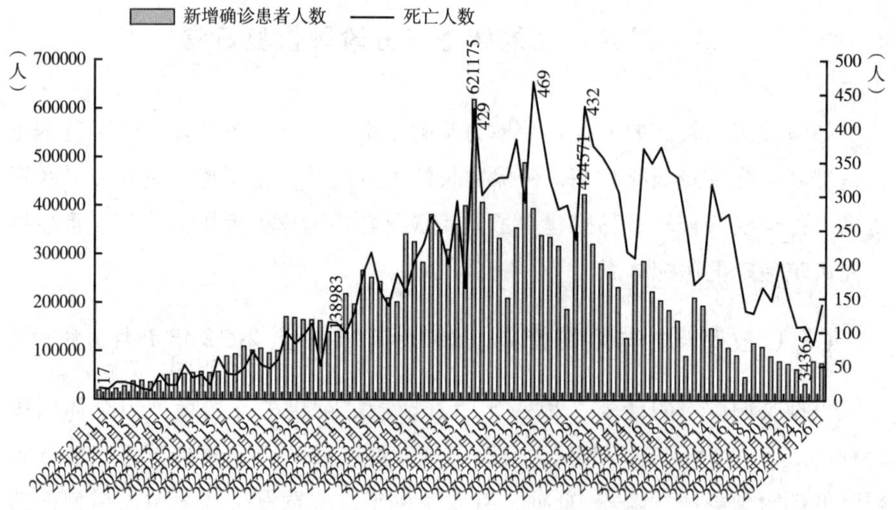

图 1　2022 年 2~4 月韩国每日新增新冠确诊患者人数及死亡人数

资料来源：根据韩国新冠肺炎官网数据自制，http：//ncov. mohw. go. kr/。

（二）分阶段推进社区诊所、医院参与的检测、治疗体系（2022 年 1 月至 2022 年 4 月）

自 2022 年 2 月开始，奥密克戎毒株逐渐替代德尔塔毒株成为主要流行毒株，导致新冠疫情的新一轮扩散，韩国连续多日刷新单日新增确诊人数纪录。虽然奥密克戎确诊患者大规模增加，但重症率及致死率低，无症状及轻症患者占多数。因此，考虑到当时防疫体系效率降低、对高危人群管理能力不足的问题，韩国政府开始转向更日常的防疫及医疗应对体系，即以社区医院为中心的检查治疗体系，以便保健所和社区医院分担疫情应对，有效实施对高危人群的诊断和治疗，并开始利用自我检测试剂进行新冠检测，确诊后前往指定医院、诊所享受治疗直至居家治疗结束。① 自 4 月 1 日起，所有完成疫苗接种的海外入境人员无须进行居家隔离；4 月 4~17 日放宽保持社交

① 《为奥密克戎的流行做准备，2 月 3 日起分阶段地转换为社区医院、诊所参与检测、治疗体系》，韩国新冠肺炎官网，2022 年 1 月 28 日，http：//ncov. mohw. go. kr/tcmBoardView. do? brdId = &brdGubun = &dataGubun = &ncvContSeq = 370004&contSeq = 370004&board _ id = 140&gubun = BDJ。

距离措施。[①] 考虑到确诊患者减少的趋势和社区医院扩大检查范围等，韩国于4月11日起停止了保健所的新冠病毒检测，转换为以民间为中心的检查体系，民众可以自行购买抗原检测试剂盒进行检测，或去指定的社区医院、市医院或呼吸系统疾病专门诊所进行检测。这一阶段韩国按计划举办了第20届总统选举，3月16日还经历了日增确诊62万人的危机，极大地考验了“K防疫”的应对能力。

（三）后奥密克戎时期的应对体系（2022年4月至今）

2022年4月15日，韩国政府公布了后奥密克戎时期的应对体系，提出下调新冠传染病的防治等级，开始以普通医疗体系应对新冠疫情。韩国以准备期、执行期和巩固期分阶段制订了应对计划，具体包括诊断、检测、隔离、支援、流调、检疫、居家治疗、急救、特殊患者等弱势群体救助；从4月18日起全面解除保持社交距离措施，包括解除对服务部门营业时间，以及私人聚会、活动、集会等的相关限制措施，防疫工作转向日常实践防疫体系。[②] 这是韩国自2020年3月22日开始保持社交距离政策实施757天后开启重返日常秩序的重要标志。从4月25日起，新冠疫情从传染病等级的最高级1级降至2级；从5月2日开始，允许民众进行小规模集会和活动，不再强制民众在大部分室外活动中佩戴口罩，解除了持续566天的“口罩令”。[③] 韩国入境检测程序也大幅简化：从5月1日起，韩国全面开放新冠自检试剂盒的网络销售渠道；从6月1日起，韩国济州、襄阳国际机场允许外国人免签证入境，这是自2020年2月起，韩国时隔两年恢复外国人免签证入境政策。

---

① 对私人聚会的限制从8人扩大至10人，餐馆、咖啡厅、酒吧、电影院等的营业时间推迟至24时。《私人聚会最多10人，营业时间至24时（4月4日至17日，为期两周）》，韩国新冠肺炎官网，2022年4月1日，http：ncov. mohw. go. kr/tcmBoardView. do？brdId = 3&brdGubun = 31&dataGubun = &ncvContSeq = 6537&contSeq = 6537&board_ id = 311&gubun = ALL。

② 《保持社交距离措施时隔2年1个月解除，洗手、换气、消毒等在日常生活中遵守阻断感染的生活防疫更为重要》，韩国保健福祉部，2022年4月18日，http：//www. mohw. go. kr/react/al/sal0301vw. jsp？PAR_ MENU_ ID = 04&MENU_ ID = 0403&page = 4&CONT_ SEQ = 371078。

③ 《下周起“户外可以不用佩戴口罩”，时隔566天摘下口罩》，《亚细亚经济》2022年4月29日，https：//view. asiae. co. kr/article/2022042910104562134。

三 文在寅政府“K防疫”政策的经验

（一）疫情流行初期的应对措施迅速得当赢得较好抗疫印象

疫情流行初期，韩国通过快速反应、开展大规模检测及精准流调，较好地控制了疫情扩散，成功战胜了第一轮疫情，并在此基础上形成了一套韩国型防疫体系。韩国政府对传染病扩散等公共卫生危机反应敏锐、应对迅速，体现了对过去非典（SARS）、中东呼吸综合征（MERS）应对经验的学习效果。在过去的传染病危机应对过程中，《传染病预防法》的修订、疾病管理本部的整顿和强化、应对指南等在此次应对新冠疫情中发挥了很大作用。此外，新冠疫情初期通过的“新冠肺炎三法”进一步为新冠肺炎疫情应对提供了法律保障。这些在疫情初期的有效应对措施得到了国际社会的好评。由于当时多国疫情较为严重、自顾不暇，所以即便后来韩国又出现了几轮疫情，但由于采取“3T”战略、灵活调整保持社交距离阶段措施，成功克服了几轮较大规模的疫情，“K防疫”得到了一定程度的检验，因此韩国得以保持了较好的抗疫形象。

外国媒体和研究机构也从多种角度进行了报道，分析了“K防疫”，2020年，联合国可持续发展解决方案网络中心（UN SDSN）对OECD各国的疫情应对效果进行了比较，韩国获得了最高分。① 一些国际媒体和研究机构有关韩国防疫的报道和报告显示，它们对韩国“成功因素”的分析都提到了危机管理领导力、公共卫生管理法律和制度体系、信息通信技术（ICT）基础设施和公民参与等。② 文在寅总统在二十国集团（G20）演说中，用开放性、透明性、民主性三个原则总结了韩国的经验。③ 韩国外交部

① “New Report Shows How to Use the Sustainable Development Goals to Build Back Better after Covid-19,” June 30, 2020, https: //www. unsdsn. org/new-report-shows-how-to-use-the-sustainable-development-goals-to-build-back-better-after-covid-19.

② 《海外媒体眼中的韩国新冠肺炎防疫100天分析发布》，韩国海外文化宣传院，2020年5月6日，http: //www. kocis. go. kr/bodo/view. do? seq = 1035060&page = 2&pageSize = 10&photoPageSize = 6&totalCount = 0&searchType = &searchText = &RN = 19。

③ 《G20峰会第一天》，韩国外交部，2020年11月23日，https: //www. mofa. go. kr/www/brd/m_ 4076/view. do? seq = 368745。

还用“TRUST”，即透明（Transparency）、责任（Responsibility）、联合行动（United Action）、科学和速度（Science and Speed）、团结与合作（Together in Solidarity）等关键词进行了说明。① 此外，韩国专家从防疫治理的角度将韩国能够赢得较好国际口碑的经验总结为以下四点：①对新冠疫情相关法律和制度的整顿；②具有国家危机管理的领导能力；③政府和民间企业合作；④公民参与文化，以市民自发参与为基础的治理体系是“K 防疫”在疫情初期取得成功的主要原因，“K 防疫”即在疫情初期有效遏制疫情的韩国政府的危机管控能力与社会的积极协助相结合形成的一种韩国型应对模式。②

（二）贯彻了保障危重症治疗的政策，保持了感染病患的较低死亡率

截至 2022 年 4 月，全球新冠疫情死亡率为 1.2%，而韩国的死亡率仅为 0.13%，在 OECD 国家中处于最低水平，而美国为 1.2%、英国为 0.8%、日本为 0.4%。保持这种低死亡率的关键首先是以危重症治疗为主的政策贯穿始终，在几轮疫情大流行出现时，韩国政府都强调要保障重症病床供给和重症治疗。第二，实施全民免费疫苗接种，并根据疫苗的供应情况和需要程度制订了分阶段接种疫苗计划。根据韩国新冠肺炎官网数据，截至 2022 年 5 月 7 日，韩国完成第一针疫苗接种的人比例达到 87.8%，完成第二针的比例为 86.8%，完成第三针的比例达到 64.6%；青少年第二针接种率也达到了 80.6%。随着奥密克戎引发的新一轮疫情趋向平稳，韩国仍将危重症患者的治疗作为疫情防控的主要目标，死亡率也从 4 月第一周的 4.19% 降至 1.49%。第三，针对高危人群持续进行预防管理。韩国的新冠疫情防控已经转向生活防疫，但仍保持针对高龄、高危等人群的保护方案，并实施了 60 岁以上人群的第四次疫苗接种。

（三）健康、经济、社会文化并重的防疫路线

韩国的防疫可以说是折中了东亚经验和西方医疗管理的一种创新模式。与西欧的“松散”（loose）政治文化不同，东亚具有“紧密”（tight）的政

① 《韩国政府应对新冠肺炎的努力（TRUST 运动）》，韩国驻纽约领事馆，2020 年 3 月 31 日，https：//overseas. mofa. go. kr/us-newyork-ko/brd/m_ 4237/view. do？ seq = 1346222&srchFr。

② 金东泽等编《从民主治理看韩国新冠肺炎应对体系的特征》，韩国国际合作组织，2020，第 43~70 页。

治文化特征。在西方“松散”社会中，制约个人选择的严格规则或牺牲自由会遭到反对，因此这些政府通常采用宽大而薄弱的规则；但在“紧密”社会中，为了加强社会行动，通常会利用较严格的控制，但这种“紧密”社会也表现出更高的责任心。[①] 韩国也是具有这种“紧密”文化的亚洲国家，虽然利用监控、GPS数据等信息技术实施了严格的流调等防疫政策，但韩国没有采取全面封锁、全面中断经济活动、全面中断居民流动等措施，而是在加强“3T”、保持社会距离政策的同时，利用医疗体系的创新应对新冠疫情。除了2020年2月“新天地”教会的聚集活动引发的第一轮疫情暴发时韩国对大邱等地进行了一定管控外，文在寅政府未对其他地区采取过全面封锁等措施，对海外入境人员和新冠病毒感染者主要以居家隔离和健康管理的形式进行检测和管控。随着确诊人数的增加，韩国也曾出现不少指责防疫政策不够严格的声音，但文在寅政府并没有改变基于公民自觉参与的防疫基调。

针对小企业和个体商户在疫情中受到重创，韩国出台了一系列扶助政策并多次追加预算面向国民发放灾难支援金，加强对社会弱势群体的关怀，试图将新冠疫情对实体经济的负面影响最小化。2019年韩国GDP增长率为2.2%，2020年受疫情影响GDP增长率为-0.9%，但2021年恢复到了4%，这是韩国2011年以来的最高经济增长率。民众对总统执政评价的肯定率也一定程度上反映了对政府应对措施的满意度。从民调结果可以看出，在奥密克戎成为主要流行毒株之前，韩国民众对文在寅总统的评价整体保持较高水平（见图2）。韩国的疫情大体上呈现出“扩散→稳定→再扩散”的反复扩散趋势，在抗疫过程中民众也比较配合社交距离调整措施，逐渐适应了“与新冠共存”，每当疫情出现大规模流行后满意度都会下降，但随着疫情逐渐平稳，对文在寅的履职评价会再次呈现恢复的趋势。即便受到疫情影响，文在寅总统仍然是韩国恢复直选制以来在任期5年的最后一个季度（2022年1~3月）职务评价月平均值最高的总统，达到42%，而此前保持任期最后一季度最高评价的卢武铉总统也只有27%（2007年12月）。[②]

① Michele Gelfand, “To Survive the Coronavirus, the United States must Tighten up,” The Boston Globe, Mar. 6, 2020, https://www.bostonglobe.com/2020/03/13/opinion/survive-coronavirus-united-states-must-tighten-up/.

② 《每日意见第494号（2022年5月第1周）》，韩国盖洛普，2022年5月4日，https://www.gallup.co.kr/gallupdb/reportContent.asp?seqNo=1295。

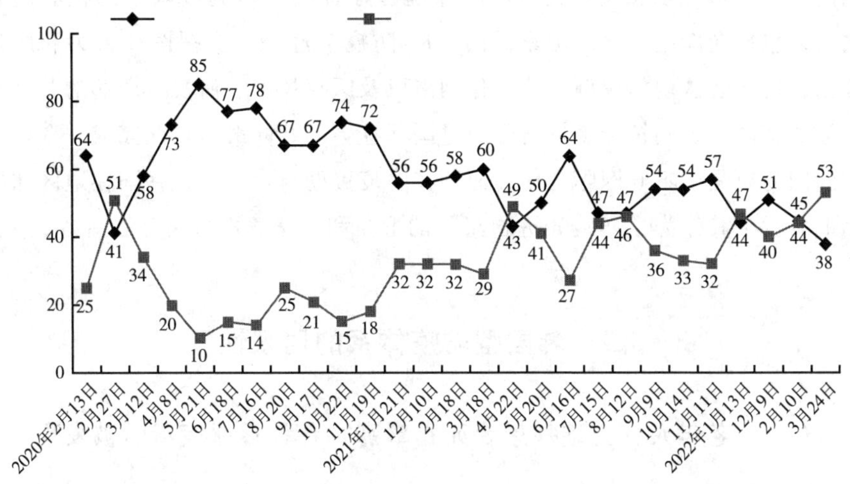

图 2　2020 年 2 月至 2022 年 3 月韩国民众对文在寅政府应对新冠疫情是否得当的评价

注：图中实线为正面评价，虚线为负面评价。

资料来源：《每日意见第 488 号（2022 年 3 月第 4 周）》，韩国盖洛普，2022 年 3 月 25 日，https：//www. gallup. co. kr/gallupdb/reportContent. asp？ seqNo = 1284。

（四）政府开展抗疫合作和疫苗公共外交

在疫情大流行初期，韩国政府及民间团体积极支援中国抗疫，并迅速建立了与中国、日本、越南等国家之间的“快捷通道”，中日韩三国还举行了新冠疫情特别外长会议，与地区国家共同树立了联防联控的典范。2021 年 5 月，拜登总统与文在寅总统在首脑会谈中也就两国抗疫合作达成共识，并将此作为深化韩美合作和巩固同盟关系的重要内容之一，两国同意建立全面的韩美全球疫苗伙伴关系，并在此基础上协调“新冠疫苗实施计划”（COVAX）与“流行病防范创新联盟”（CEPI），增加全球新冠疫苗供应等。5 月 22 日，双方举行了韩美疫苗伙伴关系活动，签署了包括疫苗生产、投资、共同研发等在内的 4 项备忘录。[①] 2020 年 11 月，韩国在提出“新南方政策”三周年之际，将其升级为“新南方政策 PLUS”，针对疫情在全球范

① 《韩美扩大疫苗委托生产、研究合作，签署四项被备忘录》，YTN，2021 年 5 月 23 日，https：//www. ytn. co. kr/_ ln/0103_ 202105230955293627。

围的蔓延，将“后疫情时代全面的保健医疗合作”作为该政策的核心内容之一，包括向新南方地区国家提供“K-防疫”经验、支援医疗人力和医疗体系，构建地区内的保健医疗合作网络以及医疗技术、研发、产业的共生合作等。韩国认识到抗击疫情需要通过国际社会的共同努力才能完成，全球经济的恢复更是离不开国际合作，而这些防疫援助与合作也让韩国在地区和国际上展示了其作为“防疫先进国家”的形象和全球危机治理上的担当。

四 韩国型防疫体系的局限性

（一）老年人、基础病患者死亡率高，各种后遗症不断被发现

至 2022 年 5 月初，韩国确诊患者超过了 1700 万人，这意味着韩国每 3 人中就有一人确诊，而且每日新增确诊数虽然出现下降趋势，但每日仍有 4 万左右的新增确诊患者。新冠疫情大流行以来，韩国整体死亡率一直保持低位，但奥密克戎病毒造成的大规模感染让其单日死亡人数屡次刷新纪录，老年人和基础病患者的死亡率明显高于其他年龄层。根据韩国统计厅的数据，韩国 2021 年死亡人数为 31.78 万人，平均每天 870 人，其中每 8 人中就有 1 人死于新冠肺炎。① 近期不断有研究发现，新冠肺炎治愈后仍然会再次感染，或是出现各种后遗症，以及不可逆的健康损伤。而保持社交距离措施和口罩令的解除，会让易感人群有再次被感染的危险，潜在风险不容忽视。

（二）新冠疫情小规模反复暴发不断，防疫路线出现分歧

奥密克戎病毒的传播在韩国已得到一定程度遏制，但疫情仍不时出现小规模反复，给医疗体系及医护人员造成了极大负担，确诊规模比想象中要大，平台期时间也比预料的长。如图 2 所示，奥密克戎流行以来，韩国民众对政府的应对措施并不如此前满意，认为口罩令的解除和“自主隔离”措施“时机尚早”，出现“K 防疫失败论”等声音。专家也反复警告，病毒有

① 《死亡人口 8 人中有 1 人因新冠肺炎死亡，全部为 50 岁以上》，Moneytoday，2022 年 2 月 28 日，https：//news. mt. co. kr/mtview. php？ no＝2022022812552722678。

出现新型变异的可能性，季节性因素使其有再次流行的可能。[①] 一项韩国民调结果显示，在奥密克戎成为韩国主要毒株之前，受访者对韩国政府防疫举措给予正面评价的原因，主要是认为韩国“比其他国家应对得好、是全球典范”“遏制扩散的措施得当”等，但是在 2022 年 2~3 月期间，奥密克戎在韩国的大流行导致确诊人数翻倍，继续对韩国政府的应对作出正面评价的原因变化为“医疗支援、治疗、死亡最小化”，这在一定程度上反映了奥密克戎病毒的流行让韩国民众对“K 防疫”的局限性有了一定认识。[②] 尤其“保持社交距离”措施基于民众的自觉参与，但这种方式无法完全规避不负责任的自私行为而导致的社会损失。而且，如果韩国再次暴发大规模疫情，食品、生活必需品的供给也将面临考验，物价上升等民生问题可能会成为棘手问题。此外，韩国的新冠疫情应对还受到选举等政治因素的影响，这就导致防疫措施的强度无法完全根据客观的防疫需要来调整，甚至沦为政治的牺牲品。

（三）存在病毒变异的隐患

新冠病毒的大规模感染会导致出现新的变异毒株，因此不能排除反复感染的可能性。其他国家也不断发现新的变异毒株，解除入境隔离措施后，病毒仍会由境外输入韩国，引发新一轮大规模传播。奥密克戎的出现使一直对“K 防疫”引以为豪的韩国措手不及，该政策一度面临失灵。在奥密克戎病毒感染高发期，韩国甚至出现了一药难求的情况，医疗系统几乎崩溃。根据韩国新冠肺炎官网的数据，截至 2022 年 5 月 6 日，韩国新冠肺炎累计死亡 1 万 8754 人，仅 2022 年 3 月韩国累计确诊人数就高达 996 万人，超过了自疫情流行至 2022 年 3 月前韩国确诊人数的总和，3 月 16 日韩国单日新增确诊人数达到峰值，此后整体呈现波浪式下降趋势。但不能排除日后新的变异病毒出现导致新一轮大规模感染，以及医疗系统崩溃等次生问题。

---

① 《政府反驳 K 防疫失败论，“新冠肺炎将转为下降趋势，致死率低”》，韩联社，2022 年 3 月 25 日，https：//www. yna. co. kr/view/AKR20220325076051530？input = 1195m。

② 《每日意见第 482 号（2022 年 2 月第 2 周）》，韩国盖洛普，2022 年 2 月 10 日，https：//www. gallup. co. kr/gallupdb/reportContent. asp？seqNo = 1271；《每日意见第 488 号（2022 年 3 月第 4 周）》，韩国盖洛普，2022 年 3 月 25 日，https：//www. gallup. co. kr/gallupdb/reportContent. asp？seqNo = 1284。

五 结语

在新冠疫情应对过程中，文在寅政府采取了快速检测、流调、保持社交距离、保障危重症患者的治疗等措施构建了韩国型防疫体系。这一防疫体系在应对新冠疫情时的表现是对韩国公共卫生危机治理能力的一次全面检验。随着疫情防控常态化，韩国“K 防疫”政策面临既要重视生命、安全和健康，又要保障社会有序运行和经济复苏的双重课题。当然，还需要克服疫情带来的各种不确定因素的不断变化。

历史与文化

从失忆到记忆："慰安妇"历史记忆的重构与铭记*

刘广建

【内容提要】战后的"慰安妇"历史记忆经历了从"失忆"到"记忆"的转变。关于"慰安妇"集体记忆与个体记忆的博弈，自"慰安妇"问题暴发以来一直延续至今。在"慰安妇"问题30多年的发展过程中，有关"慰安妇"问题的历史记忆不断分解与重构，在此过程中，"慰安妇"集体记忆逐渐为人们所熟知，而个体记忆则慢慢退居幕后，甚至被忽略。随着"慰安妇"历史记忆逐渐形成全球共识，在有识之士的努力下，世界相关国家和地区采取各种形式铭记"慰安妇"历史，关爱"慰安妇"制度受害幸存者。本文以"慰安妇"历史记忆为切入点，在分析"慰安妇"集体记忆与个体记忆的基础上探讨如何有效地铭记"慰安妇"历史。

【关键词】日军　"慰安妇"　历史记忆　幸存者

【作者简介】刘广建，侵华日军南京大屠杀遇难同胞纪念馆副研究馆员，主要从事南京大屠杀史、日军"慰安妇"问题和战犯审判研究。

哈布瓦赫曾说过："只有把记忆定位在相应的群体思想中时，我们才能理解发生在个体思想中的每一段记忆。"①"慰安妇"集体记忆是日军在实施

* 本文系2021年度国家社会科学基金项目"中外'慰安妇'题材文学书写研究"（批准号21XZW038）的阶段性研究成果。

① 莫里斯·哈布瓦赫：《论集体记忆》，毕然、郭金华译，上海人民出版社，2002，第93页。

"慰安妇"制度加害过程中产生的，由"慰安妇"制度受害幸存者、"慰安妇"问题求偿运动活动家，以及研究"慰安妇"问题的学者等共同建构。而"慰安妇"个体记忆则是与集体记忆相对的一个概念，是指幸存者自己拥有的个人记忆。但"慰安妇"集体记忆并不是个体记忆的简单汇总。因此，有关"慰安妇"历史记忆的集体记忆和个体记忆便都有了存在的空间。正因为如此，"慰安妇"问题自产生之日起就一直充满争议，"慰安妇"历史记忆在30多年的争论中不断分解与重构，最后得以凝聚，逐渐清晰地展现在我们面前。

"慰安妇"历史记忆在建构之前经历了很长一段时间的失忆过程。换句话说，"慰安妇"历史记忆经历了从"失忆"到"记忆"的转变。自20世纪90年代开始，有关"慰安妇"问题的争论一直存在。在这30多年的交锋中，关于"慰安妇"制度的本质越来越被世人所接受，从最初的否认和偏见到后来的重新认识和深入探讨，"慰安妇"制度对各国女性造成的伤害也逐渐被人们所认识。需要指出的是，"慰安妇"历史是在各国专家学者的潜心研究中逐渐还原了本来面目，"慰安妇"历史记忆才得以重构的，这种重构并不是建筑学上的重建，而是历史学层面的复原与整合。

"慰安妇"问题争议的过程也是"慰安妇"历史记忆分解与重构的过程。在这个过程中，"慰安妇"集体记忆和个体记忆相互博弈。总体来说，在"慰安妇"相关争议不断走向深入的同时，个体记忆逐渐向集体记忆偏移，以至于在某种程度上人们往往会忽略"慰安妇"制度受害幸存者的个体记忆。换言之，日军"慰安妇"制度的历史更倾向于"慰安妇"的整个群体，对组成这个群体的"慰安妇"个体的讨论则相对较少。这也是中韩等国的"慰安妇"制度受害幸存者对日本政府的诉讼案件无一胜诉的一个重要原因。但是，"慰安妇"集体记忆是从诸多个体记忆中提取出来的，离开了"慰安妇"的个人记忆，集体记忆也就成了无源之水、无根之木。因此，有必要对二者的关系做一个简单的梳理。

一　"慰安妇"集体记忆的建构

"慰安妇"集体记忆是伴随着"慰安妇"史实的不断揭露与澄清而逐渐形成的，这种集体记忆是"一种社会建构，这种社会建构主要是根据我们的现实需要或对现在的关注而被形塑的"。[①] 20世纪90年代以来，"慰安妇"问题集中暴发出来，逐渐成为国际性话题。在经历了"共同记忆"和"分享记忆"的过程后，"慰安妇"集体记忆开始逐渐形成。目前存在的一个明显倾向是扩大/强调"慰安妇"集体记忆。在"慰安妇"的集体记忆中，有些记忆明显已经打上深深的烙印，永远也不可能磨灭，因为这些记忆都是受害者亲身遭受非人折磨后留下来的，已经深深地留在记忆深处。一位日本的"慰安妇"制度受害幸存者曾经说："用橡皮能够擦掉的话，我希望擦掉过去的一切。"[②]

在"慰安妇"集体记忆中，如何成为"慰安妇"是"共同记忆"的起点，也是所有问题的开始。因为在这里她们的人生轨迹被完全改变了。日军强征"慰安妇"通常是采用欺骗、诱拐、强掳等方式。在中国山西，经张双兵调查确认的"慰安妇"制度受害幸存者多达127位。这127位"慰安妇"制度受害幸存者基本上都是被日军从家中强掳至日军的据点遭受蹂躏的。当日军对她们失去兴趣时，便乘机勒索这些妇女的家属，让其用钱或物将她们赎回去。而日军则去抓另一批妇女来继续淫乐。对于那些从异国他乡被日军强征而来的"慰安妇"来说，她们的人生从离开家乡的那一刻起便充满了悲剧色彩，比如朝鲜籍"慰安妇"制度受害幸存者朴永心，只有17岁的她在1939年被骗往中国南京成为一名"慰安妇"，直到1944年被中国军队解救，充当了整整5年的"慰安妇"。[③]

"慰安妇"在慰安所往往遭受的是非人的折磨，这是所有"慰安妇"制度受害幸存者有关这段经历中记忆最深刻的部分，永生难忘。被日军强征而来的各地妇女们，自踏进慰安所的那一刻起，她们的人生就被改变了。很多人并不愿意充当日军的性奴隶，她们曾苦苦哀求经营者或者把她们骗来的中间人，但都不会有任何效果。她们也曾反抗日军的种种行为，但换来的是无尽的折磨与打骂。有些人没过多久就因为承受不了这种蹂躏而选择主动结束自己的生命。有些人因为激烈反抗被日军杀死或杀伤。日军对"慰安妇"

① 赵静蓉：《文化记忆与身份认同》，生活·读书·新知三联书店，2015，第49页。

② 千田夏光：《日本随军慰安妇的悲惨遭遇》，黄玉燕译，台湾源成文化图书供应社，1977，第45页。

③ 陈丽菲、苏智良：《追索——"慰安妇"朴永心和她的姐妹们》，时代国际出版有限公司，2005，第29~31页。

进行各种侮辱。湖南“慰安妇”制度受害幸存者彭仁寿两次被日军抓进慰安所。在第二次被日军折磨得不成人样后，日军用刺刀刺进她的腹部，扔出慰安所，在她身上留下了长达10厘米的伤疤。韩国“慰安妇”制度受害幸存者郑玉顺，日军在她的嘴里、胸部、肚子上到处进行刺青，至今仍清晰可见，触目惊心。[①]

“慰安妇”们除了要承受身体的折磨之外，更要承受心理的折磨，这是更让她们痛苦的方面。“慰安妇”制度受害幸存者在战时受尽日军的各种欺侮，战后更要忍受世俗的异样眼光。因为对“慰安妇”制度的认识不够深入，战后很长一段时间内人们将“慰安妇”视为“军妓”“娼妓”“妓女”。因此，这些受难的妇女只能将自己的伤疤掩盖起来，不让外人看见。有些人只能隐姓埋名或远嫁他乡，离开知道她们经历的故土。湖南“慰安妇”制度受害幸存者汤根珍，在新中国成立后很长一段时间，只要有运动发生，便会被拉出去批斗，被用各种刺耳的言语侮辱。虽然在战后幸存了下来，但因为日军的长期野蛮蹂躏，很多“慰安妇”失去了生育能力。有些“慰安妇”制度受害幸存者婚后不能生育，但又不能把真实的原因说出来，只能默默忍受别人异样的眼光和无尽的非议。

扩大/强调“慰安妇”集体记忆是目前有关“慰安妇”话题的讨论和各种运动的明显倾向，这主要是三个方面的因素导致的。一是有利于反驳“慰安妇”否定论。从“慰安妇”问题肇始的那天起，否定的论调就从未停止。日本政府一开始也是极力否认，但在许多铁证面前，不得不改变态度，承认日本政府和日军与“慰安妇”制度有关，然后才有了日本政府关于“慰安妇”问题基本态度的“河野谈话”。但是在日本国内仍然存在大量否定“慰安妇”制度存在的声音。而扩大/强调“慰安妇”集体记忆可以从事实层面有力反击“慰安妇”否定论。因为大量的不同国家的受害者的共性是无法人为炮制的。尤其是那些有着完整证据链，可以证明自己的证言的真实性的幸存者，她们亲自站出来控诉日军暴行，日本方面是无论如何也反驳不了的。例如朝鲜籍“慰安妇”制度受害幸存者朴永心，荷兰籍“慰安妇”制度受害幸存者奥赫恩·杨露芙，印度尼西亚籍“慰安妇”制度受害幸存

① 陈丽菲、苏智良：《追索——“慰安妇”朴永心和她的姐妹们》，时代国际出版有限公司，2005，第57页。

者玛利亚·罗莎·韩森等。二是突出"慰安妇"制度受害幸存者的身份。"慰安妇"制度受害者不同于一般的战争受害者，她们本身就是弱势群体，遭受的更是非人的对待。"慰安妇"受到的伤害从战时延续到战后，从身体深入到心灵，她们承受着双重折磨。所以，对于"慰安妇"集体记忆的强调其实是在强调战争对于女性的伤害，或者说是在提醒现在的人们不要忽略女性在战争中受到的伤害。日军实施的"慰安妇"制度是人类历史上的黑暗一页，我们不应该忘记她们曾经受过的苦难。只有认识到"慰安妇"制度受害幸存者的受害者身份，才能更好地关爱她们。三是为了向日本求偿。自韩国的金学顺等幸存者向日本法院提起诉讼以来，日本各级法院进行的"慰安妇"诉讼审理已经有30多起。在这些诉讼案件中，对"慰安妇"制度受害幸存者的受害经历进行确认是一个关键部分。可以说所有提起诉讼的"慰安妇"制度受害幸存者的经历都是可以确认的，不可能存在捏造的成分。扩大/强调"慰安妇"集体记忆一方面是有利于提高诉讼的成功率，向日本政府索取必要的伤害赔偿，另一方面也是向日本社会普及"慰安妇"问题的相关事实。事实证明，"慰安妇"集体记忆已经在日本社会得到一定程度的扩散。很多原本对"慰安妇"问题一无所知的日本民众经过诉讼案件的宣传，已经有所了解，有些人甚至从事"慰安妇"求偿运动。

二　"慰安妇"个体记忆对集体记忆的冲击

与扩大/强调集体记忆相对应的则是忽略/隐藏个体记忆。个体记忆属于私人记忆的范畴，是个体拥有的记忆。正如法国哲学家保罗·利科所说："对于主体的所有亲历体验者来说，记忆，作为'我的'，是属我性、私有财产的一个典型。"① 这时的个体记忆不具有"分享性"。虽然集体记忆中必定包含个体记忆，但集体记忆却不是个体记忆的集合。对于"慰安妇"制度受害幸存者来说，她们的一些经历具有共性，她们保留的一些记忆可以称之为集体记忆。可以说集体记忆是一个很大的面，而个体记忆则是游离于这个面上的一些点。个体记忆有时会试图向集体记忆靠拢，但往往以失败告

① 保罗·利科：《记忆，历史，遗忘》，李彦岑、陈颖译，华东师范大学出版社，2018，第121页。

终。因为个体记忆有时会“污染”集体记忆的“纯洁性”。就目前大家关注的“慰安妇”集体记忆而言，个体记忆想在这里有一席之地是很困难的。正如有人指出的：“不论是从史学或是法学的角度来看，往往忽视了‘慰安妇’个人的生命历程。”[①] 因为除了“慰安妇”制度受害幸存者本人，很少有人关注这一点。即使有人注意到了，也不会对个体记忆进行有效的跟进和挖掘。法国人类学家古斯塔夫·勒庞说：“群体成员的思想感情有一种相互统一的倾向，自觉的个性消失了，出现了一个群体心理。”[②] 现实情况确实是“慰安妇”集体记忆占了上风，并且主导了“慰安妇”求偿运动的活动方向。正如有学者指出的，“朝鲜‘慰安妇’陷于被剥夺‘自主性’的尴尬境地之中，只能通过忘却机制，形成与共同体内部合拍的民族集体记忆”。[③]

阿尔弗雷德·阿德勒在《自卑与超越》一书中说道：“任何回忆都绝非偶然，一个人曾经的印象浩如烟海，他选择记住的只能是那些他认为和自己的情况有直接关联的片段，无论这些片段多么模糊。”[④] 在对“慰安妇”制度受害者进行调查采访时，我们往往会发现在一些事情上，幸存者的回答有时会有偏差，甚至相互矛盾。这不仅是因为年代久远记忆模糊，更重要的是记忆的“可塑性”。因为“回忆的可塑性是得到了证实，不仅因为回忆是在每个当下特殊压力下被重构的，而且是在特定的机构框架下被重构的，这些框架操纵着对于回忆的选择，并且设定它们的轮廓”。[⑤] 也就是说对于同一件事，不同叙述框架会有不同的解读。幸存者对于不同文化背景和社会阅历的采访者的提问，往往会做出不一样的回答。这种记忆重构的过程也是再加工的过程，需要记忆主体的选择。当提问者一再强调或突出某一问题后，关于这个问题的不同答案便出现了。

每个人的家庭情况都不一样，“慰安妇”制度受害幸存者在回忆自己的

---

① 台湾妇女救援基金会主编《台湾慰安妇报告》，台湾商务印书馆股份有限公司，1999，第 172 页。

② 古斯塔夫·勒庞：《乌合之众——大众心理研究》，马晓佳译，民主与建设出版社，2018，第 4 页。

③ 朱忆天、王寅申：《“慰安妇”问题与东亚地区的“历史和解”》，《抗日战争研究》2020 年第 1 期，第 162~163 页。

④ 阿尔弗雷德·阿德勒：《自卑与超越》，马晓佳译，民主与建设出版社，2017，第61 页。

⑤ 阿莱达·阿斯曼：《回忆空间——文化记忆的形式和变迁》，潘璐译，北京大学出版社，2016，第 301 页。

遭遇时，往往会提及自己的家庭状况。总体来说，从朝鲜半岛出来的"慰安妇"有很多人因为家庭贫穷而容易被日军欺骗。因为她们急于改善家庭的经济状况，而日军此时又可以提供一份收入不错的工作，因此，很多人跟随日军离开家乡远渡重洋。例如韩国籍"慰安妇"制度受害幸存者金德镇为了补贴家用而被人以去日本做工的名义欺骗，来到上海成了"慰安妇"。[①] 有些人虽然属于上层社会，但日军也没有放过她们。例如韩国梨花女子大学的尹贞玉教授在上学时差一点被强征为"女子挺身队员"，而她的很多同学则一去不复返。很多人往往会将关注点放在日军强征的手段和方法上，并没有注意到幸存者对于其家庭状况的描述。有时糟糕的家庭背景也会成为"慰安妇"否定论者的攻击点。因此，当幸存者被人多次问及受害经历时，有时会条件反射地将日军如何强征、慰安所内如何受难的情况直接说出。渐渐地，少有人关心幸存者成为"慰安妇"之前的情况，也就意味着大家并未真正在倾听她们的倾诉，只是想要听到自己需要的那部分。被迫成为"慰安妇"的创伤经历是幸存者的个人记忆中不可磨灭的重要部分，并且对她们的生活造成了很大的困扰。"一方面，创伤体验会像一道伤疤一样长久地烙刻在一个个体的记忆中，提醒和暗示这个主体曾经有过怎样的过去；另一方面，创伤记忆的主体又通过控制这部分记忆来平衡创伤性过去与现实之间的关系，通过压抑、释放、梳理或分析等多种手段来适应创伤体验对主体日常生活的介入，并最终趋向缓解痛苦或治愈创伤的目的。"[②]

"慰安妇"在回忆慰安所中的经历时，尽管常常是痛苦的回忆占主导，但偶尔也会提及自己所经历的一些印象深刻的小插曲。一开始，"慰安妇"制度受害幸存者讲述这些小插曲时并没有意识到这些会成为"慰安妇"否定论者进行攻击的方面。例如中国台湾的"椰子阿妈"曾回忆说："在Joholu慰安所（Miyalashisho）工作前后待了一年多，日本兵有时候会给我们小费，所以我在慰安所的军事邮便储金存了一千八百多元。"[③] 在"慰安妇"制度受害幸存者的叙述中也可以看到日军对"慰安妇"产生感情的例

① 韩国挺身队问题对策协议会、韩国挺身队研究会编《被掠往侵略战场的慰安妇》，金镇烈、黄一兵译，中国文史出版社，2001，第16~17页。

② 赵静蓉：《文化记忆与身份认同》，生活·读书·新知三联书店，2015，第49页。

③ 妇女救援基金会主编《台湾慰安妇报告》，台湾商务印书馆股份有限公司，1999，第143页。

子。“当初我在那里认识一个爱人，要我答应日本战败时到日本找他。那时候在那里约会时，常常跑去椰子树下聊天。没有见到他时就会一直期盼赶快让他放假、放假。”[①] 有“慰安妇”制度受害幸存者回忆，个别日本军人来慰安所并不是为了性的需要，每当接触到这样的日军时，她们都有片刻的休息时间。这些日本军人也会和“慰安妇”聊天，接触的次数多了，还会送一些小礼物给“慰安妇”，也会送一些好吃的东西。这些记忆也和遭受折磨的记忆一起存进了“慰安妇”的个人记忆系统。

个体记忆虽然也在“慰安妇”制度受害幸存者所回忆的内容里，但逐渐不被提及，甚至有些被忽略。这主要是集体记忆对个体记忆的压迫导致的，用哈布瓦赫的话来说就是“集体记忆的框架把我们最私密的记忆都给彼此限定并约束住了”。[②] 因为集体记忆要博得大家的关注，那么个体记忆就必须让位。尤其是那些对集体记忆有所损害的个体记忆更要退出“慰安妇”的集体记忆系统。例如，韩国的“慰安妇”制度受害幸存者几乎闭口不谈她们的本民族同胞作为慰安所经营者和管理者的事。因为这会明显冲淡她们的民族磨难，让否定论者抓住把柄。正如有学者指出的：“‘慰安妇’诉讼运动是韩国民族主义的替代品，而不是为了维护这些女性受害者。”[③] 虽然我们在探讨“慰安妇”历史记忆时会对“慰安妇”的个体记忆进行检视，但集体记忆往往更吸引人，使我们不自觉地将关注点聚焦集体记忆。无论个体记忆多么吸引人、多么特别，和集体记忆相比，它们只能排在后面。我们一说到“慰安妇”问题的相关历史，几乎都会谈到“慰安妇”如何被欺骗或强征，如何被日军蹂躏，战后又是如何生活艰难等方面。我们从来不会从“慰安妇”在慰安所内遇到的一件开心的小事来谈日军的“慰安妇”制度，更不会只谈个体记忆而不谈集体记忆。现在“慰安妇”历史记忆中的集体记忆对个体记忆的压迫是非常明显的，因为我们可以明显感觉到有些“慰安妇”制度受害幸存者在回忆往事时已经不再提及那些只属于自己的个体记忆了。还有一个重要的原因是“慰安妇”制度受害幸存者的选择性遗忘。本来个体记忆与集体记忆都可以诉说，并不是非此即彼的关系，但经过

---

① 妇女救援基金会主编《台湾慰安妇报告》，台湾商务印书馆股份有限公司，1999，第 137 页。

② 莫里斯·哈布瓦赫：《论集体记忆》，毕然、郭金华译，上海人民出版社，2002，第 94 页。

③ Thomas J. Ward &William D. Lay, *Park Statue Politics*: *Word War* Ⅱ *Comfort Women Memorials in the United States*, E-International Relations Publishing, 2019, pp. 104-105.

二十年的发展，"慰安妇"问题变得越来越国际化，讨论的范畴也从历史问题扩展到外交、法律、人权等领域。可以说，"慰安妇"制度受害幸存者所说的证言就不仅仅是个人的证言，可能会关系到整个"慰安妇"制度受害幸存者群体。因此，当一些个体记忆可能会影响到集体记忆的利益时，个体记忆便会逐渐淡出。当"慰安妇"制度受害幸存者意识到这个问题时，自然也就会选择性遗忘，曾经的一些小插曲便会不复存在。但这并不意味着个体记忆的消亡，只是"慰安妇"制度受害幸存者将它们埋在记忆的更深处了。

三 "慰安妇"历史记忆的铭记

"慰安妇"问题发展到今天已经走过30多年，总体来说，"慰安妇"历史记忆已经得到越来越多的认可，也有越来越多的人从事"慰安妇"历史记忆研究。在铭记"慰安妇"问题历史记忆的方式方法中，有三种方式较为突出，效果也较明显。

（一）设立"慰安妇"纪念碑和少女像

纪念碑是历史记忆的重要载体，古往今来，很多重要的历史事件都被刻成碑文得以保存并流传。正如阿莱达·阿斯曼指出的："石头的加工最为费力，也就保存得最为长久。"[①] 2010年10月23日，美国第一座"慰安妇"纪念碑在新泽西州卑尔根郡的帕利塞兹公园镇落成，碑文写道："谨此纪念1930年代至1945年间被日本帝国武装部队掳走的20余万妇女和少女。这些被称为'慰安妇'的女性所遭受的人权侵犯不应被任何国家和民族所忽视。让我们永志不忘那骇人听闻的反人类暴行。"[②] 截至2020年12月，在美国建立的"慰安妇"纪念碑数量已经达到14个。2011年12月14日星期三，韩国首都首尔举行了第1000次市民集会。在此次集会中，一尊"慰安妇"少女像被竖立在集会地，即日本驻韩国大使馆正对面。日本方面多次

① 阿莱达·阿斯曼：《回忆空间——文化记忆的形式和变迁》，潘璐译，北京大学出版社，2016，第275页。

② 丘培培：《构建超越民族国家的历史记忆——美国"慰安妇"纪念碑运动调查》，《日本侵华南京大屠杀研究》2019年第4期，第15页。

要求韩方拆除少女像，但是均遭到拒绝。在韩国方面看来，“慰安妇”少女像是本民族女性在日本殖民朝鲜半岛时期被强征成为“慰安妇”的象征，是提醒日方铭记历史的物质载体。

2013年7月30日，一座“慰安妇”和平少女像在美国加州格伦代尔中央图书馆前的公园正式揭幕，这是“慰安妇”少女像首次落户海外。该少女像与日本驻韩国大使馆前的铜像一模一样，并附有“慰安妇”历史简介。2016年10月22日，在上海师范大学校园内，中国首个中韩“慰安妇”和平少女像揭幕，这也是中国大陆首个“慰安妇”少女像，具有重要意义。2017年3月8日下午，“慰安妇”和平少女像揭幕仪式在德国巴伐利亚州的尼泊尔喜马拉雅公园举行，这是“慰安妇”少女像首次落户欧洲。2017年9月22日，在美国旧金山市的圣玛丽广场举行了“慰安妇”雕像揭幕仪式。这组“慰安妇”雕像由中国、韩国和菲律宾的三位少女像以及一座“慰安妇”老人像组成。雕像中的三名少女彼此背对背，手拉手，表情凝重地看向前方，“慰安妇”老人雕像则在她们不远处看向她们。“慰安妇”老人雕像的原型是首位实名公开揭露日军“慰安妇”历史的韩国“慰安妇”制度受害者金学顺。雕像旁的纪念碑上写着，“为13个国家里数以万计在二战开始前和开始后被日军奴役的妇女、女孩所经历的痛苦作证”。雕像揭幕时，韩国“慰安妇”制度受害幸存者李荣洙老人亲临现场参加活动。为此，日本的大阪市甚至和美国旧金山市解除了友好城市关系。虽然在设立“慰安妇”纪念碑和少女像方面日本提出了诸多抗议，但此类行动仍在继续，并未有停止的迹象。正如有学者指出的：“围绕‘慰安妇’纪念碑的激烈争议，凸显了历史记忆的力量，也证明了纪念碑对构建集体记忆的重大影响。”①

据不完全统计，截至2021年底，韩国国内约有“慰安妇”少女像70座，全球范围内约有80座“慰安妇”少女像。这些少女像虽不是完全一模一样，也不是出自同一艺术家之手，但均是“慰安妇”历史记忆的象征。将“慰安妇”历史记忆固化在“慰安妇”少女像上，在韩国人看来是一种铭记历史的有效方式。因此，韩国方面极力推动在本国及世界各

① 丘培培：《构建超越民族国家的历史记忆——美国“慰安妇”纪念碑运动调查》，《日本侵华南京大屠杀研究》2019年第4期，第17页。

地树立"慰安妇"少女像。"慰安妇"纪念碑与少女像一起，共同构成了铭记"慰安妇"历史的有效载体。"慰安妇"历史记忆通过纪念碑和少女像在世界范围内不断扩展，影响力逐渐扩大，使得更多的人开始了解和研究这段历史。尤其是美国的建碑运动，完全是由美国的民间团体推动的，这些民间团体在构筑超越民族国家的"慰安妇"历史记忆方面发挥了重要作用。

（二）建设"慰安妇"主题纪念馆（博物馆）

纪念馆（博物馆）是教育公众、存储记忆的机构，保存历史记忆最好的地方就是纪念馆（博物馆）。作为保存"慰安妇"历史记忆的"慰安妇"主题纪念馆（博物馆）通过各种展览对"慰安妇"个体的创伤记忆进行再现，对"慰安妇"群体的创伤经历进行再展示。虽然这是一个揭开伤疤的痛苦过程，但在这个过程中突出了"慰安妇"集体记忆，使观众在参观过程中在国家意识形态层面形成集体认同。阿莱达·阿斯曼将博物馆比喻为"失物招领处"："它令大家深信，某些东西尽管从历史的大潮中退出，但在某个地方总会有一个能够获得最佳庇护并且可靠的场所……"① 也就是博物馆的"补偿功能"。"慰安妇"主题纪念馆（博物馆）即是展示"慰安妇"历史的综合回忆的场所，突出了该主题纪念馆（博物馆）对"慰安妇"历史的补偿功能。"慰安妇"主题纪念馆（博物馆）从20世纪90年代末开始陆续兴建，目前已经在中国、韩国、日本等国家和地区不断涌现。

中国方面，2000年，云南龙陵董家沟"慰安妇"制度罪行展览馆建成开放，是中国首个"慰安妇"主题纪念馆。这是世界上首个在慰安所遗址上建成的纪念馆。1999年苏智良教授在上海师范大学成立中国"慰安妇"历史研究中心，2007年建成中国首个"慰安妇"主题资料中心，收集与展示"慰安妇"主题相关的历史资料、档案和实物等。2016年10月，资料中心升级为中国"慰安妇"历史博物馆。黑龙江孙吴县侵华日军军人会馆遗址陈列馆始建于1983年。孙吴县于2009年对旧址进行保护性复原并

① 阿莱达·阿斯曼：《记忆中的历史——从个人经历到公共演示》，袁斯乔译，南京大学出版社，2017，第6页。

设计布展，2012年正式对外开放，是中国北方一座规模较大的遗址型纪念馆，展陈内容反映了日军实施“慰安妇”制度的历史和罪行。2015年12月1日，南京利济巷慰安所旧址陈列馆正式建成并对外开放，成为世界上规模最大的遗址型“慰安妇”主题纪念馆。该馆已成为“慰安妇”历史教育的重要基地，每年吸引大量国内外观众参观交流。2017年12月，中国台湾地区首个“慰安妇”主题纪念馆由台北妇女救援基金会筹建完成，命名为“阿嬷家——和平与女性人权馆”，主要展示了台湾地区的“慰安妇”历史。

韩国方面，在“分享之家”内建有一个“慰安妇”历史博物馆。“分享之家”是韩国市民和佛教人士于1992年建立的专门赡养韩国“慰安妇”制度受害幸存者的机构。1998年，“慰安妇”历史博物馆在“分享之家”内建成，全面展示了日军“慰安妇”制度的历史，是韩国国内首家“慰安妇”主题纪念馆，保留了大量韩国幸存者的证言和影像资料。战争与女性人权博物馆由韩国“挺身队”对策协议会主办，位于首尔市城山洞，于2012年正式建成开放。博物馆的宗旨是利用博物馆的公共空间来铭记“慰安妇”历史，教育人民，以达到最终解决“慰安妇”问题的目的，同时也致力于通过合作消除对女性的暴力。博物馆保留了很多“慰安妇”主题运动开展以来的实物和影像资料。此外，在大邱市也有一个HEEUM日军“慰安妇”历史馆，2015年12月正式建成开馆。该纪念馆由民间团体负责，展出该市及庆尚北道的20多名日军“慰安妇”制度受害者的照片和遗物及相关受害经历等。该馆的宗旨是记住日军“慰安妇”制度受害者的痛苦历史和解决“慰安妇”问题，从而构建尊重女性人权的社会。

此外，在日本的早稻田大学内也建有一个“慰安妇”主题资料馆：战争与女性和平资料馆。该资料馆是日本唯一一家以日军“慰安妇”历史为主题的资料馆。在资料馆的入口处有一个照片墙，墙上贴满了“慰安妇”制度受害幸存者的照片，馆内则详细展示了与日军“慰安妇”制度相关的史料、受害者证言、日军官兵证言等资料。遭受过“慰安妇”制度迫害的菲律宾、印度尼西亚等国家和地区也在积极争取建立类似的纪念馆（博物馆）。可以说，“慰安妇”主题纪念馆会随着“慰安妇”议题的不断深入发展而逐渐增多，影响力也会增强。

“慰安妇”的历史记忆在“慰安妇”主题纪念馆内得到了非常有效的

呈现。观众在参观此类纪念馆时，既能从史料档案中了解历史的真相，也可以从视频影像中看到"慰安妇"制度受害幸存者的控诉。一个个慰安所旧址遗址的展现，一件件"慰安妇"相关物品的展示，都是难以磨灭的实物记号与记忆载体，是对日军"慰安妇"制度的有力控诉。"博物馆并不只处置物品，更重要的是处理我们暂时可以称之为观念的东西，即关于世界是什么或应当是什么的看法……它们与其说通过物品反映世界，不如说使用物品调动过去和当前世界的各种表象。"[①]"慰安妇"主题纪念馆（博物馆）试图用藏品告诉参观者关于"慰安妇"历史的相关信息。"慰安妇"主题纪念馆既在展示"慰安妇"的创伤，同时也在启迪人们对战争的厌恶和对和平的向往。只要"慰安妇"主题纪念馆存在，"慰安妇"历史记忆便不会消失。尤其是云南龙陵董家沟慰安所遗址陈列馆和南京利济巷慰安所旧址这类在慰安所旧址上建成的"慰安妇"主题纪念馆，它们的存在给参观者提供了一种身临其境的真实体验感。遗址性纪念馆中的场景复原更是为观众创造出一种与"慰安妇"共存的"在场感"。这种深刻的体验会成为观众难以磨灭的记忆，"慰安妇"历史记忆在这样的体验中不断深化、延续。

（三）"慰安妇"资料申请"世界记忆名录"

"世界记忆名录"是联合国教科文组织保存人类记忆的一项工程。"慰安妇"历史记忆作为人类文明史上空前绝后的特有记忆，理应列入"世界记忆名录"。为此，与"慰安妇"历史有关的国家和地区都在为这一目标而努力。截至 2022 年 6 月，"慰安妇"资料"申遗"活动共进行了两次。

第一次是 2014 年 3 月，由中国国家档案局牵头，联合中央档案馆、中国第二历史档案馆、侵华日军南京大屠杀遇难同胞纪念馆、南京市档案馆、辽宁省档案馆、吉林省档案馆、上海市档案馆，向联合国教科文组织世界记忆遗产秘书处递交了《南京大屠杀档案》和《"慰安妇"——日军性奴隶档案》（简称《"慰安妇"档案》）提名表。在提交的 11 组档案资料中有关日军实施"慰安妇"制度的内容包括日占区各地"慰安所"设施

① 斯图尔特·霍尔编《表征：文化表征与意指实践》，徐亮、陆兴华译，商务印书馆，2013，第 231~232 页。

状况的材料，日军利用“慰安所”的人数统计材料，日军兵员数及“慰安妇”配置比例的统计材料，以及日军在中国及东南亚地区设立“慰安所”、强征“慰安妇”等的材料。“慰安妇”档案“申遗”的目的在于提醒人们不要忘记日本军国主义者在战时对女性的伤害，使“慰安妇”历史记忆成为世界记忆，从而珍爱今天的和平年代。对于中国方面将“慰安妇”档案进行“申遗”，日本方面公开要求中国撤回，并加以阻挠。2015 年 10 月 9 日，联合国教科文组织公布了最新入选的“世界记忆名录”项目名单，《南京大屠杀档案》成功入选，但《“慰安妇”档案》未能进入。随后教科文组织在给出的说明中指出，“慰安妇”问题不仅是中国一个国家的事情，建议联合其他国家共同申报。这是“慰安妇”资料第一次“申遗”，虽然结果令人遗憾，但使人们看到了努力的方向。

2016 年 5 月 31 日，中国、韩国、日本、印度尼西亚、菲律宾、荷兰等 8 个国家和地区的民间团体，再一次将“慰安妇”资料进行“申遗”，递交了 2744 件“慰安妇”相关资料，以《“慰安妇”的声音》进行了申报。此次“申遗”的材料中主要分为历史档案和幸存者证言两个部分，还有一些影像资料。这些资料均是参与各方精挑细选的，非常具有代表性。与此同时，日方针对“慰安妇”资料的“申遗”进行了有针对性的搅局，日本提出了“‘慰安妇’与日军纪律的文献”进行“申遗”。2017 年 10 月 30 日，联合国教科文组织公布最新的入围名单，《“慰安妇”的声音》项目被列入延期决定项目，并予以否决性搁置。这意味着“慰安妇”资料第二次“申遗”活动也未能成功。

“慰安妇”资料两次申请“世界记忆遗产名录”都铩羽而归，究其原因可能不在资料本身，而是国际政治博弈的牺牲品。第一次“申遗”失败时联合国教科文组织已有明确意见，确认申报资料是真实、不可替代的。就中国而言，“慰安妇”历史记忆和南京大屠杀历史记忆一样，是中国人民遭受日本军国主义伤害的深刻体验。就国际而言，“慰安妇”历史记忆与犹太大屠杀历史记忆一样，是法西斯践踏人权的典型案例。“慰安妇”资料“申遗”是为了更好地保存“慰安妇”历史记忆，虽然“申遗”失败了，但“慰安妇”历史记忆的保存与传承会一如既往地进行下去。

虽然“慰安妇”历史记忆在大家的共同努力下逐渐被人们认识并且铭记，但关于“慰安妇”问题的争论仍然看不到尽头。我们在铭记“慰安妇”

历史记忆的同时不能放松对"慰安妇"问题相关史实的追索。正如英国学者 E. H. 卡尔所说："历史是历史学家与历史事实之间连续不断的，互为作用的过程，就是现在与过去之间永无休止的对话。"[①] 因此，对于"慰安妇"历史记忆，我们仍有很多工作需要做。

① E. H. 卡尔：《历史是什么?》，陈恒译，商务印书馆，2017，第 115 页。

梁启超报刊思想在大韩帝国时期的传播与影响

徐玉兰　金春姬

【内容提要】大韩帝国时期梁启超的政治论说、办报思想、文学理论等陆陆续续被介绍到朝鲜半岛，在朝鲜的思想界和新闻界引起了深度的精神共鸣，产生了巨大影响。其中，梁启超的言论自由思想和报刊的政治功能、启蒙教育功能、监督功能观点对大韩帝国时期的新闻界产生了深远影响，并使他们逐渐推崇变法自强思想，试图以符合东方传统文化框架和朝鲜时代状况的方式，接受报刊思想和理论。因此，可以说，梁启超的报刊思想对大韩帝国时期新儒学者确立近代新闻观产生了重要影响。

【关键词】梁启超　报刊思想　大韩帝国

【作者简介】徐玉兰，延边大学文学院教授，博士生导师，主要从事国际传播、媒介与文化研究；金春姬，延边大学亚非语言文学在读博士，主要从事朝鲜现代文学、日本现代文学研究。

一　引言

朝鲜的开化期[①]是一个相对比较开放的时期，因此在各个领域开始接受

① 开化期是指从1876年朝鲜被迫签订《江华条约》开始到签订《韩日合并条约》的1910年，这期间积极推动社会改革的人士被称作开化派。这期间朝鲜社会逐步打破封建秩序，并吸取西方文明，逐渐步入近代社会。

外国文化的影响，特别是属于同一文化圈的中国和日本的影响。这一时期，朝鲜半岛的近代报刊纷纷创立。大韩帝国时期[①]的报刊主要有1886年1月创刊的《汉城周报》，[②] 1896年创刊的用韩、英两种文字每周出版三次的四版报纸《独立新闻》，还有1898年由民间创办的《大韩每日新闻》《帝国新闻》《皇城新闻》三家报刊。这一时期报刊的性质可以分为代表开化思想的《汉城旬报》，代表自由民权思想的《独立新闻》，以及代表民族主义思想的《皇城新闻》《帝国新闻》《大韩每日新闻》。

在内忧外患的社会危机中，朝鲜熟悉汉字文化且拥有儒学背景的稳健开化派知识阶层开始关注中国的严复、康有为、梁启超等变法运动领导者们的主张。与中国处境相似的朝鲜，在摸索改革运动对策和方法的过程中，认为中国的改革运动理论是相当有说服力的，通过他们在中国或日本发行的报纸和杂志，他们的主张和思想开始被接受。中国著名改良派政治活动家和思想家梁启超的著述和思想被朝鲜爱国启蒙学者们接受并广泛翻译和传播。据统计，1899~1910年“韩日合并”之前在朝鲜各大报纸和杂志刊载的梁启超的文章有58篇，出版的著作有18部。[③] 虽然开化期的朝鲜通过中国和日本的书籍接受西方文化，但这么多文章和著述被翻译或者原文出版是非常罕见的，可见梁启超对当时朝鲜社会的影响之大。

因此两国学者的相关研究也比较丰富。首先，韩国学者的研究主要集中在梁启超的文学和思想对韩国的影响上。韩国学者李在铣在其论著《韩国开化期小说研究》中，分析了梁启超的小说理论与韩国近代开化期小说理论之间的关系。[④] 这一研究之后，梁启超与韩国近代文学之间关系的研究进一步深入，韩国学界迎来了梁启超研究热。之后，梁启超对申采浩、张志渊等个别文人和思想界人士的影响研究也陆续出现。研究领域不断拓宽，如钱东炫的《大韩帝国时期通过中国梁启超接受民权概念》剖析了梁启超民权

---

① 大韩帝国时期指的是1897~1910年，属于朝鲜王朝历史部分，只是国号由“朝鲜”改为“大韩帝国”。

② 《汉城周报》的前身是1883年10月创办的《汉城旬报》，此报被认为是韩国近代报刊的开端，由统理衙门博文局创办。1884年12月因“甲申政变”被迫停止发行，1886年1月改名为《汉城周报》。

③ 根据《近代启蒙期梁启超著述翻译研究》（韩银实，韩国翰林大学文学博士学位论文，2017年6月）第20~23页的内容统计。

④ 李在铣：《韩国开化期小说研究》，一潮阁，1975。

思想对韩国的影响及韩国接受过程中产生的差异。[①] 中国学界对梁启超与韩国的关联研究也有较丰富的成果。《韩国开化期文学与梁启超》《梁启超与朝鲜近代小说》《梁启超与韩国近代政治小说的因缘》《梁启超在“开化期”韩国的影响》等探究了梁启超的爱国、“新民”及教育思想以及文学创作对韩国近代爱国启蒙思想与韩国近代文坛的影响。[②]

可以看出，以往研究大多在挖掘收集整理大量朝鲜近代报纸、杂志上翻译、引用的梁启超文章的基础上，深入分析了梁启超对朝鲜近代文学和文化领域的影响，但是对被称为“中国近代批评史上第一人”的梁启超的报刊思想与韩国批评界的关联的研究还不是很多。在文学和文化思想影响领域论及了一些内容，但还没有形成一定的体系。因此笔者结合朝鲜近代报刊中挖掘的有关梁启超的资料，分析梁启超对大韩帝国时期报刊思想方面的影响，力求探究出大韩帝国时期朝鲜半岛接受梁启超思想的过程和主要内容、原因以及梁启超的报刊思想在朝鲜产生的影响。通过此研究可以追溯近代中朝两国知识分子怎样在对抗帝国主义和殖民主义，建立自主的民族国家过程中构筑启蒙的学术思想和批判的精神，并进行相互之间的学术交流，从而为构筑东亚的学术未来提供一定的借鉴和帮助。

二　梁启超的思想在朝鲜半岛的传播

梁启超的政论、办报思想、文学理论等被陆续介绍到半岛，在半岛的文化界引起了深度的精神共鸣。同一时代在半岛创刊的报刊对《时务报》《清议报》等报刊中梁启超的政论进行翻译或原文转载，逐步在知识阶层中广泛传播，并被越来越多的大众阅读和接受。大韩帝国时期参与报纸发行的基本上是半岛近代有代表性的儒学者或具有儒学素养的人。他们逐渐开始推崇

① 钱东炫：《大韩帝国时期通过中国梁启超接受民权概念》，《中国近现代史研究（旧-中国现代史研究）》第21卷，2004。

② 牛林杰：《韩国开化期文学与梁启超》，博而精，2004；金柄珉、吴绍釚：《梁启超与朝鲜近代小说》，《延边大学学报》（社会科学版）1992年第4期；李京美：《梁启超与韩国近代政治小说的因缘》，《当代韩国》1998年第2期；文大一：《梁启超在“开化期”韩国的影响》，《青岛大学师范学院学报》2011年第3期。

变法自强思想，试图以符合东方传统文化框架和半岛时代状况的方式，接受梁启超的思想和理论。

（一）朝鲜半岛媒体对梁启超的介绍和关注

大韩帝国时期，朝鲜半岛媒体开始介绍梁启超的文章。当时的媒体主要是报纸和期刊，有《大朝鲜独立协会会报》《皇城新闻》《大韩自强会月报》《帝国新闻》《共立新报》等。据史料分析，半岛媒体主要是通过订阅梁启超创办的《清议报》《新民丛报》《时务报》来了解他的思想的。

梁启超第一次被介绍到朝鲜半岛是在1897年2月15日，通过独立协会的机关报《大朝鲜独立协会会报》第二号上刊载的《清国形势可悲》一文。此后，梁启超的政治论说、办报思想、文学理论等陆续被介绍到半岛，对其新闻传播界起到了非常重要的作用。

1898年戊戌变法失败后，梁启超亡命日本，同年10月在横滨创办了《清议报》。在《清议报》上广泛介绍了西方的一些革命家、思想家及其新的学说，积极宣传平等、自由、博爱、民权、自治等思想，反对封建伦理道德。半岛新闻界一直密切关注《清议报》，《皇城新闻》曾于1899年初在外报栏专门介绍了梁启超和《清议报》的情况。

> 客岁12月23日，滞留横滨之清国人发行了《清议报》创刊号，据报导曾任上海《时务报》主编的梁启超氏发表了“支那哲学新论”和“清国政变始末”两篇论文……《清议报》痛论西东之时局，内警大清四百兆氏人之惰眠，外瞻东邦诸识者之教导……①

在《时务报》的创刊号上发表的《论报馆有益于国事》在1907年1月《大韩自强会月报》的第7号和第8号上分两期转载原文。《饮冰室文集》

① 《皇城新闻》1899年1月13日。译文：清議報（요코하마）에 在留ㅎ、ㄴ、ㄴ 清國人이 發行ㅎ、ㄴ、ㄴ 清議報를 客年 臘月 23 일에 初號ㄹ、ㄹ 發刊ㅎ、얏ㄴ、ㄴㄷ、ㅣ 記者ㄴ、ㄴ 梁啟超氏라 上海事(時자의 오자임-필자) 務報에 執筆ㅎ、ㄴㄷ、ㄴ ㅅ、ㄹ、ㅁ들인ㄷ、ㅣ 初號븟티 支那哲學新論과 清國政變始末이란 問題의 두 論文을 發表ㅎ、ㄱ、ㅅ다ㅎ、고 本領은 宇內治亂의 大機가 一을 由ㅎ、야 西東의 時局이 잇스니 此時局을 痛論ㅎ、야 內으로 大清 四百兆民의 惰眠을 警戒ㅎ、고 外으로 東方諸識者의 教導함을 瞻仰ㅎ、다ㅎ、얏더라。

于 1903 年发行后很快就传入了半岛，半岛的爱国启蒙思想家、作家们争相翻译其中的文章，各大报刊也竞相发表梁启超的原文或译文。

《独立新闻》于 1896 年 4 月 7 日创刊，订阅了 20 多种国外报纸、杂志，[①]《大朝鲜独立协会会报》于 1896 年 11 月 30 日创刊，而在 1897 年 2 月 15 日，该会报第二号上刊载的《清国形势可悲》一文，第一次介绍了梁启超。因此可以推测《独立新闻》订阅的国外报纸中就包括了《时务报》，并加以利用。

《皇城新闻》于 1898 年 9 月 5 日创刊，而就在 10 月 6 日和 8 日连续报道了康有为、梁启超等人主导的戊戌变法运动过程，[②] 并对他们的改革运动持友好态度，[③] 还转载了日本《时事新报》刊登的肯定中国改革运动的读者来信，[④] 其内容是北京发生的变法运动是拯救百姓、使国家富强的运动，但因守旧势力的妨碍而受挫。

《独立新闻》也介绍了中国维新派主导的变法改革运动，并说明因保守顽固党掌握国家权力，其政策未能实施，而《清议报》起到了帮助本国人打开闻见的作用。[⑤]

《皇城新闻》经常指出中国的腐败以及诸多问题，并介绍《清议报》提出对策的评论内容，也根据当时半岛情况进行了说明。[⑥] 例如，梁启超的爱国论引起了半岛多位人士的共鸣，有人评价，"余近日阅览《清议报》时，见识了清国哀时客的爱国论，其激切适当是挽回时局的雄建笔端"，并在评论栏中两次简要介绍了其内容。[⑦] 如前所述，梁启超作为最重要的执笔发行的《清议报》创刊后即在半岛普及，当时参与报纸发行的人士对此十分关注，对其内容深有同感，并将之刊登于报纸上。《皇城新闻》创刊当时的发行人、主编南宫檍、张志渊、柳瑾、朴殷植等人定期阅读《清议报》。比

---

① 朴正圭：《开化期的外国新闻稿》，《新闻学报》1980 年第 13 号，第 46~47 页。

② 《皇城新闻》，1898 年 10 月 6 日，《北京政变续闻》；1898 年 10 月 8 日，《北京政变续闻》。

③ 白永瑞：《大韩帝国时期韩国言论的中国认识》，《历史学报》第 153 辑，1997，第 123~124 页。

④ 《皇城新闻》1898 年 10 月 11 日，《外国通信（清客投書）》。

⑤ 《独立新闻》，1898 年 1 月 11 日，《清国形势答问》；1898 年 1 月 25 日，《清国皇帝的激化》；1899 年 4 月 21 日，《康有为》。

⑥ 《皇城新闻》1899 年 3 月 1 日，评论，《从"〈清议报〉中东亚事势论曰"开始》。

⑦ 《皇城新闻》1899 年 3 月 17 日，评论，《爱国论》是在之后的《西友》2 号（1907）中由朴殷植翻译并介绍的。

如，在《清议报》上刊载梁启超的文章《大同志学会序》之后，《皇城新闻》主编朴殷植在《西友》第 1 号（1906. 12）上介绍了原文。《皇城新闻》刊载中国朝廷的消息大体上也是以《清议报》上介绍的视角进行解读和报道的。① 对于驱逐康有为、梁启超等改革势力的当时中国掌权者慈禧太后，批判性地报道说，她是“不知道变法是什么、维新是什么的人”。②

从 1898 年 8 月创刊到 1907 年 6 月为止担任《帝国新闻》社长的李钟一也订阅了《清议报》。③ 除了报刊从业者以外，一些开明的知识分子也会经常阅读《清议报》。在统理衙门独揽大权的金允植在 1896 年被流放到济州岛，在流放期间留下的日记中记录着当时发行的各种报纸，比如 1899 年阅读的报纸中就包含了《清议报》。④ 另外，大韩帝国时期著名文人黄玹在 1900 年撰写的历史书中专门评价了戊戌变法，特别是关于梁启超，他做了如下介绍。

> 梁启超此时年仅 28 岁，生来才华横溢，文笔精湛，博学多才。在日本期间创办了《清议报》，批判当代，著有《饮冰室合集》的庞大著作，其议论纵横，庞大，力译于五大洲，读者啧啧称奇。⑤

如上所述可以明确两点。第一，大韩帝国时期各大报刊的批评家以及知识阶层对梁启超的文章产生了极大的共鸣，他们经常在报纸上介绍其内容或者在自己的文章中予以引用。第二，梁启超所创办的这些报纸和杂志当时就直接传入了朝鲜半岛。在《清议报》国内外 38 个代理发行销售点中京城（今首尔）和仁川就各有一个。另外，《新民丛报》的 97 个代理发行代售点中，仁川也有一个。⑥

---

① 《皇城新闻》1899 年 7 月 17 日，外报，《北京近情》。

② 《皇城新闻》1899 年 8 月 11 日，外报，《所谓慈禧改革》。

③ 参见李钟一《默菴備忘錄》中《阅清议报未去义士团之纷忧势》（1900 年 9 月 2 日），《阅〈清议报〉，如前分忧义和团事件矣》（1901 年 1 月 2 日），《阅读戊戌政变记》（1901 年 12 月 7 日）。

④ 金允植：《续阴晴史》（上），《阅新闻诸种及〈清议报〉》（写于 1899 年 9 月 1 日），韩国国史编纂委员会，1960。

⑤ 黄玹：《梅泉野录》，李章希译，大洋书籍出版社，1978，第 232 页。

⑥ 张朋园：《梁启超与清季革命》，中信出版社，2013，第 258 页。

（二）朝鲜半岛报人对梁启超的关注和接受

朴殷植、张志渊等近代朝鲜半岛著名报人都非常推崇梁启超的文章。1898年《皇城新闻》创办时的主编朴殷植是半岛近代史上最重要的报人之一。1905年《皇城新闻》因刊登反日文章被迫停刊，他又受任《大韩每日申报》主编，宣扬民族精神和儒教改革。1906年以后，先后担任《西友》《西北学会月报》主编，发表了大量启蒙文章。1914年他在香港担任《香江》主笔时，与康有为、梁启超等人有着很深的交往。而且在此之前，他已经翻译出版过梁启超的许多著作，如《学校总论》《爱国论》《论师范》等，并且一直研读梁启超的《饮冰室文集》《清议报》《新民丛报》等。[①]所以朴殷植受到梁启超的影响也就不足为奇了。

张志渊也是从1898年开始先后在9个报刊担任主编和主要职务的韩国近代史上最重要的报人之一。张志渊对梁启超的学问、思想和改革活动开始关注是在1898年前后，是韩国开化期学者中最早关注梁启超的人。[②] 1899年1月13日《皇城新闻》刊登了有关《清议报》的详细新闻，1899年3月17日和18日连载了节选并翻译的梁启超的《爱国论》，这两篇都没有写明作者，但是我们可以推测时任该报共同主编的朴殷植和张志渊起到了主导性作用。

朴殷植和张志渊两位报人在坚持独立办报的同时，对梁启超的改革思想和言论活动表示认同并持续关注。两人不仅阅读了梁启超的《饮冰室文集》，还通过《清议报》阅读了梁启超的其他大量著作，并接受其学问和思想的主要部分。为了恢复被日本帝国主义侵占的主权、增强国力，他们希望通过报纸传播自己的爱国启蒙思想。

可以说，当时作为被侵略压迫的民族，张志渊、朴殷植等半岛报人与梁启超有着同样的时代痛苦，因此他们将自己的报纸发行活动和梁启超的新闻发行活动等同起来，更加积极地关注梁启超的学问和思想。叶乾坤则说明了梁启超之所以能在这个时期产生如此大的影响，是因为这个时期朝鲜半岛的知识分子精通汉文，读懂汉文的中国报纸和他的著作比读其他任何外语都容易，而且以他卓越的文笔能力及敏锐的洞察力和分析能力为基础进行的讨

① 牛林杰：《梁启超与韩国近代启蒙思想》，《韩国研究》第9辑，2010，第139页。

② 金永文：《张志渊接受梁启超研究》，《中国文学》第42辑，2004，第150页。

论，具有极强的说服力，再加上他的儒学造诣极高，在引进新思想和西方文化的同时，对东方的文化进行了斟酌和合理的筛选。[①]

（三）朝鲜半岛思想界对梁启超的关注和接受

1898 年是独立协会运动向大众扩散、积极开展万民共同会[②]运动的一年。《清议报》和《新民丛报》在半岛定期发行，梁启超的思想开始被广泛接受，包括其对言论的看法也是在这一过程中被接受的。但是他的思想主要通过部分报纸介绍，可以说当时订阅《清议报》和《新民丛报》的报纸发行相关人士和其他部分知识分子才能直接接触到他的见解和论述。[③]

1903 年《饮冰室合集》发行，在朝鲜半岛从 1904 年开始广为普及。在爱国启蒙运动中，梁启超的文章被广泛阅读，对这一时期大部分开化知识分子认识现实观点的提出产生了很大的影响。《饮冰室合集》被称为爱国启蒙运动的教科书，并且不少记者在写评论文章时以《饮冰室合集》为参考书。[④] 著名独立运动家安昌浩推荐《饮冰室合集》作为 1908 年成立的平壤大成学校的必读书。[⑤] 实际上，有代表性的爱国启蒙运动团体大韩自强会的自强思想、新民会的新民的概念，以及张志渊、申采浩等的历史思想和朴殷植的大同思想等，都受到了梁启超思想的影响。[⑥] 除了《皇城新闻》《大韩每日申报》《万岁报》等报纸外，《大韩自强会月报》《西友》《西北学会月报》《大韩协会会报》等当时有代表性的社会团体和学会的机关杂志，还频繁翻译并介绍了梁启超的政治、经济、社会、文化、历史、教育等各领域的渊博思想。[⑦] 由此，这一时期的半岛知识分子称梁启超为“东洋维新派之第

---

① 叶乾坤：《梁启超与旧韩末文学》，韩国法典出版社，1980，第 225 页。

② 万民共同会是大韩帝国时期的一种民众集会形式，由独立协会召开，其存在时间为 1898 年 3 月到 1899 年 1 月，前后召开五次，是朝鲜半岛历史上第一次爱国的、自发的市民大会，系独立协会的外围团体。第一次万民共同会以反对俄国侵略为目的，其后逐渐演变为伸张民权、反对专制的民主运动。

③ 《饮冰室合集》收集了从 1896 年 7 月《时务报》创刊号开始到 1902 年 10 月《新民丛报》上的梁启超的文章，于 1903 年发行初刊本。

④ 李光麟：《韩国开化思想研究》，一潮阁，1989，第 262 页。

⑤ 徐重锡：《韩国近现代的民族问题研究》，知识产业社，1989，第 86 页。

⑥ 金英姬：《大汉帝国时期儒学者与梁启超》，《韩国言论学报》1999 年第 43～44 号，第 20 页。

⑦ 李万烈：《开化期言论和中国》，《韩国近代言论的再照明》，民音社，1996，第 92～99 页。

一人”，评价他的思想是“宏博辩肆，出入古今，通贯东西，细部之精细则投入毛孔，范围之宏大则包括天壤，要皆切中时宜，洵可谓经世之指南也”，认为“未曾不留意于西书，然恨其洋海绝远，习惯亦殊，多有与东亚不侔者，独韩清两国，文轨本同，流弊亦同，其矫救之道，又不得不同”。[①]

另外，梁启超在《新民丛报》里刊登了大量亚洲局势文章。1904年梁启超在《新民丛报》第53号和第54号发表《朝鲜亡国史略》，交代了日俄交战以后朝鲜局势的演变，讲到“以此思哀，哀可知耳”。另有《日本之朝鲜》一篇短文，报道朝鲜全国警察权入于日本的情形，慨叹“吾观此而有以识强权之真相矣”。梁启超作为著名政论家，在《越南亡国史》《朝鲜灭亡之原因》《日本并吞朝鲜记》《朝鲜贵族之将来》《朝鲜哀词五律二十四首》《秋风断藤曲》《丽韩十家文抄序》等多篇政论和文学作品中提及朝鲜，对朝鲜的国情又一直保持高度关注，因此朝鲜的思想界也同时对他的报刊政论更加关注并深受影响。

三　梁启超的报刊思想对大韩帝国时期新闻界的影响

大韩帝国时期爱国启蒙人士对梁启超的政治思想、报刊思想等方面持续关注并受到相当大的影响。其代表人物大多是各个报刊的主编或者记者，他们具备新闻素养，积极吸取梁启超的报刊思想。其中，引起广泛讨论的主要是言论自由思想和报刊的功能两个方面。

（一）传播西方言论自由思想，使其进一步大众化

《清议报》作为梁启超等维新派人士的思想宣传阵地，对于输入和传播西方的“言论自由”观念起到了一定作用。1899年《清议报》第二十五册刊发的梁启超的《饮冰室自由书》中曾明确诠释了西方“言论自由”的思想。[②] 梁启超在1901年12月21日发表的《〈清议报〉一百册祝辞并论报馆之责任及本馆之经历》文章经常被半岛的报纸转载，用以说明报纸的力量、

---

① 洪弼周译：《冰集节略　变法通议序》，《大韩协会会报》第2号，1908年4月。

② 于翠玲：《清末民国开言路与言论自由的比较视野考论》，《国际新闻界》2013年9月，第141页。

作用以及言论自由等。在这篇文章中梁启超主张思想自由、言论自由、出版自由，他把这三大自由提高到无以复加的地步，认为是一切文明之母，近代世界的种种现象都是由这三大自由所引发的。而报馆荟萃了全国人民的言论思想，因此报馆是国家的耳目喉舌，人群之镜、文坛之王、将来之灯、现在之粮，报馆的势力极大，责任也极重。①

> 近代西方各国的文明，日进月迈，现在已经过去几千年，几乎像另辟一新天地，究其所以致此的人从哪里（来）呢？我说是法国大革命的新生儿。而生产这些大革命的是谁呢？有人说（是）中世神权力专制政体的反对力量。而唤起这些反对力量（的）是谁呢？有人说是新学习新技能勃兴的结果。而兴起这个新学习新技能的人是谁呢？没有别的。思想自由、言论自由、出版自由。这三大自由，其实是一切文明的母亲，而近代世界种种现象都是他的子孙。来馆的实际汇聚全国的思想言论，有的大有的小，有的精细有的粗大。或庄或谐。或激或随。而这个介绍来自于国民——报馆者。能够接受一切，能吐出一切，能生一切，能减少一切。②

1906 年《大韩每日新闻》刊登《报馆之势力及责任》一文，主张思想自由、言论自由以及出版自由三大自由为西方文明的原动力，强调作为传播思想、言论自由的媒介的报纸的绝对作用和角色。接着《皇城新闻》1907 年 1 月 23 日刊登《知识是自由的原因》，1909 年 2 月 17 日刊登《我国报馆的宗族》，《大韩每日新闻》1909 年 3 月 10 日刊登了《三大自由的功》，这些论说都主张大韩帝国陷入困境的主要原因是言论的束缚，并提出世界三大

---

① 《〈清议报〉一百册祝辞并论报馆之责任及本馆之经历》，《饮冰室合集》第 1 册，“文集之六”，第 54 页。

② 《大韩每日新闻》1906 年 9 月 25 日，别报，《报馆之势力及责任》。译文：近世泰西各國之文明이 日進月邁ㅎ、야 觀以往數千年ㅎ、면 胎如別闢一新天地ㅎ、니 究其所以致此면 何自乎아 或日是法大革命之產兒라ㅎ、나 產此大革命者誰乎아 或日中世神權專製政治之反動力라ㅎ、나 喚起此反動力者誰乎아 或日新學新藝勃興之結果라ㅎ、나 勃興此新學新藝者誰乎아 無他라 無他 思想自由와言論自由와出版自由니 此三大自由者가 實惟一切文明之母니 近世世界種種現象이 皆其子孫이니 皆其子孫 報館者ㄴ、ㄴ 實會萃全國之思想言論ㅎ、야 或大或小ㅎ、며 或精或20ㅎ、며 或壯或諧ㅎ、며或激或烈하야 一一紹介國民ㅎ、니 故로 報館者ㄴ、ㄴ 能納一切ㅎ、며 能吐一切ㅎ、며 能生一切ㅎ、며 能減一切ㅎ、나니…

自由的思想自由、言论自由、出版自由当中要最重视言论自由。《独立新闻》《皇城新闻》等报纸首次以民族语言韩文为文字发行，但主张要传播自由、民权等西方的近代思想。而梁启超的思想以中国的传统和思想为基础，将西方自由思想以自己的方式进行消解，使其在大韩帝国时期进一步大众化、得到传播，因此非常吻合这一时期韩国的时代状况，可以说起到了用梁启超的观点来传播西方言论思想的作用。

（二）报馆功能论，使报刊成为近代改革的思想武器

《皇城新闻》从创刊后不久就引用 1896 年 8 月 9 日刊登在《时务报》创刊号上的梁启超《论报馆有益于国事》的内容，连续刊发三篇论说阐释了报纸的作用。[①] 之后对梁启超的“报馆”作用观点在当地也有了广泛的议论。大韩帝国各大报纸对梁启超报刊物的作用论当中引用最多的是“去塞求通”观点。梁启超在《论报馆有益于国事》中阐述了中国困窘乃上下不通、内外不察所至，在“去塞求通”的基础上提出“去塞求通，厥道非一，而报馆其导端也。无耳目、无喉舌，是曰废疾。……有助耳目喉舌之用而起天下废疾者，则报馆之谓也”。助人们了解国内外消息为“耳目”，助上下通达为“喉舌”，并指出“阅报愈多者其人愈智，报馆愈多者其国愈强”。[②]

各大报纸通过评论文章阐述报纸是政府与国民之间沟通的重要通道。《皇城新闻》1899 年的评论强调政府做的事情应该告知百姓，将百姓的意愿传达给政府就是报纸的作用。今天所说的“知情权”，就是政府与百姓之间相互都要有“知情权”。并在最后谈到“因为没有报纸能以利耳目和喉舌引起残疾，所以在文明大国，报社的数量多少，可见国家的盛衰”。

《独立新闻》，1899 年 9 月 13 日，“自號東海先生者ㅣ揖余而問之曰新聞은 胡爲而作也오”[③]

---

① 《皇城新闻》，1899 年 11 月 30 日，《自號東海先生者ㅣ揖余而問之曰新聞은 胡爲而作也오》；1900 年 5 月 1 日，《答迂齊先生》；1900 年 8 月 11 日，《知进不退知行不休》。

② 梁启超：《论报馆有益于国事》，《时务报》第一册，1896 年 8 月 9 日。

③ 정부에서 ᄒᆞ시ᄂᆞᆫ일을 빅셩의게 젼ᄒᆞᆯ터이요 빅셩의 졍셰을 정부에 젼ᄒᆞᆯ터이니 만일 빅셩이 정부일을 자세이 알고 정부에서 빅셩에 일을 자세이 아시면 피ᄎᆞ에 유익ᄒᆞᆫ 일만이 잇슬터이요. 불쳥ᄒᆞᆫ ᄆᆞᄋᆞᆷ과 의심ᄒᆞᄂᆞᆫ 생각이 업서질터이옴

接着对报馆的作用说到，“一国的盛衰在于风气通塞，报馆能开拓世运，打开风气”。1900年再次通过评论文章强调一国的盛衰在于通塞，报馆的文章可起到疏通的作用。

> 一国的盛衰在于风气良好。血脉不通致病，不发展学术也会导致落后，一个国家也如此，上下不能协调一致，就无法宏（弘）扬以礼待人的社会良好风气。不通晓国内外时事，就不能做到知己知彼的掌控，为国解忧的方法就是改变闭塞，力求畅通。而报馆能起到导向作用。五洲万国没有不设报馆的国家，政府对报馆视如金宝，人们都喜欢看报，如同对美酒的追求。阅报纸的人越多，国民更（就越）开明，因此报馆越多，国家就越强大。①

这篇文章的内容多次在有关记者的执笔态度和基本素养等方面的文章中被引用，可以看到《皇城新闻》的主编和编辑人员在1903年《饮冰室文集》出刊前就已经在《时务报》上读过该文章。

《皇城新闻》在1900年8月11日发表评论说：“新闻是全国的耳朵和眼睛，使人聪明，使不文明者变得文明，使不富强者变得富强。”② 强调报刊的耳目功能。《帝国新闻》在1903年的一篇评论中在梁启超的“耳目”的概念的基础上加“喉舌”的概念说明了报刊的重要性。《帝国新闻》是带有民族主义倾向的报纸，十分注重报馆在促进国家整合以及国家兴亡发展中的作用。

> 看到国家的强弱相通，势不可挡。如果血脉无法控制，就会生病；学问不能统治，无法知道远处的事情；如果不能控制语言，就无法了解别人的情况，因此期间会发生奸诈的事情。内外不能统治，所以知道别人的事，知道你的事，在报纸上没有更所属的。所谓报纸，就是全国人

---

① 《皇城新闻》1900年5月1日，《答迂齊先生》。译文：…國之强弱이 在乎通塞而已의 血脈이 不通則病ㅎ、고 학술이 不通則陋ㅎ、나니 惟國도 亦然ㅎ、야 上不不通故로 無宣德逢情之效ㅎ、며 內外不通故로 無知己 知彼之能이나 有國者一憂之ㅎ、야 去塞求通이 厥道非이로디 而報館之筆이 其導端也라 今에 五洲萬國에 無不置報館者ㅎ、야 政府之保護報館이 如藏金實ㅎ、며 人士之嗜閱報章이 如求酒豊ㅎ、야 閱報 愈多에 其人愈智ㅎ、고 報館愈多에 其國益强은 惟通之고로…

② 《皇城新闻》1900年8月11日，《知进不退知行不休》。

> 民的耳朵、眼睛、喉咙、舌头，人如果没有耳目和喉舌，就是大残疾。因为没有报纸能以利耳目和喉舌引起残疾，所以在文明大国，报社的数量多少，可见国家的盛衰。①

报馆的作用当中的“政治作用”也受到很大关注。在政治作用中，最主要的也是爱国爱民。《独立新闻》明确提出报纸的发行目的就是“以迂回的方式帮助国家，救济同胞兄长”，接着又主张“任何人看到我们的报纸，都将成为爱国爱民的官民”。② 在《独立新闻》的版面上，除了爱国爱民以外，第二个强调的就是舆论导向功能。《独立新闻》在评论中使用了“公论”“公议”“公谈”等用语，强调了报纸的导向功能，并在1899年1月10日评论，“当前，报纸应该在世界各地成为公论的大道”，可见报纸被认为是形成舆论的主要手段。

关于报纸的政治作用，最后可以指出的是对政府的监视和批评功能。1899年1月27日的报纸上批判了当时政府试图制定控制言论的报纸条例，并强烈批判称，如果通过这种恶法来控制言论，“那么人民的冤屈、官员的弹劾和政府的失策便无处可诉了，报纸还有什么效力呢?”③ 也就是说，如果控制一个报纸的言论导致对政府的批评和监视无法正常进行，那它就毫无用处。由此可见，报纸对权力的批评功能非常重要。

最后，是对报纸教育功能的影响。提起维新变法运动时期的报纸，一般人们最先想到的是其国民启蒙作用。维新派知识分子为了启蒙国民，向国民介绍了西欧的近代思想和文化制度。开化期报纸最为强调的是，由于大韩帝国拥有与中国相似的文化背景以及相邻的地理关系，因此，主张采取与中国

---

① 《帝国新闻》1903年3月9日，《报答圣恩的事》。译文：나라의 강약은 통하고 막힘 거슬볼지니 혈맥이 통치 못하면 병이 나고 학문이 통치 못하면 먼데 일을 알 슈 업고 말을 통치 못하면 남의 사정 을 알 슈 업는고로 그 사이에셔 간사ㅎ、ㄴ 일이 심기고 안과 밧기 통치 못하고로 남의 일을 알고 니일을 아는 것이 여러 가지로데 신문에셔 더 속ㅎ、ㄴ거시 업ㄴ、니 신문이란 거슨 젼국인민의 귀와 눈과 목구멍과 셔빠닥이라 사람이 만일 그 이목과 후셜이 업스면 큰 병신이라 터이니 … 이목과 후셜을 리롭게 ᄒᆞ야 병신을 닐으키기는 신문갓흔 것이 업는지라그런고로 문명데국에셔는 신문샤의 만코적은 거스로 나라의 셩쇠를 보거니와…

② 《独立新闻》1897年12月16日，论说，《우리가 신문을 일년반을 출판하야》（我们出版报刊一年半的感悟）。

③ 蔡伯：《独立新闻的言论思想》，《言论和信息》第2号（1996年2月），第91页。

相同的举措，即向国民介绍西方的近代思想和文化制度，使大韩帝国走上近代改革之路。在《独立新闻》的言论相关论述中，也着重提及了这一教育作用，强调报纸要教育、启蒙国民，走上开明进步之路。1898 年 4 月 14 日评论道，“在学校、报纸、演讲中对韩国人民进行教育，让每个人都知道外交和内政最紧迫的问题”,[①] 这里将报纸比喻为人民的老师，说其担当着教育千万人的责任，强调了“向导国民”的重要性。

梁启超的“去塞求通”“耳目喉舌”等报刊舆论对政府的影响，“启蒙”“向导国民”等报刊对社会民众精神引领的作用的办报思想，深刻影响了大韩帝国时期的新闻界，促进这一时期的报刊成为近代改革的思想武器。

四　结论

大韩帝国时期，李钟一、朴殷植等新留学派创办了具有民族主义和自由主义倾向的报刊。他们具有东道西器论[②]思想，且熟悉汉字，因此自然而然地接触到了中国的维新变法运动和思想。他们把《时务报》《清议报》等报刊中刊载的梁启超的政论转载到了各大报刊和各大重要协会的机关报上，对知识阶层认识现实问题起到了非常重要的作用。梁启超在办报过程中的报刊思想也被半岛新闻界和思想界广泛接受并传播。他们积极利用梁启超的思想，深化并发展了自身对言论的认识。其中梁启超的言论自由思想和报刊的功能论在半岛新闻界广泛传播，对社会民众起到了精神引领作用，促使这一时期的报刊成为近代改革的思想武器。

梁启超的各种主张不仅在半岛知识阶层中广泛传播，还被越来越多的大众阅读和接受。梁启超也对朝鲜半岛局势非常了解，他非常关注半岛形势。梁启超在 1904 年写了《朝鲜亡国史略》，对其“亡国”深表同情。《朝鲜亡国史略》一文详细地记录了日本侵略朝鲜的过程，并怒斥和批判其不道德的行径，这也使得半岛知识阶层相应地比较关注梁启超的文章。

大韩帝国时期影响其新闻界的还有日本和美国。比如《汉城旬报》创

① 《独立新闻》1898 年 4 月 14 日，论评。

② 在维持东方的道德、伦理和秩序的基础上，接受西方先进的技术和工具以实现富国强兵的思想。1880 年被定为朝鲜的国家政策。

刊时学者朴泳孝在日本思想家福泽谕吉的劝告下带来了 3 名帮助报纸发行的日本人，而独立协会运动的徐载弼和尹致昊则在美国接受教育回国后创办了《独立新闻》。但是有资料显示，大韩帝国时期国外思想界人物介绍最多的就是梁启超。大韩帝国时期参与报纸发行的人基本上是朝鲜半岛近代代表性的儒学者或具有儒学素养的人。他们不断重新阐释朝鲜后期的实学思想，继承发扬开化思想，利用儒教的尚古主义，认为改革和近代化与传统并不矛盾，欲以古今参酌和新旧折中的方式认识现实。比如《独立新闻》《皇城新闻》等报刊首次以民族语言韩文刊行，但主张要传播西方的近代思想。而梁启超的思想以中国的传统和思想为基础，将西方自由思想以自己的方式进行消解，使其在大韩帝国时期进一步大众化并得到广泛传播，因此非常吻合这一时期的时代状况，可以说起到了用梁启超的观点来说服国民的作用。

崔锡鼎对空间无限的论证*

胡树铎

【内容提要】在中国历史上，宇宙空间是有限还是无限是一个长期争论的话题。18世纪初时，朝鲜学者崔锡鼎对此做出了更有价值的探索。崔锡鼎受亚里士多德有限空间观激发，以气是构成宇宙万物的材料且无限存在为公理，将描述气物理属性的空间和时间对等，并以气在时间上无限久远类推出气在空间上无限扩展，从而论证出宇宙空间无限，还引证出多重世界的存在。同时这一过程也显示了亚里士多德宇宙论在不同文明中的某些境遇。

【关键词】崔锡鼎　《宇宙图说》　空间无限　多重世界

【作者简介】胡树铎，复旦大学哲学学院科学哲学与逻辑学系博士研究生，主要从事科学思想史、科学技术哲学研究。

一　引言

科学哲学家库恩（Thomas Kuhn，1922-1996）曾这样评价宇宙论在人类文明中的重要性："人类若不发明一个宇宙论是不会持久地生存的，因为宇宙论能够为人提供一种世界观，这种世界观渗透在人类每一种实践的和精

* 本文是国家社科基金项目"作为一种自然化科学哲学的历史知识论研究"（项目编号：18BZX041）的成果。

神的活动中，并且赋予它们意义。”[①] 和世界上其他地区的人们一样，中国人很早就建立了自己的宇宙论学说。该学说把宇宙视为一个整体，来“讨论我们所居住大地在其中所处的地位，讨论它的大型结构，讨论它的变化、发展，讨论它的有限、无限”。[②]

因地缘因素，朝鲜半岛上的历代王朝在文化上长期尊崇中国传统文化，从中国输入先进文化是一项重要政治任务，明清之际传入中国的西学就是在这个背景下几乎同时被输入朝鲜半岛的。西学在朝鲜的传播被分为接触、探究、实践和弹压四个时期，[③] 其中接触时期持续时间最久，前后长达一个半世纪（1601~1750），主要特征是西学知识的积累和沉淀。[④] 虽然这一时期研读西学的朝鲜学者数量并不是很多，[⑤] 但还是遗留下来了个别质量较好的作品，著名理学家崔锡鼎[⑥]（1646~1715）所著专门论证空间无限的《宇宙图说》就是其中之一例。[⑦] 崔锡鼎是其时代有重要影响力的一位学者，研究领域宽泛且多有建树，后世评价颇高：“九经、百家，靡不通涉，如诵己言，既贵且老，犹诵读不辍，经术、文章、言论、风猷，为一代名流之宗。以至算数、字学，隐曲微密，皆不劳而得妙解，颇以经纶自期。”[⑧]

朝鲜李氏王朝以程朱理学为官方哲学和正统思想。历史上，朝鲜王朝一直存有捍卫传统文化价值的“辟卫意识”，[⑨] 因而当亚里士多德（以下简称“亚氏”）宇宙论中的有限空间观被崔锡鼎认识到后，就引起了他的警惕，认为理学所默认的无限空间观与亚氏有限空间观间存在着根本性冲突，这种

---

① 托马斯·库恩：《哥白尼革命——西方思想发展中的行星天文学》，吴国盛等译，北京大学出版社，2003，第6页。

② 郑延祖（席泽宗）：《中国古代的宇宙论》，《中国科学》1976年第1期，第111~119页。

③ 李元淳：《朝鲜西学史研究》，王玉洁等译，中国社会科学出版社，2001，第6~10页。

④ 李元淳：《朝鲜西学史研究》，王玉洁等译，中国社会科学出版社，2001，第6页。

⑤ 李元淳：《朝鲜西学史研究》，王玉洁等译，中国社会科学出版社，2001，第75页。

⑥ 崔锡鼎还是著名政治人物，官至议政府领议政，曾于1697年以奏请使兼陈奏使身份奉使清朝。

⑦ 崔锡鼎：《宇宙图说》，《域外汉籍珍本文库·集部》第三辑第27册，西南大学出版社、人民出版社，2012，第578页。

⑧ 《肃宗实录补阙正误》，四十一年（1715）十一月十一日卷56，http：//sillok. history. go. kr/inspection/inspection. jsp? mTree=0&id=ksb。

⑨ 李元淳：《朝鲜西学史研究》，王玉洁等译，中国社会科学出版社，2001，第80页。

冲突已危及理学根本，论证空间无限势在必行。[①] 但现代研究者对此没有过多关注，只有个别人进行了简要概述，承认崔锡鼎是朝鲜提出这一观点的先驱人物，未深刻认识到其重要性,[②] 因此有进一步研究之必要。理由有两点：(1) 除是少有的从本体论层面讨论亚氏宇宙论的案例外，还对研究亚氏宇宙论融入东亚文明历程有重要意义；(2) 论证时并没有陷入问题自身之中以至难以自拔，而是跳出该问题并深入其得以建立的根基进行剖析，这在论证方法的先进性上和论证过程的逻辑严密性上都领先于其所在时代，在思想史上也有一定价值。

二 亚氏宇宙空间特征和崔锡鼎对西学的态度

分析崔锡鼎论证空间无限之前，要先解决亚氏宇宙空间特征、它在朝鲜传播情况以及崔锡鼎对待西学的态度等问题，这是后续研究的必要基础。

(一) 亚氏宇宙空间特征

形象地讲，亚氏宇宙论中的空间为一有限无界的“球体”，即通常所说的“天球”，天球内部每一点都有某种物质，在天球之外既没有物质也没有空间。[③] 但在传入的西学中并没有这么完整清晰的表述，有的只是一些零散记载，其中部分输至朝鲜。崔锡鼎在《宇宙图说》中提到他是通过《利玛窦世界地图》认识了亚氏空间有限特征的。[④]《利玛窦世界地图》是利玛窦(Mathieu Ricci，1552-1610) 在中国绘制的各版本世界地图的统称，输入朝鲜的有《坤舆万国全图》《两仪玄览图》等,[⑤] 地图一角所绘《九重天图》表现了有限空间观 (见图 1)。

---

① 崔锡鼎:《宇宙图说》,《域外汉籍珍本文库・集部》第三辑第 27 册，西南大学出版社、人民出版社，2012。

② Moon Joong-yang, “Traditional Cosmology Associated with the *I-Ching* and Anti-Cosmological Discourses in 18th-Century Korea,” *Seoul Journal of Korean Studies* 12 (1999), pp. 177-227.

③ 托马斯・库恩:《哥白尼革命——西方思想发展中的行星天文学》，吴国盛等译，北京大学出版社，2003，第 77 页。

④ 崔锡鼎:《宇宙图说》,《域外汉籍珍本文库・集部》第三辑第 27 册，西南大学出版社、人民出版社，2012。

⑤ 杨雨蕾:《十六至十九世纪初中韩文化交流研究——以朝鲜赴京使臣为中心》，复旦大学博士学位论文，2005，第 101~103 页。

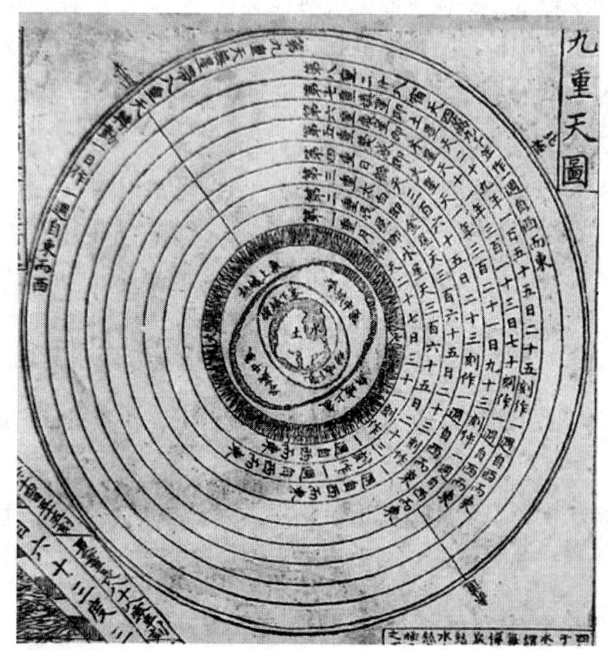

图 1　九重天图

除此之外，输入朝鲜的《职方外纪》《天问略》《乾坤体义》《主制群征》《泰西水法》《时宪历》《坤舆图说》① 等中也涉及了有限空间观，可是这些文献并没有专门加以说明，只是把它夹杂在一些相关论述中进行了简单介绍，但不妨碍人们对其进行认识，其中相对比较重要的是《坤舆图说》里的有关表述，该表述明确指出空间是一球体："夫四元行必圆，其理有二：一则宇宙之全正为一球，球以天（以太——引者注）与火、气、水、土五大体而成。天体既圆，则四元行之皆为形圜也断然矣。……盖凡物必圆而后能存，如方则易散而毁矣。以故非特天地与四行皆圆，至于人物肢体及草木果实，无不皆圜也。即如滴水而必成珠，此固物合以存，不欲散而毁也。"②

需要特别说明的是，中文语境下对亚氏宇宙空间特征进行形象描述的是杨廷筠（1557~1627）在《职方外纪》序言中所说："《楚辞》问天地何际？

① 杨雨蕾：《十六至十九世纪初中韩文化交流研究——以朝鲜赴京使臣为中心》，复旦大学博士学位论文，2005。

② 南怀仁：《坤舆图说》（上卷），康熙刻本，第 29b~30a 页。

儒者不能对。今欲穷思极索，以求涯际，必至狂惑畔涣丧志而未有得，何居乎？西方之人，独出千古，开创一家，谓天地俱有穷也而实无穷，以其形皆大圜，故无起止，无中边。"[①]"天地俱有穷也而实无穷"即指亚氏宇宙空间有限无界特征，但这一点很少被现代研究者关注到。《职方外纪》早在1631年就已传入朝鲜，成为当时影响最为广泛的西学书籍之一，比如著名学者李瀷（1681~1763）在阅读后书写跋文肯定了其学术价值。[②]

（二）崔锡鼎对西学的态度

和同时代相当部分东亚[③]学者一样，崔锡鼎对西学的态度是二元对立的，形成原因与《宇宙图说》中的相关表述大致相当。[④]崔锡鼎一方面对西学中的实用性知识采取肯定态度，另一方面又对西学与儒家文化内核相抵触部分保持相当警觉。这在其遗留下来的一些著述中可以看出。《九数略》是崔锡鼎所著数学名著，在其序言中，崔锡鼎将利玛窦、汤若望（Johann Adam Schall von Bell，1591-1666）列入古今数学家名录，书末所列引用书目中有西学书《天学初函》和《筹算》。[⑤]而直接表达对立观点的则是崔锡鼎撰写的《西洋乾象坤舆图二屏总序》，在这则序言中崔锡鼎并不认同《利玛窦世界地图》所表现的世界观："其说宏阔矫诞，涉于无稽不经。然其学术传授有自，有不可率尔卞破者，姑当存之，以广异闻。"[⑥]却对作为天象图的《西洋乾坤象舆图》给予了高度评价："……而得天象之真面矣"[⑦]，在其诗《论泰西乾象》中也有"也识欧巴精历数，这般天学古应无"的赞语。[⑧]

---

① 艾儒略著，谢方校释：《职方外纪校释》，中华书局，1996，第4页。

② 李瀷：《职方外纪跋》，《星湖僿说类选》，卷一下，天行健条、云汉条、鬼神魂魄条。

③ 本文所谓"东亚"，专指历史上的中国和朝鲜，不包括日本。

④ 崔锡鼎：《宇宙图说》，《域外汉籍珍本文库·集部》第三辑第27册，西南大学出版社、人民出版社，2012。

⑤ 崔锡鼎：《九数略》，《域外汉籍珍本文库·子部》第二辑第9册，西南大学出版社、人民出版社，2011，第210页。

⑥ 崔锡鼎：《西洋乾象坤舆图二屏总序》，《域外汉籍珍本文库·集部》第三辑第27册，西南大学出版社、人民出版社，2012，第519页。

⑦ 崔锡鼎：《西洋乾象坤舆图二屏总序》，《域外汉籍珍本文库·集部》第三辑第27册，西南大学出版社、人民出版社，2012。

⑧ 崔锡鼎：《论泰西乾象》，《域外汉籍珍本文库·集部》第三辑第27册，西南大学出版社、人民出版社，2012，第479页。

三 空间无限论证过程

崔锡鼎论证空间无限时，先以气是构成宇宙万物的原始材料且无限存在为公理，再指出这种无限存在是时间上的无限久远，空间上的无限扩展，从而将空间和时间关联起来，表现出严密的逻辑性。从空间时间关联性上认识宇宙，和现代宇宙论也是契合的。下面对论证过程逐步进行分析。

（一）《宇宙图说》概述

《宇宙图说》是崔锡鼎晚年作品，成文于 1704 年，共 500 余字。[①] 文中还指出崔锡鼎另绘有《宇宙图》，《宇宙图说》是《宇宙图》文字说明部分。[②] 遗憾的是，《宇宙图》已不见踪迹，无法窥其全貌。《宇宙图说》内容大致分为四部分：

（1）简要回顾先秦时期中国先哲在空间时间认识上所取得的成果；

（2）评述宋代儒家学者在空间时间认识上所取得成果的价值；

（3）简要评述亚氏宇宙空间特征，并指出亚氏有限空间观与理学无限空间观是相悖的，容易引起思想混乱，论证空间无限是当务之急；

（4）具体论证过程和在此基础上的推论（下节详细分析）。[③]

此外，崔锡鼎在《宇宙图说》中还指出探寻宇宙本根是儒家学者的责任和义务，也是一种终极追求："然君子耻一物之不格，则此是理气大源处，何可一向耽搁，而任其不知乎？"[④]

（二）论证过程

1. 空间无限的早期论证

在撰写《宇宙图说》之前，崔锡鼎已利用气的无限性论证过空间无限，

---

① 崔锡鼎：《宇宙图说》，《域外汉籍珍本文库·集部》第三辑第 27 册，西南大学出版社、人民出版社，2012。

② 崔锡鼎：《宇宙图说》，《域外汉籍珍本文库·集部》第三辑第 27 册，西南大学出版社、人民出版社，2012。

③ 崔锡鼎：《宇宙图说》，《域外汉籍珍本文库·集部》第三辑第 27 册，西南大学出版社、人民出版社，2012。

④ 崔锡鼎：《宇宙图说》，《域外汉籍珍本文库·集部》第三辑第 27 册，西南大学出版社、人民出版社，2012。

虽然论证方式是思辨性的，但对研究崔锡鼎空间无限思想来源有重要意义，说明他关注这个问题已经有相当长时间了，《宇宙图说》是最终成果。

气是贯穿中国古典文化的极重要概念之一，在先秦时期就已出现。程朱理学认为宇宙的本根是“理”，即理是形而上的，是事物的本质和规律，气是形而下的，是构成宇宙万物的原始材料。比如在宇宙生成上，朱熹就曾利用此进行过精湛论述：天地是由阴阳二气相互作用聚合而成，气清者为天、日、月、星辰，并在外常周环运转，气浊者凝结为大地在中央不动。[①] 朱熹还说有形的天地是有边际的，而无形的气是没有边际的，但没有确切说明气是无限存在的，之后很少有儒家学者在这方面再进一步探索。

崔锡鼎论证空间无限的重要文献为《对续天问》。[②] 《对续天问》是崔锡鼎基于程朱理学对朝鲜学者张维（1587~1638）所著《续天问》中部分问题进行的补充。在《对续天问》中，崔锡鼎只对空间无限进行了简单论证，内容创新不多，其所依据理论有二：宇宙时刻处于变动之中，气是构成宇宙万物的原始材料且含有内在动力。[③] 由此，崔锡鼎认为位于空间里的气将处于永恒运动之中，且运动范围没有边界和尽头，那么这会使空间变得无限大。进而还指出有形的天和大地都是气所构成的物，物有死生则天地也会毁灭与生成，而无形的“道”是永恒的：“道无始终，物有死生，天地亦物，岂无亏与成。有形斯物，无形斯道。有形者受变，无形者难老。”[④] 此外，崔锡鼎遗留下来的诗歌中也有此种表达，比如《鸿蒙吟》中有：“我观鸿蒙气，推荡九垓外。高深既无限，广远那有际。至理谅斯存，万宇同此界。曾闻井蛙惊，偏见多局滞。”[⑤]

2. 空间、时间的辩证统一

崔锡鼎在《宇宙图说》中是以空间时间的辩证统一性来论证空间无限

① 冯友兰：《中国哲学史》（下），重庆出版社，2009，第 285 页。

② 崔锡鼎：《续对天问》，《域外汉籍珍本文库·集部》第三辑第 27 册，西南大学出版社、人民出版社，2012，第 486~490 页。

③ 崔锡鼎：《续对天问》，《域外汉籍珍本文库·集部》第三辑第 27 册，西南大学出版社、人民出版社，2012。

④ 崔锡鼎：《续对天问》，《域外汉籍珍本文库·集部》第三辑第 27 册，西南大学出版社、人民出版社，2012。

⑤ 崔锡鼎：《鸿蒙吟》，《域外汉籍珍本文库·集部》第三辑第 27 册，西南大学出版社、人民出版社，2012，第 470 页。

的。论述之前要指出的是，崔锡鼎这一论证思路来源与佛教“大千世界”学说有密切关系。“大千世界”学说认为除我们这个世界外，还有无数个世界在空间中存在。佛教中的“世界”表示宇宙是空间和时间统一体，① 比如《楞严经》说，“世为迁流，界为方位”，“世”表示时间的流逝，“界”表示空间的划分。同样，“界”原意指边界，② 暗含空间有限（佛教将“一个日月所照”称为一个世界，但这样的世界有无数个，即所谓“恒河沙世界”）。③ 因而当无数个有限空间叠加后，所形成的空间势必是无限的。时间上佛教认为无限循环，即世界经成、住、坏、空四个阶段后将重新轮回，但该时间有起点：“释氏以此天地为第七开辟，此则有始之论。”④

崔锡鼎在《宇宙图说》中所采用论证方法更加高明，和几何学中证明某一命题的思路很相似。首先，说明空间是一个容纳气的几何体，但如果没有气空间也就不存在。其次，详细阐释了气的物理属性，认为气能够无限扩展是因为其自身含有内在动力，并在该动力下时刻处于运动之中，从而使得某一有限空间无法将它约束在其内：“气之体，至大而无外，恒久而不息，夫岂局于一世界一开辟而已哉！”⑤ 在亚氏宇宙论中天界亘古不变，而在理学中天地是一体的，无时无刻不在变化着，两者在这一认识上明显不同。再次，指出宇宙中气的存在形式只能用空间和时间来描述，并且两者都由理决定：“盖从衡同一气也，久大同一理也。”⑥ 依据《宇宙图说》，这里“从”同“纵”，表征时间，“衡”同“横”，表征空间。对于宇宙时空特性，中国先哲从先秦时期就已开始理性认识，认为宇宙是空间和时间统一体，⑦ 其中“宇”表征空

① 张法：《从关键词看中国哲学中的世界（宇宙）观念》，《社会科学》2014 年第 4 期，第 120~126 页。

② 张法：《从关键词看中国哲学中的世界（宇宙）观念》，《社会科学》2014 年第 4 期。

③ 崔锡鼎：《宇宙图说》，《域外汉籍珍本文库·集部》第三辑第 27 册，西南大学出版社、人民出版社，2012。

④ 崔锡鼎：《宇宙图说》，《域外汉籍珍本文库·集部》第三辑第 27 册，西南大学出版社、人民出版社，2012。

⑤ 崔锡鼎：《宇宙图说》，《域外汉籍珍本文库·集部》第三辑第 27 册，西南大学出版社、人民出版社，2012。

⑥ 崔锡鼎：《宇宙图说》，《域外汉籍珍本文库·集部》第三辑第 27 册，西南大学出版社、人民出版社，2012。

⑦ 张法：《从关键词看中国哲学中的世界（宇宙）观念》，《社会科学》2014 年第 4 期。

间，“宙”表征时间，即所谓“上下四方谓之宇，往古来今谓之宙”。[①]“宇”原意指房屋边界，[②]暗含空间有限，而用“宙”所表征的时间其无限性先哲们已达成共识，使得宇宙概念中“宇”和“宙”的物理属性不对等，易造成混乱和引起争议。最后，认为空间和时间的物理属性应是对等的，时间既然无限长久，那么空间也应无限扩展：“宙既如此，宇何独殊！”[③]

简言之，崔锡鼎的论证思路是，气是含有内在动力的最细微最流动物质，[④]具有广泛弥散性，从而导致其在空间时间上都具有无限性，进而证明空间无限。空间和时间的无限就像一枚硬币的两个面一样，都是气无限存在特性的表现：“观乎此，则宇宙之说可得而言矣。”[⑤]

四　多重世界的存在

崔锡鼎的另一重要贡献是在空间无限基础上引证出多重世界的存在。多重世界学说在中国很早就被提出，先秦时期的“大九州”和佛教中的“大千世界”即是。[⑥]但所采用论证方法是思辨性的，如果认为空间无限就很容易推导出来。西方世界也有类似事例，比如被称为中世纪晚期最后一位伟大哲学家的库萨的尼古拉（Nicolaus Cusanus，1401–1464）就认为空间是“无终止的”，在这样的空间中必然存有多重世界。[⑦]而崔锡鼎的论证方法带有实证主义特点，注重证据以及它们之间的内在逻辑关联性，其后中朝两国学者提出多重世界时也都带有这种方法的痕迹，反映出人类思想具有某种深刻的内在统一性。

---

① 崔锡鼎：《宇宙图说》，《域外汉籍珍本文库·集部》第三辑第27册，西南大学出版社、人民出版社，2012。

② 张法：《从关键词看中国哲学中的世界（宇宙）观念》，《社会科学》2014年第4期。

③ 崔锡鼎：《宇宙图说》，《域外汉籍珍本文库·集部》第三辑第27册，西南大学出版社、人民出版社，2012。

④ 张岱年：《中国哲学大纲》，商务印书馆，2015，第42页。

⑤ 崔锡鼎：《宇宙图说》，《域外汉籍珍本文库·集部》第三辑第27册，西南大学出版社、人民出版社，2012。

⑥ 关增建：《中国古代关于空间无限性的论争》，《自然辩证法通讯》1997年第5期，第48~55页。

⑦ 亚历山大·柯瓦雷：《从封闭世界到无限宇宙》，张卜天译，北京大学出版社，2008，第13页。

（一）多重世界的论证

崔锡鼎证明多重世界存在的理论来自《易大传》和“取象比类”思想。《易大传》是儒家经典著作，儒者认为其所承载理论能够解释宇宙间任何事情。在宇宙生成上，《易大传》提供了一个比较完善的理论体系，认为宇宙形成的根源是阴阳二气的相互“交感”，天地万物都是从阴阳二气“交感”化生而来，并认为宇宙处于永恒变动之中，变动就是事物的成毁，事物的成毁也就是乾坤的开阖。[①]《易大传》还以宇宙生成论观点来考察人类社会，认为天地万物和人是一体的，人类社会中的道德标准与自然规律之间具有内在关联性，其形成源头可以追溯到“天地”形成时期，这一理论被理学继承和发扬。理学认为“理”除是自然界的本源和主宰外，还决定社会伦理道德规范；“取象比类”是儒家思想的特有认知模式，认为宇宙是一个其间万物相互关联的统一整体，因此“当那些已知的事物与未知的事与物属于同‘类’时”，“人可以通过从对已知事物的领会中做出推断，达到对未知事物的领会，而不必去直接研究未知事物本身”。[②]

于是从逻辑上讲，空间虽然无限，但处于其间的气受“理”掌控，那么除我们这个世界外，很显然会有其他世界散布在空间中：“假设宇有许多世界，宙有许多开辟，其间人物之形色、名目，未必尽同，世界之明闇理乱，亦无定准。而其阴阳五行之运化，三纲五常之伦理，则必普遍而无不在，绵亘而不可易。虽非足目所到，只可以理而推之耳。”[③] 在这里，崔锡鼎进一步将此社会秩序类推到彼社会秩序中，认为人与物个体之间可能存在差异，社会的清明或黑暗可能也会有所不同，但其中的自然规律、道德标准必定一致，因为理是共通的。

此外，崔锡鼎还在诗歌《论泰西坤舆》和《从衡吟》中对无限空间和多重世界进行了颂扬。[④] 诗歌有表达作者情趣和志向的作用，表明探索宇宙

---

① 冯友兰：《〈易传〉的哲学思想》，《哲学研究》1960 年第 8 期，第 59~65+71 页。

② 金永植：《科学与东亚儒家传统》，台湾大学出版中心，2014，第 38~39 页。

③ 崔锡鼎：《宇宙图说》，《域外汉籍珍本文库·集部》第三辑第 27 册，西南大学出版社、人民出版社，2012。

④ 崔锡鼎：《论泰西坤舆》，《域外汉籍珍本文库·集部》第三辑第 27 册，西南大学出版社、人民出版社，2012，第 479 页；崔锡鼎：《从衡吟》，《域外汉籍珍本文库·集部》第三辑第 27 册，西南大学出版社、人民出版社，2012，第 470 页。

真理一直是崔锡鼎的志趣所在。在《从衡吟》中，崔锡鼎还表达了自己探索宇宙真理的志向以及表明完成这项工作是自己应肩负的使命。

（二）多重世界学说在东亚的发展

崔锡鼎之后，东亚学者从实证主义角度论证多重世界的例子就多了起来。特别是这些例子中部分论证时已开始引入西方天文学相关成果，使之更具有说服力。按时间顺序，最先按照这个方法论证多重世界的是洪大容（1731~1783）。

1. 洪大容对多重世界的论证

洪大容是朝鲜18世纪后期著名学者，因创造性地提出“地球自转”学说受到现代研究者推崇，也是朝鲜研究西学的肇始者之一。洪大容是在其名著《医山问答》中论证多重世界存在的。洪大容首先认为因构成宇宙万物的材料是无边无际的气，致使宇宙空间无限，当空间无限时就没有所谓的中心，即地球丧失了宇宙中心地位；其次认为当空间无限时日、月等星和地球在地位上是等价的：“自星界视之，地界亦星也。”最后通过类比提出太阳和月亮上有和地球上一样的世界。[①]

洪大容的这一思想还传到了中国，传播者是其好友朴趾源（1737~1805）。朴趾源1780年随朝鲜赴京使团游历中国，其间与中国士人进行了广泛接触。为拉近彼此之间的距离，朴趾源以洪大容的观点作为谈资，引起中国士人关注，内容涉及地球球形观、地球自转、空间无限及多重世界等。而后朴趾源将交谈内容记载到日记中：“日地月等浮罗大空，均是星乎？自星望地，亦若是乎？”“若谓月中亦有世界，安知今夜不有两人同倚栏头对此地光论盈虚乎？”“以地料月，其有世界理或无怪。”[②] 但这些内容在中国所产生的影响并未发现相关证据。

另外，还需要回答一下洪大容的无限空间观与崔锡鼎间的关系。对于这个问题，笔者查询《医山问答》后并没有发现两者之间有什么联系，现代研究者也没有这方面的说法。但不能否认的是，洪大容提出空间无限的时间要晚于崔锡鼎。究其原因，或许在接受理学思想的人看来，空间无限是显然

① 洪大容：《医山问答》，《域外汉籍珍本文库·集部》第三辑第32册，西南大学出版社、人民出版社，2012，第129~152页。

② 朴趾源：《日记》，《域外汉籍珍本文库·集部》第三辑第33册，西南大学出版社、人民出版社，2012，第562~604页。

的和不证自明的。

2. 19世纪后在中国的多重世界学说

巧合的是，19世纪后的中国也有学者论证多重世界的存在。但不同于崔锡鼎和洪大容，这些学者论证时所依据的证据并非来自中国传统哲学，而是西方天文学相关成果，从而使之更具说服力和科学性。下面逐一进行介绍。

郑复光（1780~约1853）是清代后期著名科学家，在接受日心说及了解到当时的天文观测结果后，认为地球和除太阳外其他六曜具有相似物理属性，并且地球在太阳系中也不具有特殊性，从而得出其他六曜上可能存在和地球上一样的世界的结论：

> ……太阳为光体，月、水、金、火、木、土六曜皆暗体，借太阳为光，与地球相似。设有人在太阴及他曜面上，其视地球亦如地面上之。……又云：远镜望太阴，见黑暗处似山林湖海，及地面所有之物太阳光照，太阴之面其皆生黑影。于太阳正对处测其所生之影，则知太阴面上之山其高过于地面之山也。然则其意竟谓太阴及诸曜皆与地之为物同，而小异耳！……又言诸星各大于地若干倍者，皆从推算得之，其说至确。岂有若是其大之天仅包区区一点之地，而诸曜之大于地者反空洞无物不能各成其世界乎？然则各曜各具一世界如地，其理亦未必不然也。但各曜之中其人与物作何形状，具何性情，有何设施则不可知耳！①

上文已讲，大千世界学说是从思辨角度提出的，为了增加其可信度，晚清学者亦是佛教信徒的沈善登（1830~1902）在《报恩论》中引入西方天文学知识加以佐证：

> 如天算家测星月，皆有山河大地形状类此地球，地球在太空亦一星也。众行星绕日而行，其恒星亦各为日，亦有无数行星绕之，与此日轮等，但远不能尽见尔。又言金水二星无随绕之月，火星有二月，木星有四月，土星有八月，天王星亦有四月，海王星有一月。诸月皆绕行星，

① 郑复光：《费隐与知录》，清道光活字本/影印本，上海科学技术出版社，1985，第6b~7a页。

与地球之月无异，按此与佛说百亿日月世界可证也。[①]

初版于1859年的《谈天》是第一次将西方近代天文学知识系统传入中国的译著，传教士伟烈亚力（Alexander Wylie，1815-1887）是译者之一，他在序言中认为随着人类观测宇宙视野扩大到太阳系之外，从概率角度讲，宇宙中很可能存在着和地球性质一样的星球：

古人论天河皆云是气，近代远镜出知为无数小星，远镜界内所已测见之星，较普天空目所见者多二万倍。天河一带设皆如远镜所测之一界，其数当有二千零十九万一千，设一星为一日，各有五十行星绕之，则行星数当有十亿零九百五十五万，意必俱有动植诸物如我地球。……窃意一切行星亦必万物具备，生其间者，修养乐利，如我地上。[②]

伟烈亚力的这一说法也是现今寻找地外文明的理论依据。另外，这三则事例有一个共同点值得注意，即地球不是宇宙中心后就失去了其独特性和唯一性，与地球性质类似的星球在宇宙中存在成为可能。

五　结语

综上所述，首先通过分析崔锡鼎对空间无限的论证过程可以看出朝鲜学者对西学的认识已达到相当深度，某些方面甚至超过了同时代的中国学者，今后我们研究西学在东亚传播时应该重视他们的工作。其次，虽然崔锡鼎的这一成就在历史上几乎没有产生过什么大的影响，现代学者也没有进行过多的研究，但其学术价值依然值得重视。最后，此案例折射出的一个现象也不能忽视，即当亚氏宇宙论在东亚传播时，一些学者对此并不完全欢迎，主要原因是担心它会对自身文化根基造成冲击，这一点在当时有很多事例，即使在今天看来也不奇怪。

另外，崔锡鼎论证空间无限的原因除意识形态因素外，还与东西方文化

① 沈善登：《报恩论》，https：//cnkgraph. com/Book/13269/KR6p0124_ 001#page_ 1-0713c。

② 偰失勒撰，李善兰删述：《谈天》，咸丰刻同治增修本，第2a~3b页。

对空间本质认识不同有密切关系。亚氏宇宙论将宇宙视为外在对象加以研究，可以对它的空间进行建构和分析。而程朱理学认为空间由气聚合而成，由于气自身物理属性的特殊性，无法像亚氏宇宙论那样来对空间进行整体认识。确切证据是，18世纪末时修撰崔献重（1745～?）在某一上疏中有过此类表达："噫！天只是一个实理而已。凡于日用百为之间，合于理者为顺天，悖于理者为逆天。从古圣贤，何尝不敬天奉天，而安有形状而模之，祈祷以邀之，如洋人之为哉！"①

① 《正祖实录》，十九年（1795）七月二十五日，http://sillok.history.go.kr/id/wva_11907025_001。

朝鲜王朝后期儒学与西学的交流*

——以茶山丁若镛的经学思想为中心

赵甜甜　崔英辰

【内容提要】朝鲜王朝后期的儒学在西学的冲击之下，逐渐摆脱传统思想的束缚，批判性地吸收西学，开创性地构建了新的实学思想体系，对朝鲜半岛的近代化发展起到了积极的引领作用。茶山丁若镛是实学思想的集大成者，其理论虽然有“脱朱子学”的倾向，但究其根本仍是朝鲜性理学，只是部分接受并融合西学思想，使朝鲜后期的实学逐步体系化、完整化，具有过渡作用和借鉴意义。

【关键词】朝鲜王朝后期　西学　茶山丁若镛　经学思想

【作者简介】赵甜甜，哲学博士，中山大学国际翻译学院副教授，主要从事东亚儒学、朝鲜半岛国别与区域、中韩翻译研究；崔英辰，哲学博士，韩国成均馆大学终身教授，主要从事东亚儒学、韩国哲学研究。

一　前言

朝鲜王朝接受西学的时间大体是从 17 世纪初至 19 世纪末，内容可分为

* 本文研究获得国家社会科学基金项目（21VGQ018）资助。

西方科学和天主教教理。[①]“西学”在当时是指以中世纪经院哲学为基础的天主教神学，以及耶稣教会神职人员学习整理的中世纪及文艺复兴时期的西方科学技术。前者被称为“西教”，后者被称为“西器”。[②]朝鲜王朝后期实学思想的代表学者丁若镛（茶山，1762~1836）接受的主要是西教（天主教神学），崔汉绮（惠冈，1803~1877）接受的主要是西器（科学技术）。

朝鲜王朝后期的实学是17世纪之后兴起的一种新的儒学学术倾向，它的概念和定位目前在韩国学界仍存在很多争议，大致的观点有两种：一种认为实学是对性理学的内在继承，另一种观点则与之相反，认为实学是反性理学甚至是脱性理学的“改新儒学”。[③]基于这种认识，学界对茶山的评价也出现了两极化：一种认为他是反对朱子理念空疏性的“反朱子学者”，或者是脱离朝鲜王朝时代传统朱子学的“脱朱子学者”；另一种则认为他批判俗流朱子学，是主张朱子学真精神的“亲朱子学者”。[④]其实，产生两种极端评价的原因与西学的传入不无关系。

西学对朝鲜王朝后期的社会和学术产生了深刻影响，促使朝鲜王朝时期的文人批判性地认识儒学的世界观，寻求新的宇宙观和人性观。特别是西方天文学和地理学知识的传播，可以说是促使实学形成的外在因素。[⑤]在西学的冲击之下，部分士大夫摆脱传统朝鲜性理学思想的束缚，批判性地吸收西学，通过整合、重构，开创了新的思想体系，对朝鲜王朝的近代化起到了积极的引领作用。茶山是朝鲜王朝时期实学思想的集大成者，本文以其经学思想为中心，分析和探讨茶山实学思想在西学的影响下所呈现的特征。

---

① 琴章泰将朝鲜社会接受西学的过程分为如下四个阶段：西学知识的积累期（17世纪初至18世纪中期，宣祖到英祖时期）；天主教信仰集团的产生与儒学者的批判时期（18世纪后期，正祖时期）；禁教政策下进入地下化的天主教信仰时期（19世纪初期至中期，纯祖时期至高宗初期）；开化政策下的儒林抵抗时期（19世纪末，高宗中期）。琴章泰：《朝鲜王朝后期儒学与西学》，首尔大学出版部，2003，第4~9页。

② 明末李之藻（凉庵，1564~1630）编纂的《天学初函》中，将介绍西方宗教和伦理的书籍编为《理编》，将介绍科学技术的书籍编为《器编》，前者即“西教”，后者即“西器”。朴成淳：《朝鲜儒学与西方科学的相遇》，好物出版社，2005，第13页。

③ 邢丽菊：《韩国儒学思想史》，人民出版社，2015，第340页。

④ 崔英辰：《韩国儒学思想史研究》，邢丽菊译，东方出版社，2008，第309、310页。

⑤ 郑杜熙等：《茶山思想中的西学新纪元》，西江大学人文科学研究所，2004，第13页。

二 朝鲜王朝后期对西学的接受与批判

（一）对西方科学的接受

明末清初耶稣会传教士为了在深受儒佛道影响的中国传教，用儒学的语言重新阐释天主教义，并用中文编写了一系列介绍西方科学技术等知识的“汉译西学书”，受到中国文人和统治阶级的极大关注。[①]“汉译西学书”内容丰富，不仅包括天主教教理，还涵盖了数学、心理学、解剖学、语音学、武器等多个领域，书籍多达369种。[②] 这些先进的科学技术通过西方传教士传到中国，符合当时中国社会急需实用性知识的需求；对天主教教理的儒学式阐释，即“补儒论”传教政策，为西学在中国社会生根发芽打下了坚实的基础。

最早传入朝鲜的汉译西学书是利玛窦（Matteo Ricci，1552－1610）的《天主实义》和世界地图《坤舆万国全图》等，1603年由出使明朝的李睟光（芝峰，1563~1628）等人引入朝鲜。[③] 此后，研读汉译西学书成为朝鲜王朝后期知识分子的新风潮。汉译的西方世界地图和天文学文献中提到的“地球说”“地转说”与传统东方宇宙观中所认为的“天圆地方”“天动地静”完全相反，给朝鲜士大夫带来了巨大冲击。[④]

李瀷（星湖，1681~1763）通过研究“地球说”，提出了中国不可能是世界中心的主张；洪大容（湛轩，1731~1783）通过宇宙无限的观点，否定了人类世界是宇宙中心的传统观念。西方的天文地理学促使“天圆地方”的传统世界观转变为地球球体说，这些认知也成为脱离中华世界观[⑤]的理论基础。洪大容、丁若镛、崔汉绮等也因接受了《天主实义》中介绍的四元素，即火、气、水、土的思想，否定了作用于东亚学术和文化最深层次的阴阳五行说。

朝鲜王朝文人能够积极肯定西方科学的优秀性，源于其开明的君主。自

---

① 琴章泰：《朝鲜后期儒学与西学》，首尔大学出版部，2003，第1页。

② 郑杜熙等：《茶山思想中的西学新纪元》，西江大学人文科学研究所，2004，第32页。

③ 朴成淳：《朝鲜儒学与西方科学的相遇》，好文社，2005，第23页。

④ 具满玉：《朝鲜王朝后期科学思想史研究1》，慧眼出版社，2004，第160~188页。

⑤ 中华世界观是以地理上的华夷观为基础建立的以中国为中心的世界观。

仁祖时期朝鲜王朝就开始通过清朝接受西方历法，[①] 原本朝鲜使用的是中国的历法，后来逐步自行研究“时宪历”[②]，最终在孝宗四年（1653）开始正式使用朝鲜王朝自己的历法。后来，朝鲜王朝又派遣观象监官员到清朝，直接向西方人学习研究历法。由此，朝鲜文人开始广泛地接触西方文化产物并认识到了其优越性，在正祖的支持下，积极吸收和引入西方文化产物。

（二）对天主教教理的批判与接受

朝鲜王朝文人认识到西方科学的优越性，并将其作为学问加以探究，但对天主教教理并不感兴趣，直到18世纪中期李瀷开始正式接触西学后，天主教教理才逐渐被朝鲜人所了解。李瀷在积极接受西方科学的同时，逐渐认同天主教教理中有关伦理的内容，但反对并批判其中有关神秘性的内容。他还特别认同庞迪我（Pantoja，1571-1618）所写的《七克》，认为它与儒学的克己说完全一致，指出书中提到的七种除恶的方法与孔子所言“克己复礼”一脉相通，主张“七克”思想是有益于复礼的修养功夫。[③]

星湖李瀷门下的弟子们对西学的认知呈现分化对立态势。慎后聃（河滨，1702~1761）、安鼎福（顺菴，1712~1791）等批判天主教教理，对西方科学持消极态度。而权哲身（鹿岩，1736~1801）、李家焕（锦带，1742~1801）等先是痴迷于西方科学，继而开始信奉天主教教理。

星湖学派的学风有两个特点：一是重视政治、经济等社会制度的“下学”；另一个是“博学”，不仅研究经学、礼学，还涉猎地理学、诸子百家、西学等多个领域。他们对待经学采用怀疑和自得的方法，并视为研学之基础。在这种学风之下，星湖学派学者对《大学章句》和四端七情等哲学问题展开了论辩，由于观点不同，加之对天主教态度不同，星湖学派逐渐产生

---

① 中国明朝时期最早证明西方历法优越性的是发生在1629年日食事件。当时使用大统历和回回历推算日食都出现了误差，但徐光启（1562~1633）通过西方历法推算的时间十分准确。此次事件成为推动修订历法的契机，从1629年至1634年，以西方历法为基础编纂了《崇祯历书》。这本书后由传教士汤若望（1591~1666）改编，1645年刊行出版《西洋新法历书》，清政府正式采用时宪历。《西洋新法历书》经昭显世子和金堉（潜谷，1580~1685）等人分阶段传入朝鲜，为朝鲜引入时宪历创造了基础。参见具满玉《朝鲜王朝后期科学思想史研究1》，慧眼，2004，第172页。

② 时宪历是校正《崇祯历书》制作的日历。朝鲜在1653年至1910年期间使用时宪历。

③ 李瀷：《星湖僿说》卷十一，《七克》。

了派系分化。[①]

慎后聃于1724年编写了《西学辨》，按照天主教教理逐条批判。他认为天主教的天主和灵魂不灭论是“贪生惜死之利心”；认为天主教将人性看作“能推论理”、认为仁义礼智经推理可以后天习得的观点，是完全违背儒家本义的错误论断，认为仁义礼智是人之先天本性、道德行为之本。[②] 这种批判体现了注重理性思维的西方立场与注重道德性思维的儒家传统立场之间的冲突。[③]

慎后聃是从纯粹学问的角度批判天主教教理的，而安鼎福对天主教的批判则与当时的政治环境息息相关。李瀷去世后，其门下文人因涉及天主教问题逐渐成为政治斗争的焦点，时常受相关事件牵连遭受处罚。当时（1784~1785）安鼎福为劝服沉迷天主教的后辈门生，写了《天学考》和《天学问答》两篇文章，批判天主教教理。从某种意义上看，这其实是为了维护星湖学派的根基而采取的权宜之策。[④]

安鼎福批判说，天主教与西域地区的幻术、摩尼教等同属幻妄迷信范畴，天主教以救赎来世来蛊惑人们否定现世，实属异端邪说；天主教所讲的天堂、地狱说不过是佛教所讲的极乐、地狱说；所谓救赎来世就是利用人的利己私心；等等。与此相反，权哲身、李家焕等星湖学派少壮学者为寻找应对时弊的方案，积极研究学习各种思潮，最终选择了信奉天主教。从根本上看，这是世界认识多元化、世界视角开放化的结果之一。[⑤]

对西方科学的关注扩大了星湖学派少壮学者的知识背景，对天主教教理客观肯定的认识，逐步发展为信奉天主教教理，并最终成立了信仰共同体。[⑥] 其中代表学者是李檗（旷菴，1754~1789），他在《圣教要旨》中使用

① 元在麟：《朝鲜王朝后期星湖学派的学风研究》，慧眼，2003，第206~211页。

② 慎后聃：《西学辨》，第七编《论人性而述天主门士正学》。

③ 慎后聃对天主教理论批判的文章可参考琴章泰《朝鲜王朝后期儒学与西学》，首尔大学出版部，2003，第90~116页；崔东熙《韩国实学对西学的反应》，高丽大学民族文化研究所，1988，第59~95页。

④ 元在麟：《朝鲜王朝后期星湖学派的学风研究》，慧眼，2003，第210~214页。

⑤ 元在麟：《朝鲜王朝后期星湖学派的学风研究》，慧眼，2003，第216页。

⑥ 琴章泰将天主教信仰共同体成立的过程分为如下5个阶段：天真庵和走鱼寺讲学会（1777~1779）；李承熏接受洗礼和刑部揭发信仰集会（1784~1785）；废祭焚主和加强禁教令（1791）；周文谟神父到朝鲜和辛酉教狱（1801）；朝鲜教区的成立和乙亥教狱（1839）。琴章泰：《朝鲜后期儒学与西学》，首尔大学出版部，2003，第194页。

“诚意”“正心”“昭事上帝”等儒学语言阐释天主教教理，强调天主教与儒学之间的关联。他还从天主教的世界观出发，对儒学典籍进行解读。丁若镛将与李檗讨论的内容编成《中庸讲义补》，从中可以窥见李檗的一些见解。[①]

李檗认为“夫中庸之书，节节皆从天命而来，节节皆归致于天命”，[②]主张天命是“中庸”的核心概念，不同于认为“中”“诚”是《中庸》核心概念的传统认知。李檗还强调天的神性，说“心之自性灵而发者，为理发。心之自形躯而发者，为气发”，[③] 提出了与天主教的“灵魂”概念相通的“性灵”概念，对传统的“性”概念进行了重新阐释。这些观点对丁若镛的经学思想产生了深刻影响。

三　茶山的天、上帝观

茶山在《自撰墓志铭》中如此描述自己的学问体系：“六经四书以之修己，一表二书以之为天下国家，所以备本末也。”[④] 为了“修己”他注释了六经四书，为了“治人”他撰写了《经世遗表》《牧民心书》《钦钦新书》。由此可见，茶山在潜心梳理传统典籍的同时，关照现实社会，对行政、律法、经济等统治体系的知识也进行了研究。茶山的目标是建立一个全新的社会，重新阐释传统典籍的目的就是希望能够建立一套支撑新社会的理论体系。

但是朝鲜是典型的儒家社会，不仅统治理念和体制是以儒家传统典籍为根本建立运行的，学术、文化、艺术等领域也都是如此。倘若允许对儒家典籍进行多角度阐释，必将使依靠强有力的中央集权体制运行的朝鲜社会产生极大的混乱。朝鲜官方承认的只有朱子注释，并且视之为唯一的标准。曾与朱子注释持不同见解的尹鑴（白湖，1617~1680）被视为破坏社会秩序和规范的“斯文乱贼”，朴世堂（西溪，1629~1703）注释的《思辨录》更是遭到了恶毒批判。

---

① 李大根：《朝鲜王朝后期近畿南人接受西学情况研究》，成均馆大学博士学位论文，2002，第126~134页。

② 丁若镛：《与犹堂全书》，卷四，《中庸讲义补》卷一，第23页。

③ 丁若镛：《与犹堂全书》，卷四，《朱子序》，第65页。

④ 丁若镛：《与犹堂全书》，卷十六，《自撰墓志铭》。

在这种情况下要想建立新社会，首要的任务是建立与朱子不同的、全新的经典注释体系。茶山从正祖时期就开始梦想构建新社会，他在流放江津的十八年间专注于六经四书的注释，也正是基于对这个梦想的坚持。

茶山注释的六经四书，极大地挑战了朱子的权威，建立起自己独特的思想体系。[①] 茶山深入研究原始儒学，积极学习利玛窦的《天主实义》，了解西方哲学（特别是亚里士多德的伦理学）和天主教教理，加之对朝鲜儒学的深厚理解，从中西交融的全新角度对这些典籍进行了全面解读，批判地接受了朱子的注释。

儒学思想中最根本的存在是“天”，朱子在《中庸章句》解释“天命之谓性”道“天以阴阳五行，化生万物，气以成形，理亦赋言，犹命令也”。天是化生万物的主体，天之所生的万物由理和气构成。那么天为何物？性理学的基本立场是“所谓天者，理而已”。[②] 茶山否认性理学的理法之天观，其实就是要否定性理学式的经学思想，他对天如此解释：

> 天于赋生之初，有此命，又于生居之日，时时刻刻，续有此命，天不能谆谆然命之，非不能也，天之喉舌，寄在道心，道心之所警告，皇天之所命戒也。[③]
>
> 今人以天为理，以鬼神为功用，为造化之迹，为二气之良能，心之知之，杳杳冥冥，一似无知觉者，然暗室欺心，肆无忌惮，终身学道，而不可与入尧舜之域，皆于鬼神之说，有所不明故也。[④]

这里茶山明确指出以天为理是错误的，是无法入“尧舜之域”的原因。他将天分为“苍苍有形之天”和“灵明主宰之天”，[⑤] 认为天的本质是“主宰之天”，具有强烈的人格性，可以在日常生活中时时刻刻命令并监视人类，因此“天”也可以被称为“上帝”“昊天”。[⑥]

---

① 白敏政：《丁若镛的哲学》，理学社，2007，第 17 页。

② 李东窓：《中庸章句大全》。

③ 丁若镛：《与犹堂全书》卷三，《中庸自箴》卷一，第 3 页。

④ 丁若镛：《与犹堂全书》卷四，《中庸讲义补》卷一，第 21 页。

⑤ 丁若镛：《与犹堂全书》卷三，《中庸策》：“臣以为高明配天之天，是苍苍有形之天。维天于穆之天，是灵明主宰之天。”

⑥ 丁若镛：《与犹堂全书》卷三，《春秋考徵》：“上帝或称天，或称昊天，犹人主之或称国，或称乘舆。”

君子处暗室之中，战战栗栗，不敢为恶，知其有上帝临女也。今以命性道教，悉归之于一理，则理本无知无威，何能所戒而慎之，何所恐而惧之乎？①

上帝始终监视着人类，并下达指令，因此人即使在看不到、听不到的暗室内，也会对天心怀敬畏、小心谨慎，不敢做有违道德的事情。若以天为理，天将完全丧失道德控制力和主宰性，人则无所敬畏、无所戒惧。茶山所主张的人格性天，即人对天的敬畏，是向《诗经》《书经》等经典儒学观的回归。②

茶山的这种天观是在接受了天主教上帝观的基础上，对儒学中的宗教性因素进行的重新阐释。利玛窦也认为，理仅是一种属性，不具有意志和权能，不可能成为主宰宇宙的穷极性实体，即不可能成为上帝。③ 但茶山思想中的天不仅仅带有宗教性质的超越性人格，它还内含于人的道心，并以此为媒介，这一点与天主教神观是有所区别的。

茶山带有人格性的天思想除了受到天主教教理的影响，还受到了以退溪学为宗的南人系的影响。退溪（李滉，1501~1570）主张“此理极尊无对，命物而不命于物”，④ 理主宰万物，相当于人间的立法者。古代儒学的形而上的实体概念起源于天命、天道，⑤ 周朝对天的认识可以溯源至殷朝的上帝观念，⑥ 此时上帝的设定就是带有宗教性质的绝对主宰者，而退溪的理思想正以这一观点为原型。⑦ 退溪解释上帝与理之主宰性的关系说：

---

① 丁若镛：《与犹堂全书》卷一，第 5 页。

② 白敏政：《丁若镛的哲学》，理学社，2007，第 220~225 页。

③ 宋英培等：《茶山思想中的西学新篇章》，西江大学人文科学研究院，2004，第 175~182 页。

④ 李滉：《退溪全书》卷十三，第 17 页。

⑤ 牟宗三：《中国哲学的特质》，学生书局，1975，第 36 页：天命天道的传统观念发展至中庸，已转为“形而上的实体”一义。

⑥ 徐复观：《中国人性论史》，商务印书馆，1979，第 15~30 页。

⑦ 赤冢忠：《道家思想の本质》，《东洋思想》，第 3 册，东京大学出版会，1967，第 20 页。中国哲学的实体观也体现在传统的上帝观上：儒家主张的上帝观中也有人格神的一面，即人间世界的终极目标和人伦秩序；道家则主张上帝支配自然现象的一面，上帝在道教中是具有超越性的、必然性的原理。

若有主宰运用，而使其如此者，即书所谓惟皇上帝降衷于下民，程子所谓以主宰谓之帝是也。①

上帝作为人格神的存在，是极其尊严的崇拜对象，上帝的人格性形成了理概念的原型。因此，理超越了单纯的自然界原理范畴，成为构成宗教神圣性的基础。所以，退溪的理尊思想不能仅从表面解释为主理意识或理尊思维，还需从宗教层面进行分析，② 只有这样才能真正理解退溪敬思想中对真理的敬畏。这种敬畏与茶山《中庸自箴》和《中庸讲义补》等文中出现的天、上帝观念惊人地相似。可以说这是从朱子以理为天的天思想，向先秦原始天观的一次回归。

综上，茶山赋予天以人格性，通过进一步强化其主宰性，建构了可以确保人类道德实践的理论体系。在他看来，如果不把天看作每天监视命令的人格性存在，儒学所谓“慎其独”修养论在现实中是不可能实现的。

四　茶山对人与自然的认识

（一）性嗜好说

朱子注释“天命之谓性”首句下“性即理”三字，是朱子学的首要命题。茶山从否定“性即理”这一命题入手，将性解释为“心之嗜好”，奠定了其脱性理学的经学观基础。他说：

据性字本义而言之，则性者，心之嗜好也。《召诰》曰节性唯日其迈，《孟子》曰动心忍性，《王制》云修六礼以节民性，皆以嗜好为性也。天命之性，亦可以嗜好言。盖人之胚胎既成，天则赋之以灵明无形之体，而其为物也，乐善而恶恶，好德而耻污，斯之谓性也，斯之谓善也。③

① 李滉：《退溪全书》卷十三，第17页。

② 柳承国：《退溪哲学的根本问题》，《东洋哲学研究》，槿域书斋，1983，第216页。

③ 丁若镛：《与犹堂全书》，卷三，《中庸自箴》卷一，第2页。

茶山认为“心之嗜好”是性的本义，他否定“性即理”，主张不应将性看作形而上的根据或实体，而要从其作用层面来看待性。茶山引用先秦时代众多经典中关于性的用例，提出了他的“性嗜好说”,[①] 指出性善具有“乐善而恶恶”的特性。他列举了大量的文献依据，并佐以丰富的经验事实以证明他的学说。[②] 在缜密分析了人的心和性之后，他批判朱子学的本然之性、气质之性，认为人的嗜好是一种价值取向，具有先验性：

> 气质之性，既以嗜好而得名，则天命之性，亦当以嗜好求之。气质之性，嗜甘而恶苦，嗜香而恶臭，天命之性，嗜善而恶恶，嗜义而恶贪，嗜好之名虽同，乃其所嗜好不同，何得驱之于告子乎，不唯是也。孔子原以嗜好言性，诗云：民之秉彝，好是懿德。孔子曰：为此诗者，其知道乎？秉彝非性，好德非嗜好乎？孟子原以嗜好言性，孟子谓：口之于味同所嗜，耳之于声同所听，目之于色同所美。广引易牙·师旷·子都之等，以明心之于义同所嗜，乃曰：理义之悦我心，犹刍豢之悦我口。斯则明引彼性之嗜好，以证此性之嗜好，所谓气质之性·天命之性，非皆以嗜好得名者乎?[③]

茶山将性定义为“嗜好”，并分为“气质之性”和“天命之性”。[④] 前者作为有感知的嗜好对物质对象具有指向性，因此《中庸自箴》描述的“节性”“忍性”中性都是节制的对象，[⑤] 因为有感知的嗜好本身虽然不是恶的，但却具有流于恶的危险性；后者作为伦理性嗜好对道德价值具有指向性，是先天的价值取向。也就是说茶山认为人是一种两面性的存在，先天就具有两种不同的欲求。

通过如上论述可见，朱子主张的性是形而上的实体，是道德性的根据。茶

---

① 丁若镛：《与犹堂全书》，卷三，第1页：“天命之性，亦可以嗜好言。”

② 丁若镛：《与犹堂全书》，卷三，第3页：“人有恒言曰：我性嗜脍炙。曰：我性恶饐败，…人固以嗜好为性也，故孟子论性善之理，辄以嗜好明之，孔子引秉彝好德之诗，以证人性，舍嗜好而言性者，非洙泗之旧也。”

③ 丁若镛：《与犹堂全书》，卷三十二，第23~24页。

④ 性理学中气质之性的对应概念是“本然之性”，茶山将“本然之性”改称为“天命之性”。参考白敏政《丁若镛的哲学》，理学社，2007，第291~301页。

⑤ 白敏政：《丁若镛的哲学》，理学社，2007，第289页。

山的主张与之相反，认为性是先验性的嗜好，是心的具体作用。但需要留意的是，茶山的主张包含了性理学的人心道心说理论。而且，茶山所说的“盖人之胚胎既成，天则赋之以灵明无形之体”的“灵明无形之体”，与朱子《大学》中所说“人之所得乎天”的“明德”而“虚灵不昧”论述，基本相似。“无形”对“虚”，“明”对“不昧”，而“灵”是共通基础上形成的概念。“明德”这一主题也曾是朝鲜后期儒学者们论辩的焦点，很难不对茶山的理论产生影响。

（二）人与自然的分离

性理学最基本的宇宙观即人与自然是统一的有机体，丸山真男（1914～1996）将这种思维方式看作规则与自然、天与人的连续性，当这种连续的构成开始分解，就会出现类似山鹿素行（1622～1685）、伊藤仁斋（1627～1705）等的古学派。

性理学以有机的宇宙观为基础，主张人与自然均有性，性即万物的本性。最典型的例子是朱子在《中庸集注》中所讲的“理赋人物，乃成健顺五常之德”。对此茶山批判道：

> 况草木禽兽，天于化育之初，赋生生之理，以种传种，各全性命而已。人则不然，天下万民，各于胚胎之初，赋此灵明，超越万类享用万物。今乃云健顺五常之德，人物同得，孰主孰奴。都无等级，岂上天生物之理，本自如此乎？仁义礼智之名，本起于吾人行事，并非在心之玄理，人之受天，只此灵明，可仁可义可礼可智，则有之矣，若云上天，以仁义礼智四颗，赋之于人性之中，则非其实矣。人犹然矣，况云五常之德，物亦同得乎。[①]

茶山强调“天命之谓性”的性是指人之本性，禽兽草木等是生物学意义上的生命体，不具有仁义礼智的道德性。人则被赋予了灵明，可以依据道德行为实现仁义礼智。[②] 人与自然是主仆的关系，人可以享有和利用自然，

---

① 丁若镛：《与犹堂全书》卷四，《中庸讲义补》卷一，第2页。

② 性理学主张仁义礼智是人性先天就具备的，而茶山却主张仁义礼智是人通过后天实践获得的。他在《论语古今注》卷二中提出：“仁者，至善之成名，必君臣父子之间，尽其人伦之爱，或天下之民，被其德泽，然后方得为仁。”关于这一观点亦可参考郑日均《茶山四书经学研究》，一志社，2000，第401页。

人与自然在本性上存在根本的差异：

> 性有三品，草木之性，有生而无觉；禽兽之性，既生而又觉；吾人之性，既生既觉，又灵又善。上中下，三级，截然不同。①

引文是茶山经典的“性三品说”，他将草木、禽兽、人分为三等级，所有生物都有“生”，人和禽兽有“生”又有“知（觉）”，但唯独人被赋予了灵明和善。如此便形成了以下公式：

> 草木＝生
> 禽兽＝生+觉
> 人＝生+觉+灵善

类似这种分阶式的存在观早在《荀子》中已有所论述。茶山在《孟子要义》“人之所以异于禽兽者几希章”中引用荀子所讲“水火＝气，草木＝气+生，禽兽＝气+生+知，人＝气+生+知+义”的区分方式，其中人与禽兽在知觉和欲求方面是一致的，但唯有人具有道心。也就是说只有人具有灵（灵明）、善、道心等道德性，除人以外的所有存在都没有道德性，因此人与物本质上不可能相同。茶山以这种分类方法为基础，强调了只有人具有道德性。

在《天主实义》中利玛窦对魂也进行了分阶式的区分，即“魂三品说”。在性理学中，魂是气的聚散，但在西学中，魂是由神个别创造的：

> 彼世界之魂，有三品。下品名曰生魂，即草木之魂是也。此魂扶草木以生长，草木枯萎，魂亦消灭。中品名曰觉魂，则禽兽之魂也，此能附禽兽长育，而又使之以耳目视听，以口鼻啖嗅，以肢体觉物情，但不能推论道理，至死而魂亦灭焉。上品名曰灵魂，即人魂也，此兼生魂觉魂，能扶人长养，及使人知觉物情，而又使之能推论事物，明辨理义。②

① 丁若镛：《与犹堂全书》卷四，《中庸讲义补》卷一，第 47 页。

② 利玛窦著，梅谦立注，谭杰校勘：《天主实义今注》，商务印书馆，2014，第 109 页。

引文中“魂三品说”可以整理为：草木=生，禽兽=生+觉，人=生+觉+灵。对比茶山的“性三品说”公式，可以看出二人学说的相似性。这也是学界多认为茶山的理论受到《天主实义》影响的直接原因，[①] 而利玛窦这种以魂为中心进行分类的方法则受到了亚里士多德自然哲学的影响。亚里士多德的三种灵魂理论中最关键因素就是“灵魂”（soul）概念，他将灵魂分为如下三类：一是植物的灵魂，有吸收养分和进行繁殖的机能，即植物=生；二是动物的灵魂，有感觉、知觉、欲望及运动的机能，即动物=生+觉；三是人的灵魂，有思维判断的机能，也称之为精神（nous），即人=生+觉+精神。

另外，利玛窦认为性不是理，而是人的本性。他说，“夫性也者，非他，乃各物类之本体耳”，[②] 这也影响到了茶山对性的理解。

但是二人的理论又存在着本质性的差异：茶山更注重人的特性，即“善”之道德性；而利玛窦则更注重“对事物的推论”，即理性思维能力。西学虽然赞同性善，但他们认为性的“情”和“用”是天主化生而本善无恶，但是性的“用”和“机”中，善恶却不是既定的，而是取决于人。[③]

（三）人的自律性：自主之权

茶山认为朱子对《中庸》二十二章中“赞天地之化育”“能尽物之性”两句话的注释存在致命的错误，因为《中庸》第一句已经明确指出“以命性道教四者，兼人物而言之”，[④] 其中的“性”是指“人性”，[⑤] “率性”之道是指人道，“修道”之教是指人教，[⑥] 明确地割断了规范与自然之间的联

① 琴章泰认为，茶山分等级的区分方式是相对应《天主实义》中提出的生魂、觉魂、灵魂之魂三品说的（琴章泰：《丁若镛：实学的世界》，成均馆大学出版部，1999，第154页）；宋英培则主张茶山是以三魂说为依据，直接接受了事物的差别性品阶理论（宋英培等：《茶山思想中的西学新篇章》，西江大学人文科学研究院，2004，第160页）。

② 利玛窦：《天主实义》上卷，第22页。

③ 邢丽菊：《韩国儒学思想史》，人民出版社，2015，第340页。

④ 丁若镛：《与犹堂全书》卷四，《中庸讲义补》卷一，第4页：“按经曰：赞天地之化育。又曰：能尽物之性。朱子看此二句，太拘太泥，每以命性道教四者，兼人物而言之。”

⑤ 丁若镛：《与犹堂全书》卷四，《中庸讲义补》卷一，第1页：“然所谓天命之谓性，是人性也。”

⑥ 丁若镛：《与犹堂全书》卷四，《中庸讲义补》卷一，第1页：“率性之道，人道也，修道之教，人教也。”

系性。茶山认为只有人能实施道德的行为和修养，性只能“在人”，自然界的植物和动物是不需要“命性道教”的。对此，他如是解释：

> 今案过不及之差，在于人，不在于物。诚以人之所能皆活动，禽兽之所能皆一定，既然一定，夫安有过不及之差乎？鸡之晨鸣，犬之夜吠，……千年同俗，万里同风，夫岂有过不及之差乎？况草木之春荣秋瘁，先花后实，各有定性，毫发不差，安得以吾人之病通，拟之于群物乎？①

禽兽和草木都是有“定性”“定能”的封闭式存在，只有人是开放性的存在，具有自由意志，因此也只有人才有可能具有善恶的道德世界，茶山称之为“自主之权”：

> 故天之于人，予之以自主之权，使其欲善则为善，欲恶则为恶，游移不定，其权在己，不似禽兽之有定心，故为善则实为己功，为恶则实为己罪，此心之权也，非所谓性也。②

人与禽兽不同，天赋予人决定和实践善恶的权利，因此人是具有主体性和自律性的存在，可以为自己的行为结果负责。茶山在《孟子要义》“告子曰生之谓性犬牛人之性章”中指出，人性包含了道义和气质，禽兽的性只是气质。人具有选择和实施道德行为和非道德行为的能力，而禽兽则不可能做出超越其行为规范的事情，根本原因就在于各自被赋予的天命不同。③ 人性与物性在根本上是相异的，茶山只认可人的道德世界，是对人之道德性的强调，这一点与他对天之人格性的强调异曲同工。

茶山的天赋“自主之权”使得人心拥有了可以选择善恶的权利，即“心之权”。换而言之，现实中的善恶并不取决于“性”，性只是嗜好的趋

① 丁若镛：《与犹堂全书》卷四，《中庸讲义补》卷一，第1页。

② 丁若镛：《与犹堂全书》卷五，《孟子要义》卷一，第34~35页。

③ 丁若镛：《与犹堂全书》卷五，《孟子要义》卷二，第20页：“臣独以为本然之性，原各不同，人则乐善耻恶，修身向道，其本然也。犬则守夜吠盗，食秽踪禽，其本然也。……各受天命，不能移易。”

向，人心才是善恶的决定性因素。这与利玛窦解释善恶的立场非常相似：

欲知人性本善耶，先论何谓性、何谓善恶。夫性也者，非他，乃各物类之本体耳。曰各物类也，则同类同性，异类异性。曰本也，则凡在别类理中，即非兹类本性；曰体也，则凡不在其物之体界内，亦非性也。但物有自立者，而性亦为自立；有依赖者，而性兼为依赖。可爱、可欲谓善，可恶可疾谓恶也。通此义者，可以论人性之善否矣。①

利玛窦认为性是物之本体，具有依赖性，② 在人为人性，在物为物性，不具有超越的普遍性。判断善恶的标准不在性，而在“我”：

若论厥性之体及情，均为天主所化生。而以理为主，则俱可爱可欲，而本无善恶矣。至论其用，机又由乎我。我或有可爱，或有可恶，所行异，则用之善恶无定焉。③

“我”是判断的主体，也就是说人才能做出理性的判断，认为这件事是“可爱、可欲”的，那么这就是善的；认为这件事是“可恶、可疾”的，那么这就是恶的。行为主体的判断影响行为结果的善恶，“自主之权”更重视行为本体。

五　结论

茶山独具一格的哲学体系在朝鲜儒学史上具有一定的创新意义，但其理论并未完全脱离朝鲜性理学的基础。尽管茶山从正面否定了一些性理学的基础理论，如理气论和心性论，但不能仅凭此就认为他是一位反性理学或脱性

① 利玛窦著，梅谦立注，谭杰校勘：《天主实义今注》，商务印书馆，2014，第181页。

② 利玛窦著，梅谦立注，谭杰校勘：《天主实义今注》，商务印书馆，2014，第182页：“理也，乃依赖之品，不得为人性也。古有歧人性之善否，谁有疑理为有弗善者乎？孟子曰‘人性与牛犬性不同’，解者曰‘人得性之正，禽兽得性之偏也。’理则无二无偏，是古之贤者固不同性与理矣。”

③ 利玛窦著，梅谦立注，谭杰校勘：《天主实义今注》，商务印书馆，2014，第183页。

理学的学者。茶山十分尊崇朱子，曾批判侮辱朱子的毛奇龄（西河，1623~1716），将其比喻为“吠尧桀犬”，[①] 为此金迈淳（台山，1776~1840）甚至称赞他“一以为孔壁拨乱之元勋，一以为朱门御侮之劲臣”。[②]

但是茶山所处的18世纪中后期，受到倭寇影响的社会经济尚在恢复之中，士林体制崩坏动摇，内忧外患使他寄希望于通过解体传统性理学，重建新儒学，振兴朝鲜王朝。如果茶山不积极接受和吸收西学思想，就很难建立新的理论体系。虽然他的性三品说、人与自然分离说、自主之权等理论都受到了《天主实义》的影响，但他的哲学理论中最能体现近代特征的观点之一——“人与自然分离”则或多或少受到了湖洛论辩人物性异理论的影响；而其对天、性的理解，又呈现出向先秦儒学回归的特征。

思想史的展开都是批评、克服与继承、发展的二重奏，朱子批判并融合佛教思想建立了性理学；茶山部分地接受西学理念，并将其灵活转变为儒学思想；朱子学是为了克服佛教思想而形成的理论，而茶山的实学思想则是以朝鲜性理学的传统思想为奠基，自主吸收西学而形成的。茶山的经学思想是朝鲜王朝后期儒学与西学融合的代表思想，让韩国实学逐步体系化，具有过渡作用和借鉴意义。

---

① 丁若镛：《与犹堂全书》卷三十，《梅氏书评》卷二，《冤词》三。

② 丁若镛：《与犹堂全书》卷二十，第34页。

《东野汇辑》"外史氏曰"对《史记》"太史公曰"的借鉴和接受

靳雅姝　李官福

【内容提要】文末以"某某曰"加注点评的方式，虽始于《左转》，却因司马迁的《史记》而达到了巅峰。这种创作手法不仅对我国文学产生了巨大影响，而且对国外文学的创作和发展也起到了巨大的助推作用，韩国古代三大野谈类著作之一的《东野汇辑》就借鉴了这种点评方式。尽管小说与史传的文体不同，但其文末以"外史氏曰"加注点评的创作手法，不仅形式上与"太史公曰"相同，而且从创作动机、思想内涵、艺术特色等方面也都可以清晰地看出对《史记》"太史公曰"的借鉴和接受。挖掘《史记》对后者的影响，可为汉字文化圈的古代文化交流提供新的发现和支撑。

【关键词】《东野汇辑》　《史记》　中韩古代文化交流

【作者简介】靳雅姝，博士研究生，延边大学文学院副教授，主要从事亚非语言文学研究；李官福，延边大学外国语学院教授，博士生导师，主要从事亚非语言文学研究。

被鲁迅称为"史家之绝唱，无韵之离骚"的《史记》，对国内外文学的发展产生了极其深远的影响。如清人蒲松龄的《聊斋志异》就以"异史氏曰"仿"太史公曰"取得了成功。朝鲜王朝文人李源命（1807~1887）在《东野汇辑》的小说创作中也采用了"外史氏曰"的方式。对比分析司马迁《史记》的"太史公曰"与李源命在《东野汇辑》小说中的"外史氏曰"，也可以发现二者在创作动机、思想内涵、艺术特色等方面有大量相似之处，存在着影响与借鉴的关系。

一　创作动机之比较：司马迁的“以文入史”与李源命的“以史入文”

司马迁在饱经摧残之后，以神圣的使命感为驱动力，发愤著史，以儒家精神为指引，将深邃的思想凝练成精辟的论断，然后用“太史公”的口吻接续在所述史实之后，就是为了给后人和读者以启迪和警示，最终成为永恒的经典。而李源命生活的朝鲜王朝，小说的社会地位非常低下，对比他的创作动机，可以看出与司马迁一样，也秉持着一种神圣的使命感，体现出对儒学的坚守和对世人的教喻。

一是神圣使命之坚持。

司马迁出身于著史世家，秉承父亲司马谈遗志而发愤著《史记》，曾因为李陵辩解而触怒武帝，为完成著史使命而甘愿忍辱接受腐刑。这在他的《报仁安书》中有鲜明的体现：“盖文王拘而演《周易》；仲尼厄而作《春秋》；屈原放逐，乃赋《离骚》；左丘失明，厥有《国语》；孙子膑脚，兵法修列；不韦迁蜀，世传《吕览》；韩非囚秦，《说难》《孤愤》；《诗》三百篇，大抵贤圣发愤之所为作也。此人皆意有所郁结，不得通其道，故述往事，思来者。乃如左丘无目，孙子断足，终不可用，退而论书策，以舒其愤，思垂空文以自见。”① 故此可以看出，司马迁认为，《周易》《春秋》《离骚》等旷世经典非经磨砺而不能见于世。为此，司马迁为完成其父遗愿和自己的伟大理想，秉承史家之执着，著述旷世之经典，将全部心血都投入《史记》编撰中，这也是《史记》获得如此之高成就的原因之一。

《东野汇辑》的作者朝鲜王朝文人李源命，是在小说备受歧视的背景下坚持创作的，和司马迁一样面临困境。因为古代朝鲜与古时中国一样，小说自问世起就未能登上大雅之堂，社会地位低下，多被视为异学邪说，甚至屡遭封禁。我们从朝鲜古籍记载中就可以看到当时统治阶级对小说的态度：

① 李寅生主编《古文》，四川辞书出版社，2018，第 48 页。

“上谓大司成金方行曰：‘泮试试卷，若有一涉于稗官杂记者，虽满篇珠玉，黜置下考，仍折其名，而停滞无所容贷。’”① “上乃严加申禁，波及诸书，以杜绝其流布来源。其后虽无禁经史诸书，而稗官小说‘异端’之书，则禁断如前。‘近年士趋渐下，文风日卑，虽以功令文字观之，稗官小品之体人皆仿之……全无古人之体，噍杀轻薄，不似治世之声。……如欲拔本而塞源，则莫如杂书之初不购来……稗官小说无论，虽经书史凡系唐版者，切勿持来。’”② “公辙启言：‘……昔日圣教出于稗官杂说之严禁而并与经史，而姑令勿为购来，昨冬既承下教，自今行正经正史及先辈醇儒文集等书许其出来，异端杂书稗乘小说依先朝法令禁之，以为区别信令之道，请著为式。’从之。”③ 朝鲜王朝时期，对中国的图书需求量是非常大的，每有使者到中国，其中一项重要任务就是购置书籍。但小说因地位低下，被视为异学邪说，在严禁购置之列。而且，上文显示，在科举考试中若有涉足者，虽满篇珠玉也不能录用。以上种种，均充分说明当时社会对小说的封禁之严，小说创作者的地位和积极性也就不言而喻了。

李源命就是在这种境况下进行小说创作的，可见他对小说创作的坚持。《东野汇辑》自序如下：“余于长夏调痾，偶阅《於于野谭》《记闻丛话》，颇多开眼处。惟是记性衰耗，无以领略万一。遂就两书，撮其篇讵话长堪证故实者，旁及他书之可资该洽者，并修润载录，又采闾巷古谈之流传者，缀文以间之。每篇之首，题句标识，概依小说之规，各段之下，辄附论断，略仿史传之例。”④ 虽然从李源命的自序中看不出他的悲愤，但从小说创作在当时的社会地位以及他文章中附以点评的思想情感上，还是能够感受到李源命在逆境中对小说创作负有一种责任感和使命感。

二是严谨求证之固守。

司马迁在太史公自序中详细介绍了自己积累史料的过程和经历：“二十而南游江、淮，上会稽，探禹穴，窥九嶷，浮于沅、湘；北涉汶、泗，讲业

---

① 韩国古典翻译院编《正祖实录》卷三六，正祖十六年十月十九日甲申条，韩国古典翻译院，2020。

② 承政院编《承政院日记》正祖十六年十月十九日甲申条，国史编纂委员会，1961。

③ 韩国古典翻译院编《纯祖实录》卷一一，纯祖八年三月二十六日壬戌条，韩国古典翻译院，2020。

④ 李源命：《东野汇辑》，首尔大文理科大学国文学会，1958，第1页。

齐、香之都，观孔子之遗风，乡射邹、峄；厄困鄱、薛、彭城；过梁、楚以归。于是迁仕为郎中。奉使西征巴、蜀以南，南略邛、笮、昆明，还报命。"[①] 尽管有因工作需要的可能性，但可见司马迁为作《史记》进行了长期而扎实的积累，在古代交通条件极其不便的情况下，历经跋涉之苦，深入不同的文化区域，亲历不同的风俗人情，探求事实原貌，为巨著的问世奠定了深厚的基础。同时，司马迁还在自序中谈到，"且余尝掌其官，废明圣盛德不载，灭功臣世家贤大夫之业不述，堕先人所言，罪莫大焉。余所谓述故事，整齐其世传，非所谓作也，而君比之于《春秋》，谬矣"。[②] 他认为，著史更应遵从史家精神秉实而著，虽各家、各派、各人的特征不尽相同，但若因为自己的情绪，而废其明德、灭其功业、篡其言辞，则大错特错。

虽然李源命创作的是小说作品，但他也同样秉承严谨务实的作风来对待自己的素材和内容来源。他在自序中表达了与司马迁相似的观点："撮其篇讵话长堪证故实者，旁及他书之可资该洽者，并修润载录，又采闾巷古谈之流传者，缀文以间之。"在素材选择上，李源命坚持使用"堪证故实者""可资该洽者""闾巷古谈之流传者"的内容，尽管是在创作小说，但他高度坚持"文学来源于生活而高于生活"的原则，以保证创作的故事具有可信的逻辑性。进而可见，李源命是用治史的精神来开展小说创作的，足见其在文末所添加之点评，更应饱含了他本人对此种事物认知的真情实感。

三是警喻世人之功用。

以史为鉴，可以知兴替，这也正是史家著史的根本宗旨之所在。但在司马迁看来，仅仅详述史料、叙述事物的发展过程是远远不够的，故此，他在夹叙夹议记录史实的基础上，再以"太史公曰"的方式，从旁观者的角度，对各段历史的发展进行评论，总结各政权兴衰更替的原因，品评历史人物的沉沦起伏，特别是对那些藏在历史洪流中不为人所注意的细枝末节加以深刻剖析和阐释，以为后人之警示。这也正是《史记》永垂文学史的重要原因之一。

李源命也想表达自己对各种事物的见解，所以将这种方法运用到了他的小说文体创作中。尽管只是神秘莫测的传说、街头巷尾的谈资、鬼神莫辨的奇幻，但也饱含了人情冷暖、世态炎凉、社会秩序和道德观念的冲突碰撞，

① 《史记》，崇文书局，2010，第759页。

② 《史记》，崇文书局，2010，第760页。

所以，他在文末以饱满的笔触添加了他对所述事物以及人物的感受和总结，有时还在品评过后抛出一些引人深思的问题，为的也是给读者以启发和警示。

从以上可以看出，虽然李源命并没有经历司马迁那种非人的苦难，但他在小说低谷环境下坚持创作，从精神层面上也与司马迁的发愤著书殊途同归，都是源于对文学的热爱和对使命的坚守，其相似之处颇多。而严谨与喻人则是二人自律和责任意识的共同表现。

二　思想内涵之比较：对儒家思想的尊奉与偏离

司马迁和李源命都信奉儒家思想，这在二人所加注的点评文字中有所体现，家国情怀、品性修养、仁爱理念等，都是儒家思想的要义。同时，二人也在不同的侧面表现出对儒家思想的偏离，值得关注。

一是具有强烈的家国情怀。

司马迁在为杰出人物修传的时候，对为维护国家统一做出贡献的人才的评点总是不惜褒奖之词，体现出他的家国情怀观。例如在评价萧何的功绩时，给出了“位冠群臣，声施后世，与闳天、散宜生等争烈矣”[①] 的评价，在评价周勃时做出了“勃匡国家难，复之乎正。虽伊尹、周公，何以加哉！”[②] 的评价，在评价蔺相如时称其“一奋其气，威信敌国；退而让颇，名重太山。其处智勇，可谓兼之矣！”[③]。诸如此类的评价还有很多，可见在司马迁心目中，这些人对国家的忠勇是值得大书特书的。反之，对于在和平年代造反作乱之人，则不惜贬抑之词，给予大力抨击，例如，在对吴王进行评点时，给出的评语为“争技发难，卒亡其本；亲越谋宗，竟以夷陨”。[④] 他认为吴王越位谋权是招致祸患的根本原因；在评价吕不韦时则说“孔子之所谓‘闻’者，其吕子乎？”[⑤]，将吕不韦列为了孔子所说的骗取名望、欺世盗名之徒。

同样，在李源命对相关人物的点评中，也可以看出在笔墨的深处饱含着浓烈的家国情怀。例如，他在《老翁禳星话天数》一文中对李珥给出了极

---

① 《史记》，崇文书局，2010，第 336 页。
② 《史记》，崇文书局，2010，第 355 页。
③ 《史记》，崇文书局，2010，第 483 页。
④ 《史记》，崇文书局，2010，第 613 页。
⑤ 《史记》，崇文书局，2010，第 501 页。

高的评价："粟谷之道学才识，即我东大贤，而养兵之论，又有鉴识之明。若当龙蛇之变，则必有弭乱之策。"① 而在《赤兔神将扫残兵》一文中对关羽更是给出了至高评价："而盖其气挟风霆，义光日月，阅万劫而不泯者，历数千古，惟公一人。"② 在《水军都督扬武功》中对抗倭名将李舜臣进行高度褒奖，"我东名将，必先数李忠武""当时论者，以为立身之节，死乱之忠"。③ 在《触天怒忠谏尽节》中用"自古忠谏之士，虽或牵裾折槛，而岂有若此之抵死靡渝者乎！"④ 的言语来表达对忠谏之士的敬仰。我们可以从这些评语中看出他对忠臣义士的由衷敬仰和钦佩，其对忠和义的行为的褒奖、对忠义之人的肯定和宣扬，同样是其家国情怀的体现。

二是强调品性的修养德行。

修身也是儒家的重要内容。无论是真实的历史，还是虚幻的小说，其发展、变化、结局等，都是由人来推动并实现的，因此也最能看到各色不同的人物表现以及表象之后所蕴藏的品德修养，有善恶美丑，有怒其不争，有哀其不幸。司马迁和李源命都在各自的评语中夹杂了自己对修身的见解。

司马迁在评议项羽之功业时言其"自矜功伐，奋其私智而不师古。谓霸王之业，欲以力征经营天下。五年卒亡其国，身死东城，尚不觉悟而不自责，过矣。乃引'天亡我，非用兵之罪也'，岂不谬哉！"⑤，批判他刚愎自用，有错而不自知、自省，反而荒谬地用"天亡我"来为自己开脱，实属不智。而在评价屈原和贾谊时则表示"悲其志。适长沙，观屈原所自沉渊，未尝不垂涕，想见其为人。及见贾生吊之，又怪屈原以彼其材，游诸侯，何国不容，而自令若是。读《服鸟赋》，同死生，轻去就，又爽然自失矣"，对二人的生不逢时、忠心耿耿、才无所展而感到悲伤黯然。

李源命在其对小说人物的评语中同样强调了品性德行的重要性。例如，他在《轿中纳鬟诳贼师》中对丫鬟的评语是"婢之登轿，勇往趋狴牢如乐地，可见为主苦心，系异于纪信之乘黄屋诳楚，亦奇哉！"⑥ 认为丫鬟的对

① 林明德：《韩国汉文小说全集》，台湾中国文化学院出版部，1980，第 9 页。

② 林明德：《韩国汉文小说全集》，台湾中国文化学院出版部，1980，第 18 页。

③ 林明德：《韩国汉文小说全集》，台湾中国文化学院出版部，1980，第 146 页。

④ 林明德：《韩国汉文小说全集》，台湾中国文化学院出版部，1980，第 170 页。

⑤《史记》，崇文书局，2010，第 65 页。

⑥ 林明德：《韩国汉文小说全集》，台湾中国文化学院出版部，1980，第 6 页。

主忠诚值得称颂；在《投柜烧火除妖物》中对古玉的仗义除害赞赏有加：“古玉之望气除害，岂非悟妙，而亦可见心德矣！”[①] 在《还狐裘新旧合缘》中对所赞誉之人发出了“吴守之厚德亦不易得之人也”这样的感慨，其意就是要倡导人们守德修德。此外，他在《救四命占山发福》中称赞金士人的行为时写道“金士人不恤自己之贫困，一倾装而救四人之命，此阴德也、善事也，何论人之知与不知”,[②] 表达了善行并不是做给别人看的观点。

三是倡导仁爱之心。

“仁”是儒家学说的核心，对中华文化以及汉字文化圈的发展产生了重大而深远的影响。冯友兰说：“对于个人的品德，孔子强调仁和义，尤其是仁。”[③] 到了孟子，更是将“仁”发展到了“仁政”。

儒学在汉朝得到尊崇后，司马迁对儒学的仁爱思想也非常认同。从他对孔子的评价可以看出他对孔子的敬仰之情：“‘高山仰止，景行行止。’虽不能至，然心乡往之。余读孔氏书，想见其为人。”特别是他在对孝文帝进行评价时，更是将他的仁推崇到了极致：“太史公曰：孔子言‘必世然后仁。善人之治国百年，亦可以胜残去杀。’诚哉是言！汉兴，至孝文四十有余载，德至盛也。廪廪乡改正服封禅矣，谦让未成于今。呜呼，岂不仁哉！”

李源命也在自己的评语中不断体现他对“仁”的理解和认识。例如，他在《蒋都令授丹酬德》中，对曾帮助蒋都令而获得回报的荫官善行进行了如下评价：“但推吾仁心救彼丐馁，然推仁之效，亦得服神丹而跻上寿。”[④] 认为这位荫官是求仁得仁，并无投机取巧或以善举求回报之意。而在《还狐裘新旧合缘》中，对宅心仁厚的两位男性主人公，作者都给出了较高的评价：“崔之处事妥当，岂碌碌重利者所可为哉?”“吴守之厚德亦不易得之人也。”[⑤] 他还在《三士成仁明大义》里，用“三学士之危忠大节，如文信国之柴市就祸。孔曰成仁，孟曰取义，惟其义尽，所以仁至”[⑥] 这样的论述来强调儒家的仁义思想。

---

① 林明德：《韩国汉文小说全集》，台湾中国文化学院出版部，1980，第 15 页。
② 林明德：《韩国汉文小说全集》，台湾中国文化学院出版部，1980，第 162 页。
③ 冯友兰：《中国哲学简史》，赵复三译，长江文艺出版社，2020，第 40 页。
④ 林明德：《韩国汉文小说全集》，台湾中国文化学院出版部，1980，第 38 页。
⑤ 林明德：《韩国汉文小说全集》，台湾中国文化学院出版部，1980，第 22 页。
⑥ 林明德：《韩国汉文小说全集》，台湾中国文化学院出版部，1980，第 154 页。

四是对儒家思想的偏离。

尽管司马迁和李源命都信奉儒家思想，但又均非墨守成规之人，并没有教条尊奉儒家所有的信条，而是各自或主动或被动地在某些侧面突破和偏离了儒家的中庸思想。

前文对司马迁的“发愤著书”已有表述，正是因为司马迁遭受了常人难以想象的痛苦和煎熬而发愤著书，他敢于对儒家所倡导的纲常提出挑战。例如，他在对伍子胥的评语中这样写道：“怨毒之于人甚矣哉！王者尚不能行之于臣下，况同列乎！向令伍子胥从奢俱死，何异蝼蚁。弃小义，雪大耻，名垂于后世。悲夫！方子胥窘于门：上，道乞食，志岂尝须臾忘郢邪？故隐忍就功名，非烈丈夫孰能致此哉？”传主伍子胥为父兄而向君主复仇可谓叛逆之至，司马迁却在篇末论赞中称许其行事，说其“弃小义，雪大耻，名垂于后世”，此言确实叛逆。文末更是赞其“故隐忍就功名，非烈丈夫孰能致此哉？”，赞叹之意尽显无疑。

李源命虽在儒家思想上也有偏离之处，但其根源则与司马迁有所不同。尽管自朝鲜王朝伊始，统治阶级开始“抑佛扬儒”，但高丽时期盛行的佛家神异思想已经深入人心，不可能被一扫而光。故此，李源命的“外史氏曰”评语中也有很多佛教因果循环和天命造化等思想。例如，他在《听衔语柿蒂奏功》的评语中写道：“而神人之感梦，骡子奔驰，一翁一妪之事，节节凑合皆天使之也。猗与盛矣！柳之术因此而有若通神，盛名于世，其非幸人耶？”又如，在《建碑书喻示大义》中的评语中对成三问的际遇给予这样的评价：“凡人之办出大事业，多赖神人之指导”，“大臣之危忠大节，炳烺日星，盖天所命也”。充分显示了其天命授受的思想根源。

虽然司马迁和李源命二人都信奉儒家思想，但在评语中的表现有细微差别。这主要因为二者相距久远，司马迁生活于儒学刚占据统治地位的汉代，而李源命则生活在“抑佛扬儒”的朝鲜王朝时期。到了朝鲜王朝时期，儒家思想已经发展了近2000年，其要义虽不会有根本改变，但具体解释和表述在不断发展演化和注解下与最初的原型已经有了不少差异。

三 艺术特色之比较：跨越时空的交流与呼应

李源命与司马迁生活年代相隔久远，且分属不同国家民族，但不妨碍他们在精神上的对话和交流。通过分析可以看出，二人在评语撰写的艺术手法和特色上也有很多相似之处。

一是善于用典。

因文末评语篇幅较短，只为表明心意、发人深思，的确不宜长篇大论，所以两位作家灵活运用各种传统经典著作，依文用典，依势布典，不仅使文章大为增色，而且避免了空泛的议论，起到了化繁为简、点石成金的扣题作用。

例如，司马迁在评价郑大夫甫瑕时，仅用一句“语有之，‘以权利合者，权利尽而交疏’，甫瑕是也”，不仅言简意赅，而且将甫瑕与厉公的恩怨纠缠根源阐释得清晰透彻；在《鲁周公世家第三》文末评语中使用孔子的话“甚矣鲁道之衰也！洙泗之间龂龂如也”来映衬庆父、叔牙、闵公之间的乱象，不仅形象生动，而且意味深长；在对比白起与王翦的异同时，用“鄙语云：‘尺有所短，寸有所长’”来开宗明义，表明白起与王翦特长不一、功绩不同，引人入胜。

李源命同样使用各种典故来紧扣主题，并为文章增色。例如，在品评主人公心性时使用老子的话，“老子云：‘利器不可以示人。’”；在描述杀蛇后果的时候，分别列举孙叔敖杀蛇除害和汉高祖刘邦斩蛇成就大业的典故，来进行对比说明，并引起读者进行比较的兴趣；在说明善行义理的时候，引用“抱朴子云：‘求仙者，要当以行仁积善为本。’”来加深读者的印象；在描述成三问事件的神异时，列举了“张子房之圯桥受书，王景略之嵩山卖畚是已”的传说来进行类比，进一步增强了读者对评语的理解；在论证舍生取义的时候，引用文天祥“人生自古谁无死，留取丹心照汗青”的名句来进行佐证和支撑；在论述阴德的时候，引用“北史李士谦曰：‘阴德其犹耳鸣，己独知，人之无知者。今吾所作，人皆知之，何阴德之有？’”的论述，来证明这个论断。李源命还在《蒋都令授丹酬德》的故事中直接引用了《史记》中司马迁的原话——“史记曰：‘三神仙[1]反居水下。’”，这也正是李源命学习和借鉴“太史公曰”方式的明证。

二是叙事的灵活性。

从叙事学的视角来分析，司马迁和李源命在篇末加入的评语都是一种介入式的评论。采取这种方式加注评语，可以摆脱在本事部分的叙述者身份，

① 《史记》原文为“山”，此处疑为误引。

成功开辟一个展示自我与真我的灵秀空间，自由地抒发情感、阐释观点、与读者互动，这也正是司马迁“太史公曰”令人称道之处，也是李源命对其借鉴和接受的原因之所在。这在叙事学理论中有明确表述。例如，乔治·艾略特（George Eliot）在《米德尔马契》中曾对菲尔丁的介入式评论给予高度评价：“菲尔丁的大量议论和插话光辉绝伦，构成了他的作品中最难以企及的部分；尤其是在他那部多卷本历史书的每卷首章，他好像搬了一张扶手椅，坐在舞台前部，用他那明快有力的英语，娓娓动听地跟我们闲谈。”①

此外，著史当然要秉承客观、公正、真实的原则，然而要真正做到“究天人之际，通古今之变，成一家之言”，则必须通过作者的观察和感悟，将读者在阅读正文时可能忽略的或是不能很好理解的事例联系到一起，进行情感剖析和原因总结，真正展现作者的情怀。司马迁正是通过“太史公曰”这种方式实现了自己的功能性目的，李源命也是通过“外史氏曰”在小说的最后创设了属于自己的主场空间，酣畅淋漓地表达自己对客观事物、社会伦理、鬼怪神异和品德修养等的认知和理解，引发读者的共鸣，实现了相同的目标。

三是句式的跌宕多变。

为更好地抒发情感，启发读者的思考，司马迁在“太史公曰”的评语部分采用了灵活多变的句式，例如排比、反诘等，以增强文章的感染力和说服力，而这些句式同样在李源命的“外史氏曰”中得到了广泛应用。

首先是疑问句的使用。司马迁在《屈原贾生列传》中对屈原和贾谊的遭遇深表同情，感同身受地联想到自己，在评语中发出“何处不能展才”之问，这深沉的一问，既是替屈原问，为贾谊问，也是为自己问，更加深刻地表达了对国君不惜才、不重才的愤慨，也赞誉了忠诚之士对理想信念的坚守。《孝文本纪》也是用这种反问的方式：“汉兴，至孝文四十有余载，德至盛也。廪廪乡改正服封禅矣，谦让未成与今。呜呼，其不仁哉？”赞扬了文帝的节俭与宽容，以及执政后一系列得人心的政策。同样，李源命也经常采用这种反诘的疑问方式，增强读者阅读文章的兴趣。例如，在评判主人公的行为时使用“安公夸张小室之才美，使彼生虎攫之心者，岂非沧浪乎？”来指出主人公行为不妥当，是为自己招来祸患的主要原因；在形容主人公品德时使用“崔之处事妥当，岂碌碌重利者所可为哉？”来加深读者对其人品

① 乔治·艾略特：《米德尔马契》，项星耀译，人民文学出版社，1987，第 169 页。

性的理解；在解释说明医术问题时，说“圣痘翌瘳，即天地神明之同力而保佑也，岂一医技所能奏效?”，无疑使作者的思想得到了更好的表达，也使得文章的可读性进一步增强了。

其次是对偶的使用。无论是司马迁还是李源命，在以自我身份对所述事迹进行评论时，都经常使用对偶句式进行观点阐释，使得短评在言简意赅、高度凝练的同时，读起来朗朗上口，更具备了音律上的美感，展现了作者高超而纯熟的语言运用能力。例如，司马迁在《孙子吴起列传》中的“能行之者未必能言，能言之者未必能行”，在《礼书》中的“人体安驾乘，为之金舆错衡以繁其饰，目好五色，为之黼黻文章以表其能；耳乐钟磬，为之调谐八音以荡其心；口甘五味，为之庶羞酸咸以致其美；情好珍善，为之琢磨圭璧以通其意”，不仅给人以思想上的启发和震撼，更让人体会到音节之美。李源命所注评语因稍短小，也多用对偶来雕琢词句，以增强语气。例如，“孙叔敖歼蛇而称阴德，汉高祖斩蛇而成创业”“孙权褫魄，曹操丧魂”“学得仙方，图共尸解”“南峰紫微斗数之术，燕人骑牛枝花之句”“张子房之圮桥受书，王景略之嵩山卖畚”“贵出如粪土，贱取如珠玉”等大量对偶句的使用，不仅形式上与司马迁一脉相承，作用也是一样的。

我们知道，文末加注评语的方式并非司马迁首创，但唯有司马迁以“太史公曰”永载文学史册，这固然与司马迁所阐释的深邃思想有关，而其在文学表现方面的艺术特色也令人称道，其用典之纯熟贴切、词句之把握雕琢、叙事之自由灵活，皆给后人以无尽的启迪。这也是李源命借鉴和学习司马迁的根本原因之一。

四　结论

司马迁的《史记》不仅是一部史学巨著，同时也是一部文学巨著，对后世的文学发展产生了巨大影响。而中朝古代文化交流十分密切，这也为《史记》在朝鲜半岛的传播和产生影响提供了极为便利的条件。通过对创作动机、思想蕴含和艺术特色三个方面的比较，我们可以发现，李源命在编撰《东野汇辑》时，采用“外史氏曰”的方式加注充满自身感悟的评语，无疑是受到了司马迁的深刻影响。首先是创作动机方面，虽然我们在李源命的自序中并没有找到他对司马迁文学影响的直接说明和解释，但司马迁的“发愤著书”与李源命在恶劣条件下坚持小说创作的决心意志非常相似，而且司马迁的四处跋涉以积累史料、务求还原历史本来面目的做法，与李源命对求证故事来源的坚守有异曲同工之妙。其次是思想内涵方面，尽管两位作家相隔久远，但都是儒家思想的信徒，所信奉的儒家思想内核是相同的，家国情怀、仁爱、品性修养等主张由于时代的发展、各家学说的变化等会有细微的差异，但根本宗旨未有过大变化。此外，在二人所加注的评语中，都还有部分内容表现出对儒家思想的偏离，虽不至于离经叛道，但在儒家思想根深蒂固的古代，却是不小的突破和挑战。最后是艺术特色方面，二人为增强评语的表现力和感染力，在用典、灵活叙事和词句雕琢等方面也表现出很多共性，对比来看，给人一种似曾相识的感觉。除以上三点之外，在李源命“外史氏曰”的文本中还有一些直接引用《史记》原典的，可以佐证他对司马迁的借鉴和模仿。

清朝时，文人蒲松龄在著述《聊斋志异》的时候，也曾借鉴司马迁“太史公曰”的方式，以“异史氏曰”的模式对小说涉猎的人和事加以评注，并取得了巨大成功，亦有可能为李源命指点了迷津。但《聊斋志异》与《史记》相比较，无论是流传度还是权威性都还存在着不小的差距。有《史记》珠玉在前，想必李源命更愿意学习和借鉴在文学史上成就更大的《史记》，而且通过我们的对比分析来看，这种可能性显然更大。总之，无论李源命的“外史氏曰”是承袭司马迁的“太史公曰”，还是模仿蒲松龄的“异史氏曰”，都足以证明古代汉字文化圈内的文化交流和接触是非常紧密的，也都结出了丰硕的果实，为世界文学的整体发展贡献了力量。

文本重构与民族认同：赵素昂编《韩国文苑》的意识世界[*]

柴　琳

【内容提要】《韩国文苑》是来华韩国流亡文人赵素昂编选的韩国历代诗文集，选材全面、出版规模很大，具有十分重要的文献价值。赵素昂通过《韩国文苑》向世界展示韩国的优秀文化，书中多有抗倭、报国之作，表明面对日本帝国主义侵略追求民族独立的决心。赵素昂试图从韩国传统文化中肯定国民性，在中国革命语境下，他形成了中韩命运共同体意识，主张通过中韩合作抵抗日本帝国强权与文化霸权，这是在特殊的历史年代、共同的民族利益下的历史选择。

【关键词】赵素昂　《韩国文苑》　国民性改造　身份认同

【作者简介】柴琳，复旦大学发展研究院博士后，主要从事东亚近现代文学与文化研究。

文学创作本身是文化产物，同时也参与对文化的塑造。在文学文本中，多种文化力量竞争，文学成了不同意识形态和观念交汇的场所。[①] 韩国沦为日本殖民地后，日本对韩实行文化高压政策，在韩国境内进行民族文化宣传活动已无可能。20 世纪 30 年代，来华韩国流亡文人赵素昂写作、整理并出版了大量韩国历史文化相关文章，在殖民地“失语”情境下，他致力于民

* This research was supported by the 2022 Korean Studies Grant Program of the Academy of Korean Studies (AKS-2022-R-077).

① 赵一凡等编著《西方文论关键词》，外语教学与研究出版社，2006，第 676 页。

族历史文化的传播与坚守。古代文学到了现代，虽在新文学建设运动中受到一定的打击，但对于已经亡国的韩国而言，传统文学文化中的精华被选编成书，本就有益于韩国文化的传播，而对于近代以来一直被批判的“国民性”，优秀传统文化的“发现”无疑是振奋人心的。

1932年，赵素昂编选的韩国历代诗文集《韩国文苑》由槿花学社出版，一册九卷，分上下两部。上部为散文选集，包括扶余文·马韩文·高句丽文（卷一）、渤海文（卷二）、百济文·后百济文（卷三）、新罗文（卷四）、高丽文（卷五）及朝鲜文（卷六）；下部为历代诗选，包括古代至高句丽·新罗（卷七）、高丽诗（卷八）及朝鲜诗（卷九）。上部包括105人的144篇文章，下部有151人的399篇诗作。《韩国文苑》选材全面、出版规模很大，不仅在当时，即便当今也具有十分重要的文献价值，对于我们了解当时流亡中国的韩国独立运动人士对传统文化的态度具有重要意义。本文拟以《韩国文苑》为主要研究对象，分析作者的写作动机与文本价值，阐述赵素昂在民族文化传播过程中对国民性的思考与其身份认同的建构。

一　鱼与筌：文亡国乃真亡

赵素昂编选《韩国文苑》，将韩国两千多年的名文佳句加以整理，向世界展示韩国的优秀文化。全书收录了相当比例的政治诗文，多以抗倭、报国为主题，以古喻今，表明了面对日本帝国主义侵略追求民族独立的决心。汉文写就的韩国古代文学作品能够引起中国民众的共鸣，呼吁中韩联合也显示出中韩由来已久的“同文之谊”。

（一）聚文苑英华

赵素昂编选《韩国文苑》的第一个目的，即“概括韩国两千年之名文秀句”。他在序言中写道：“余于伦敦博物院，见韩印之《三纲行实录》，是印字史上，居第二位者，之巴黎，见法译《春香传》，是一种有价值之文学。来上海，见好太王碑文，此古代金石之最珍贵之一也。留学东瀛时，见临溟战捷碑碣之本身，是在国际战争史，有伟绩者。凡此四物，皆吾韩人之作也，而遗弃不之顾，独为外人宝者何哉。"① 这些分散在世界各地的韩国文化遗产被弃之不顾却成为他国的珍宝，"国亡而文亦亡，使我祖先遗传之英华，一朝而埋葬之，安得不抚尸而哭耶"。② 赵素昂身在中国，也不能去各地探索遗留的实体遗产，所能做的只是将古代圣贤的作品整理成册并出版发行，使世界各国人民了解优秀的韩国文化。

全书均以汉文写就，俄国人曾对赵素昂赞韩人"以天下之难解文字（即汉文），用之雄，作之杰，使世界人类三分一之大多数，不劳而读，读而蒙其化久矣"。③ 的确，古代韩人的"纶音疏章、国书制诰、诗赋词章、序记铭跋，乃至一切著书"都用汉文写成，且"文足以畅达其辞，诗能协于声律"，可与中华文豪争雄，"远非倭、越、回、藏等可比"，字里行间表现着赵素昂对本国文化的自豪之情。关于《韩国文苑》的构成，虽然赵素昂称"二千余年之名文秀句，概为包括于此矣。历代创业艰难之迹，良相名将忘身报国之诚，忠人义士慷慨之辞，硕德隐逸，佳人才子，名媛高僧之作，一以贯之于此"，④ 可称之为"韩族文苑之一部英华"。但实际上全书中创业、报国、战乱等政治相关诗文占了相当的比例，这也是赵素昂在编选过程中做出的选择，希望能向读者说明韩人自古以来的优秀民族品格。如今面对日帝的侵略，通过爱国志士的不懈努力必能取得最终的胜利，展现了追求民族独立的决心。如书中收录了抗倭名将李舜臣的五首诗歌，赵素昂还特地介绍李舜臣为"水军大将，大破倭贼，造龟船，为东亚创造铁甲舰者"。⑤ 除李舜臣外，书中还收录了赵宪（1544～1592）的《讨倭檄》与郭再祐（1552～1617）的《上宣祖书》，这二人也都是壬辰倭乱之时义兵的知名将领。

序言最后"为子孙传此书者，筌可忘也而鱼不可失也"一句来自《庄子·外物》篇：

> 荃（同"筌"）者所以在鱼，得鱼而忘荃；蹄者所以在兔，得兔

① 赵素昂：《韩国文苑·序》，槿花学社，1932，第1页。
② 赵素昂：《韩国文苑·序》，槿花学社，1932，第3页。
③ 赵素昂：《韩国文苑·序》，槿花学社，1932，第2页。
④ 赵素昂：《韩国文苑·序》，槿花学社，1932，第3～4页。
⑤ 赵素昂：《韩国文苑》，槿花学社，1932，第257页。

而忘蹄；言者所以在意，得意而忘言。吾安得夫忘言之人而与之言哉！①

赵素昂意在“为子孙传此书”，“筌”可忘而“鱼”不可失。“筌”是捕鱼的工具，此处指书写文体，即汉文，流亡文人使用汉文著述表明汉字作为古代东亚通用文字到了近现代也依然是中韩互动与认知的媒介，并作为“革命文字”起到反对帝国主义侵略的作用。而“鱼”则指“文”，赵素昂称“国亡而文亦亡”，意为国家灭亡了，那么代表民族精神的“文”也就不在了。此处尚有未尽之言，虽说“国亡而文亦亡”，但“文亡国乃真亡”，若精神不在了，那这个国家就是真正地灭亡了。赵素昂表现出对民族文化的自豪感，也鼓励国人不要忘记故国的优秀传统，若真被完全同化而迷失自我，那祖国光复便是再无可能之事。

（二）昭同文之谊

赵素昂编选《韩国文苑》的第二个目的在于显示中韩“同文之久”的友谊。除诗文外，“元晓之佛学，李滉之理学，许浚之医学等，盛行于东亚诸国。由此观之，华文之于三韩文学，所构成之量，思过半矣，而韩人之贡献于世界文化也，功亦大矣”。② 赵素昂以汉文写就的蕴含韩国“国性”的文章向世界宣告韩国与韩国文化的存在，引起中国人的认同与共鸣，呼吁中韩联合。书中收录了两篇关于金应河的文章，一篇为朝鲜朝知名文人宋时烈（1607~1689）所书《金应河墓碑文》，另一篇是《明神宗祭金将军文》。金应河（1580~1619）是朝鲜朝知名将领，1619 年奉命参与萨尔浒之战，明军大败后，率领部下 3000 多人与后金交战，后因寡不敌众而战死。金应河为明与后金之战而牺牲，正是中韩联合作战的典型。《金应河墓碑文》记录了金应河牺牲时的场景：

公，手弓腰剑，独倚柳树下，矢不虚发，中必叠双，贼尸成堆。公擐重甲，亦矢集如猬，不能穿，矢既尽，手剑数敌，大骂弘立曰尔

① 曹础基注说《庄子》，河南大学出版社，2008，第 376 页。

② 赵素昂：《韩国文苑·序》，槿花学社，1932，第 3 页。

> 辈，爱身负国，不相救也。钊亦折，张空拳，犹益自奋。有一贼，从后击槊，遂仆地而绝，犹握钊柄不舍，怒气勃勃。贼相顾愕然，不敢遽前。弘立等，降虏，虏酋，使瘗两阵之尸，公独不腐，钊柄犹在握矣。①

明神宗感念其忠烈，特追封金应河为辽东伯，并遣使致祭于龙湾馆。赵素昂对金应河牺牲加以评论："清以新兴之气，趁两国疲弊之余，将有事于中原，先与朝鲜挑战，欲绝后顾之虑。而两国，联兵拒倭，义难中立。又起联合军，大战于满洲。金应河独当其锋，死于两国。神宗之壮其义，宜矣。"② 明神宗赞金应河："将军之死，死而有光。秋霜大节，白日精忠，足以扶万古之纲常，标万古之人臣，明万古之大义，愧万古之奸谀。将军虽死于一败，不死于万古。"③ 赵素昂举金应河的例子是为了说明中韩联合之谊自古便有之，如今再次面对共同的敌人，理应联手共同抗敌。

赵素昂期待通过《韩国文苑》呼吁中韩两国有识之士携起手来共同抵抗日本侵略者，而此书在中国引起了什么样的反响，或许能够通过中国知识分子的文章而知晓。1932 年 12 月 12 日《大公报·文学副刊》刊载了吴宓关于《韩国文苑》的评论文章，从中国人的角度指出了《韩国文苑》刊行的三大价值。

第一，《韩国文苑》的出版突出了中国文字的地位与影响。吴宓指出，"中国文明之精神实寄托表现于其文字"，"中国今后之建设，民族前途之希望，皆系于中国之文字（汉文）可也"。吴宓赞同对中国原有文字与文体的解放，但解放到何种程度有待商榷。因为中国文学文化的优势很大一部分体现在汉字中，"中国文字，不但为今日中国四万万人直接诵读书写口说行用之活文字，且为东洋诸多民族诸多国家文字之所从出所由构成"。④ 若没有中国文字，不仅中华民族将要灭亡，东方其他国家的历史文化也将不会存在。所以吴宓才提出在保留中国文字的前提下，"最重大急切之问题，乃为

---

① 赵素昂：《韩国文苑》，槿花学社，1932，第 156~157 页。

② 赵素昂：《韩国文苑》，槿花学社，1932，第 158 页。

③ 赵素昂：《韩国文苑》，槿花学社，1932，第 158 页。

④ 吴宓：《韩国志士赵素昂编 韩国文苑》，《大公报·文学副刊》1932 年 12 月 12 日，第 2 版。

‘如何用中国文字，表达西洋之思想，如何以我所有这旧工具，运用新得于彼之材料’”。[①]

第二，《韩国文苑》的出版强调了中韩之间因缘之深切。吴宓感叹“文亡，然后国乃真亡耳”，[②] 中国的典籍也是久经摧残，到了民国时期，尤其是新文化运动之后，有人焚烧典籍，或者打着各种新奇的口号意图否认文言文，希望中国人能够加以反省。且日本也有种种新运动，试图减少或者直接否认中文与日文的关系，韩国人在日本的统治下更是被禁止学习汉文，这看起来是对国家民族有利的事情，但实际上却是大大有害于各国的文化传统。此处吴宓举了古希腊时期的两个例子，一为第二次美塞尼亚战争（约公元前7世纪后期），另一个则是伯罗奔尼撒战争（公元前431～前404）。伯罗奔尼撒战争之时，雅典在西西里岛被斯巴达击败，俘虏在即将被杀之时，雅典军人皆咏唱欧里庇得斯（Euripides）戏剧《特洛伊妇女》（Trojan Women）[③] 中的歌曲，讲述亡国惨状，音调皆十分凄苦，斯巴达将帅感泣之，便令释放雅典士兵，他们才得以归国。吴宓以此为例说明斯巴达与雅典之间的文字关系，文字相同则能共情，借此比喻中韩文字，进一步说明中韩之间由来已久的“同文之谊”。

第三，《韩国文苑》的出版能够警醒中国国民，以史为镜。《韩国文苑》“聚千年民族之精神，萃一国文苑之英华”，读此文章，“则约略通识韩国之文学史，可以感发，可资赏鉴。著兴亡之真迹，存得失之明镜，读此一编，以韩国往史按今日之中国，则吾侪急当有所警惕，知所先务”。“国之形式可亡，而立国之精神不可灭。”[④] 吴宓感激赵素昂以此书勉励中国人。观韩国，就是反观中国，警醒自身；叙写韩国，也是潜在地叙写自我，邻国的“镜子”折射着中国的故事，触碰着中国知识界的神经，在双重折射中透视

① 吴宓：《马勒尔白逝世三百年纪念》，《大公报·文学副刊》1928年10月8日，第10版。

② 吴宓：《韩国志士赵素昂编 韩国文苑》，《大公报·文学副刊》1932年12月12日，第2版。

③ 《特洛伊妇女》是古希腊时期欧里庇得斯创作的著名悲剧，剧本以特洛伊战争的故事反映了公元前416年雅典人在攻下墨罗斯岛之后大肆杀戮的历史。剧中特洛伊城被焚毁，男子被杀光，女人沦为奴隶，赫克托尔的小儿子阿提阿纳克斯被希腊人从城墙扔下而摔死，全剧将特洛伊妇女所承受的痛苦描写得淋漓尽致，对其表现了深切的同情。

④ 吴宓：《韩国志士赵素昂编 韩国文苑》，《大公报·文学副刊》1932年12月12日，第2版。

中国和韩国在文化精神上同异分合的内在联系。①

吴宓是学衡派的中心人物，学衡一派的基本思想是反对“文学革命”，维护文言文的地位，并基于新的立场与方法，开展中国传统文化的系统研究和新的阐发，实践其“中西合璧”的文化理想。吴宓在《论新文化运动》一文中的主要观点便是中西文化的会通，但首要前提是维护传统文化，保证汉字系统不被破坏。所以吴宓才在《韩国文苑》评论文中强调汉字的重要性，且日韩自古也使用汉字，若强制对汉字进行改造，恐有文化沦落之危机。

如此可见，赵素昂与吴宓在对汉字的认知上是略有矛盾的，赵素昂编选《韩国文苑》的本意在于将韩国的优秀传统文化展现给世人，而汉字只是传播媒介，吴宓却着重强调了汉字的重要性，这自然与其思想主张有关。在这一点上二人观念虽不一致，但并不妨碍吴宓认为《韩国文苑》表现了中韩由来已久的友谊，韩国如今身处亡国危机，日本对中国也虎视眈眈，中韩理当联手共同抵抗日本帝国主义的侵略，同时吴宓还希望《韩国文苑》的出版能够警醒国人，以史为鉴。就吴宓的评论而言，虽重点不同，但赵素昂已经达到了“昭同文之谊”的目的。

二　国民性话语与身份认同

近代以来，中韩都被打上了落后、腐朽的标签，西方国家及日本都或多或少地对中韩两国的国民素质进行了批判，由此引发了知识分子对国民性的反思。他国对韩国人性格的探讨、批判成为国民性问题的重要线索和主题，本国知识分子也将韩国置于被批判的位置上，却忽略了韩国人所具有的优秀特性。赵素昂从《韩国文苑》的编选入手，试图从韩国传统文化中肯定国民性，在中国进行这项工作，也使得其文化身份认同得以建构。

（一）陶铸国魂：国民性话语的思考

明治维新以后，日本率先走上近代化道路，东亚面临前所未有之大变

① 常彬、杨义：《百年中国文学的朝鲜叙事》，《中国社会科学》2010年第2期，第199页。

局，原有的传统秩序体系崩溃，中韩都被强行纳入以现代民族国家为单位的全球性世界体系，民族国家意识方始生成。近代国民性话语是伴随着民族国家意识而兴起的。

1906 年荒川五郎的《最近朝鲜事情》记录韩国人“懒惰、惯常撒谎、智力低下、残暴野蛮”。[①] 赵素昂在其留学日记《东游略抄》（1904~1912）中也曾提及日本人歧视韩国人“懈怠、伪言、贱劳动”。[②] 问题在于，“国民性”的发现来自他者的观察和描述，以前“国民性”的优越性受到质疑。他者的目光不再是尊敬的、认同的，而是有一定的距离的。1930 年，赵素昂作长文《韩国现状及其革命趋势》深入分析韩国境遇，认为韩民族之所以如此，“必有历史的病根与症结盘错于内，加以外来的特殊条件，汇合并荡”，[③] 韩国革命的对象不仅是日本帝国主义，还有韩国内部的积弊，即对国民性进行改造。如何改造国民性？梁启超在为韩国流亡文人金泽荣的《丽韩十家文钞》所作序言中给出了答案：

> 国民性以何道而嗣续？以何道而传播？以何道而发扬？则文学实传其薪火而管其枢机，明乎此义，然后知古人所谓文章为经国大业不朽盛事者，殊非夸也。[④]

梁启超指出，区别一个国家民族的存亡不在于社稷、宗庙、正朔、服色的兴废存替，而在于国民性的存与亡。国民性，是通过文学而“嗣续”，而“传播”，而“发扬”的。曹丕曾言，“盖文章经国之大业，不朽之盛事”，而此处梁启超已经赋予了这句话更为深刻的内涵。对于文学，能够使读者因其而“忆记其先烈，而想慕之，而讴歌之，而似续之”是其永远的使命。梁启超通过《丽韩十家文钞》看到韩国“大有人在”，热情赞扬金泽荣等人所走的这条以文学发扬民族精神的救国之路，对于他们辑钞此书深表敬佩，

---

① 荒川五郎『最近朝鮮事情』、清水書店、1906、第 87~93 頁。

② 赵素昂：《东游略抄（1911 年 3 月 1 日）》，三均学会编《素昂先生文集》（下），火炬社，1979，第 424 页。

③ 赵素昂：《韩国现状及其革命趋势》，三均学会编《素昂先生文集》（下），火炬社，1979，第 59~60 页。

④ 梁启超：《丽韩十家文钞·序》，《饮冰室文集》之三十二，中华书局，1989，第 35 页。

也是对爱国韩国文人的有力鼓舞。

改造国民性将韩国置于被批判的地位，无法看到韩国人所具有的优秀特性，反而是懒惰、不卫生等缺点被无限扩大，这些也在文学书写中不断地得到反映。由于处在弱国状态，文化自信无法确立，文化自卑反而成为时代的思想氛围。“国民性”本来在西方讨论的是种族优越性，到了东方却变成了劣根性，成为一个消极的概念。在潜意识中，东方成为必须改造的对象。东方文化衰落，走向了西方文化所主导的世界秩序之中，中韩两国的位置不仅是边缘的，而且是低下的、不完全的。

韩国沦为日本殖民地后，日本声称要改造韩国人，使之成为“皇民”。不论是面对高压政策还是怀柔政策，韩国人对现代化进程的焦虑远远超过了对殖民统治的抗拒，导致韩国知识分子也在激烈批判韩国国民性的劣根性。当时改造国民性的主题似乎断定了西方与日本的优越性，也断定了韩国人的卑劣，需要以西方或日本为参照系加以改造，却忽视了任何文化都是优越性与卑劣性共存的。“国民性”本就来源于传统文化，到了近代，人们已经习惯批判国民性，将传统文化完全放在了对立面。

除《韩国文苑》外，赵素昂还撰写了《韩国铸字史考》《李舜臣之龟船研究》《韩国语教学法》等多篇关于韩国传统历史文化的文章，认为“一国的文化便是国民的精神灵魂”,① 无论是铸字、龟船还是韩文，都蕴含着赵素昂对韩民族文化的赞美之情。古代韩民族能够发挥自己的聪明才智创造出属于自己的优秀文化，到了近代，却变成日本人口中的“懒惰、无智”，以友好协助之名，行殖民侵略之实，进行“皇民化改造”，传统文化迎来了与所谓先进欧美文化的尖锐对立。

赵素昂意识到需要超越“国民性”话语对于韩人具体的否定，重新寻找传统文化中有利于建构韩人文化身份的有效符号和表征。正是近代以来对国民性的激进否定，使韩人轻易丢掉了对传统文化的自觉继承与发展，而这些文化传统对韩人的文化身份而言异常重要。对于国民性问题，一味批判是远远不对的，要自觉意识到韩民族传统文化中的精华部分，到了近代，传统文化也有一部分不再适应时代发展需要，这自然也

① 赵素昂：《韩国独立党党义解释》，三均学会编《素昂先生文集》（上），火炬社，1979，第217页。

是需要改造的。编选《韩国文苑》以及写作韩国传统历史文化相关文章正是为了使韩人意识到自身传统文化的优越性，而在韩国现代化进程中，赵素昂对于“国民性”的态度一贯是在继承优秀传统文化的基础上进行改造的。

（二）民族想象：身份认同的建构

民族身份是对于“我是谁、我的根在哪里、我身在何处”的准确定位，[①] 民族认同主要来源于文化心理认同。一方面，民族国家作为政治共同体，需要依靠国家机器维护其政治统一；另一方面，作为想象的共同体，它又必须依靠本民族的文化传承来保证文化的统一。在流亡的过程中，实际政体不复存在，民族身份的认同则主要集中在文化认同方面。赵素昂在编选《韩国文苑》之时称，因为“去国已二十余年，奔走十余邦，或一月三迁，席无暇暖，所藏书籍，亦多纷失”，所以“仅得于数百种可考之书”，[②] 并以此结集出版了《韩国文苑》。《韩国文苑》的诗文表现出以下较为明显的特征。

首先，赵素昂意在强调韩民族的自主独立性，有意删去了诗文中出现的韩国是中国藩属国的部分。可见赵素昂在编选此书之时，秉持的最基本原则就是将中韩放在一个平等的位置上，然后才言其他。据考证，《韩国文苑》下编诗歌部分大部参考了韩致奫[③]《海东绎史》的艺文志部分[④]，不仅从排列顺序上，包括评论部分都十分相似。尽管如此，赵素昂在编选过程中依旧做了选择，这从开篇前十首为例可以看出来（见表1）。

---

① 刘宁：《我们都是流亡者——论马洛夫小说〈约翰诺〉中的流亡意识与民族身份认同》，《当代外语研究》2010年第11期，第12页。

② 赵素昂：《韩国文苑·序》，槿花学社，1932，第3页。

③ 韩致奫（1765~1814），籍贯清州，字大渊，号玉蕤堂，年轻时因学问出众而声名远扬，但当时因党争无法出仕。1799年随家中兄长韩致应使行北京，在北京停留近两月，北京使行也成为其改进自身学问与思想的契机。《海东绎史》便是其晚年近十年的成果，也是其终生学问的集大成之作。

④ Songyeol Han, *Bond Beyond Nation: Sinographic Network and Korean Nationhood, 1860-1945*, Doctoral Dissertation, Princeton University, 2018, pp. 186-191.

表 1　《韩国文苑》与《海东绎史》部分文章标题及排序比较

	《海东绎史》	《韩国文苑》
1	麦秀歌	箜篌引
2	箜篌引	忆雉诗
3	人参赞	人参赞
4	咏孤石	檄隋将于仲文诗
5	遗于仲文诗	咏孤石
6	太平颂	太平颂
7	愤怨诗	狱中诗
8	返俗谣	返俗谣
9	送童子下山	送童子下山
10	过海联句	过海联句

资料来源：赵素昂：《韩国文苑》，槿花学社，1932，第 181~184 页。《海东绎史》卷 47，参考韩国古典综合，https：//db. itkc. or. kr/imgviewer/item? itemId = BT # imgviewer/imgnode? grpId = &itemId = BT&gubun = book&depth = 5&cate1 = Z&cate2 = &dataGubun = %EC%B5%9C%EC%A2%85%EC%A0%95%EB%B3%B4&dataId = ITKC_ BT_ 1433A_ 0490_ 010_ 0010。

开篇第一首原本《海东绎史》收录的是箕子的《麦秀歌》，赵素昂将其删去，直接将第二首《箜篌引》顺位补上，第二首则收录了《忆雉诗》，第三至第十首除个别位置、题名不同外，内容完全相同。《麦秀歌》是商纣王叔父箕子朝周之时愤慨而作的诗歌，武王伐纣建立周朝后，赞箕子为忠臣，遂将其分封至朝鲜，箕子来到朝鲜建立了政权。《海东绎史》还对《麦秀歌》加以说明："史记曰，箕子朝周，过故殷墟，感宫室毁坏生禾黍，箕子伤之，作麦秀之诗，以歌之。"赵素昂将其删去是因为箕子容易令人联想到中国，认为韩国原本就是中国的一部分。另，散文部分《覆唐总管薛仁贵书》中"新罗既是□□□□不可分为两国，愿为一家"一句，原文为"新罗既是国家之州"，十分明显地将新罗视为唐朝的一部分，"国家之州"四字也被隐去。法国人类学家列维-斯特劳斯（Levi-Strauss）引述夏多布里昂（François-René de Chateaubriand）在《意大利游记》中的一段话说："一个人身上都拖带着一个世界，由他所见过、爱过的一切所组成的世界，即使他看起来像是在另外一个不同的世界里旅行、生活，他仍然不停地回到他身上所拖带着的那个世界里去。"[①] 赵素昂身上拖带的世界就是"韩国"。可见，

① 列维-斯特劳斯：《忧郁的热带》，王志明译，生活·读书·新知三联书店，2000，第 39 页。

民族自主一直贯穿赵素昂的文学创作以及文集编选的过程。

其次，赵素昂意在强调韩民族自古以来勇于抵抗外来侵略的传统。在参考韩致奫的《海东绎史》与其他古书的基础上，《韩国文苑》收录了几十篇（首）抗倭或抗清的诗文，包括前文提及的李舜臣的诗歌、赵宪的《讨倭檄》，还有高敬命的《讨倭檄》、洪季男的《募义檄》、赵宗道的《募军檄》等，文中多鼓励、愤慨之言。詹明信认为，由于殖民主义和帝国主义的压迫，第三世界唯一可以选择的必然是“民族寓言式”的，也即争取民族的独立和解放。[①] 赵素昂选择这些抗倭檄文，是为了向读者表明韩国自古在倭寇侵略之时便将敌人拒于国门之外，赢得了战争的最后胜利。到了现在，即便韩国沦为日本殖民地，经过无数爱国志士的奋起反抗一定能取得民族独立与解放。

流亡文学是一种表现出深刻不安的文学。[②] 由于种种因素离开故土，背井离乡或被迫放逐的作家，无一例外地承受着告别历史、离别母体的心灵创痛，游走在广袤的“荒原”上，心中悲怆，举目茫茫，前路未明，深刻的“不安”是当然的心境。[③] 但这种“不安”所指示的精神流变方向既是向下的，也是向上的，对赵素昂而言，他意志坚定，流亡加深的是他对现实的不满，也加剧了他对压迫势力即日本帝国主义的憎恨，这种“不安”也意味着“反抗”与“呐喊”，这种反抗正体现在他在编选《韩国文苑》之时对文章的选择上。

最后，赵素昂在编选过程中意在强调中韩特殊联合关系的历史渊源。无论新罗时期还是朝鲜王朝时期，中韩两国都曾并肩作战，共同御敌。《覆唐总管薛仁贵书》中便有“都护刘仁愿，远镇孤城，四面皆贼，恒被百济侵围，常蒙新罗救解，一万汉兵，四年衣食新罗，仁愿以下兵士以上，皮骨虽生汉地，血肉俱是新罗”[④] 之句说明了唐与新罗之间的友好关系。壬辰倭乱之时，明朝派兵支援，明将杨镐指挥的稷山之战成功阻止了倭寇向平壤进

---

① 詹明信：《晚期资本主义的文化逻辑》，生活·读书·新知三联书店，2013，第428～429页。

② 勃兰兑斯：《十九世纪文学主流·流亡文学》（第一分册），人民文学出版社，1997，第201页。

③ 曹惠民：《华人移民文学的身份与价值实现——兼谈所谓“新移民文学”》，《华文文学》2007年第2期，第39页。

④ 赵素昂：《韩国文苑》，槿花学社，1932，第39页。

犯，稳定了军心。正因此，朝鲜王朝为杨镐立祠，臣民皆曰杨镐对其有“再造之恩”，李廷龟特写碑铭，其中也有“再造吾东，伟烈英风”[①] 之句。不论是李廷龟为杨镐撰写碑铭，还是明神宗为金应河手书祭文，都说明了自古以来中韩之间的“休戚相扶，谊同兄弟，和以始终”，这也是赵素昂中韩联合意识的生动体现。

作为一个民族有别于其他民族的民族文化特征，文化身份认同在语言、生活方式、价值观念、精神世界等方面都有不同的体现。韩国在近代国家观念形成之后，在多层次的文化身份认同系统中，“具有质的规定性的文化身份认同”首先是民族国家认同，而民族文化认同是民族国家认同的前提和基础。赵素昂在编选《韩国文苑》之时最先表现出来的便是民族文化认同，韩民族在几千年的历史长河中，形成了璀璨而独特的传统文化，在亡国的特殊情境下，只要“文”不亡，则“国”自然也会一直延续下去。

文化是混融的、异质的，不同的文化与文明之间是相互依存的，[②] 人类在多种文化交融中共同发展。流亡中国之后，赵素昂在进行身份建构书写之时处于两种文化身份混杂交融的情境中。一方面，隐藏在其意识或无意识深处总有着韩民族的传统文化记忆，另一方面却又不得不面对所在“中国”空间的文化，所以我们可以从他身上看到文化身份的“混融性”特征。但难得的是他的民族话语通过流亡中国体验得以完善和提升，并非两种文化碰撞出不好的结果。在中国革命语境下，他形成了中韩命运共同体意识，主张通过中韩合作抵抗日本帝国强权与文化霸权，这是在特殊的历史年代，共同的民族利益所赋予的十分必要的历史选择。

三　结语

20 世纪 30 年代，赵素昂编写出版了大量韩国历史文化相关作品，在殖民地“失语”情境下，他致力于民族历史文化的传播与坚守。历代诗文集《韩国文苑》的编选展示了韩国的优秀传统文化，书中抗倭、报国诗文的选择表明了其争取民族独立的决心。优秀传统文化的“发现”使得赵素昂意

---

① 赵素昂：《韩国文苑》，槿花学社，1932，第 152 页。

② 萨义德：《知识分子论》，单德兴译，生活·读书·新知三联书店，2016，第 53 页。

识到正是近代以来对国民性的激进否定，使韩人轻易丢掉了对传统文化的继承与发展。对于国民性，不能只是一味批判，要自觉意识到韩民族传统文化中的精华部分。在韩国现代化进程中，赵素昂对于“国民性”所秉持的态度一贯是在继承的基础上进行改造的。在编选写作的过程中，赵素昂以他认为合适的方式来阐释国族历史文化，也巩固了其文化身份认同。中国流亡体验使其意识到中韩联合共同反抗日本帝国主义的重要性，他的文学书写生动地展现了近代韩国知识分子的精神面貌。

书山有路“目”为径

——《日据时期朝鲜刊刻汉籍文献目录》的学术意义

朱　芹

【内容提要】 日据朝鲜时期（1910~1945），朝鲜总督府接管了李氏朝鲜王室所属奎章阁及其藏书。为了将朝鲜半岛民众同化为日本天皇的二等臣民，消除半岛民众的抗日独立意识，日本殖民当局在引入中国传统汉籍文献的同时，编辑出版诸多美化殖民统治和篡改历史事实的汉籍图书，禁止传播与其奴化统治相悖的书籍。《日据时期朝鲜刊刻汉籍文献目录》反映了该时期在朝鲜半岛流通的汉籍图书概况，对相关领域目录学与索引学研究来说是一项补白，也是研究日本殖民史与韩国独立运动史的重要参考工具。在日本殖民当局严格的出版审查缝隙中，汉籍图书（含禁书）的流传，一方面暴露了朝鲜总督府对半岛人民的殖民同化与思想禁锢，另一方面展现了半岛民众的独立复国精神，赓续了中国与朝鲜半岛国家间的文化交流。

【关键词】 汉籍目录　日据朝鲜时期　朝鲜王朝　朝鲜总督府　韩国独立运动　数字化数据库

【作者简介】 朱芹，博士，复旦大学国际问题研究院，主要从事韩国独立运动史、中韩海洋问题、中美与朝鲜半岛关系、图书目录学研究。

一 引言

常言云，“书山有路勤为径，学海无涯苦作舟”。在如山之高、如海之广的书籍中，欲达成功之彼岸，除了读书人自身的刻苦勤奋之外，前人也为读书人搭建了一条攀登书山之顶、抵达学海之岸的捷径——书目。自古以来，学界宿老、各大藏书阁、图书馆常会收藏各领域专门性书目，也会编纂各类文献典籍书目。最为经典与代表性的书目著作如汉朝刘向刘歆父子编纂的中国首部系统目录《七略》，[①] 以及《四库全书总目提要》、《书目答问》（张之洞编著）等。梁启超在中国近现代目录学研究中也有着开创性贡献，其所撰《西学书目表》是我国第一部以科学分类为基础的图书分类目录，创科学书目分类体系之先。[②] 书目是图书检索与文化传承不可缺失的重要工具书。在书籍查阅与学术研究中，书目即如书山之径，学海之舟，为读书人导航，助其快捷获悉所关注领域已有成果及馆藏信息。如梁启超所言，在浩如烟海、同本异译的书典中，读者颇受“穷年莫殚”“叠屋支床”之苦，“各择其最善一本以为代表……其裨益于读者实不少，著书足以备学者顾问，实目录学家最重要之职务也。”[③]

在当下信息化与数字化时代，数据库建设备受青睐，网上检索快捷便利。AI智能化的开启，更使数字知识载体备受追捧。如AI技术赋能文化遗产智慧数据建设与关联索引成为研究的关注点。[④] 纸质版书目类著述有边缘化与淘汰之虞。在愈发稀少的纸质版书目类图书中，《日据时期朝鲜刊刻汉

① 王重民：《论〈七略〉在我国目录学史上的成就和影响》，《历史研究》1963年第4期。

② 戴丽琴、彭树欣、柯平：《梁启超：中国古代目录学研究现代第一人》，《图书馆论坛》2012年第3期；张喜梅：《谈梁启超对近代中国目录学的贡献》，《图书馆工作与研究》2012年第5期；郑永田：《试论梁启超近代目录学思想》，《图书情报工作》2007年第2期；丁宏宣：《梁启超在目录学和藏书上的贡献》，《图书馆理论与实践》1999年第2期；刘明铛：《从〈西学书目表〉看梁启超早期目录学思想》，《图书馆学研究》1997年第1期；李万健：《梁启超对我国目录学的开创性贡献》，《中国图书馆学报》1993年第2期；陈光祚：《梁启超的目录学理论观点和实践活动》，《武汉大学学报》1963年第4期。

③ 梁启超：《佛学研究十八篇》，商务印书馆，2022，第352页；戴丽琴、彭树欣、柯平：《梁启超：中国古代目录学研究现代第一人》，《图书馆论坛》2012年第3期，第191页。

④ 范炜、曾蕾：《AI新时代面向文化遗产活化利用的智慧数据生成路径探析》，《中国图书馆学报》2024年第2期，第4~25页。

籍文献目录》（下文简称“本书目”）非常独特。[①] 这是一部对中韩文化交流史、韩国独立运动史以及日本殖民统治史研究有着指引与桥梁作用的书目，是中国学术界首部专门编录日据朝鲜时期刊刻的汉文文献目录，对目录学、图书馆学与索引学研究来说，也同样具有重要的参考价值。

本书目是在参考高丽大学图书馆编印的《汉籍目录》（1984）、韩国李相殷编的《古书目录》（1987）、朝鲜总督府编制出版的《朝鲜总督府古图书目录》（1921）（其他目录所不可替代的可信度很高的第一手资料）、《朝鲜总督府中枢院所藏图书目录》、《朝鲜总督府古图书目录》（附补遗篇）、《朝鲜史编修会出版书目》和《朝鲜总督府禁止单行本目录》的基础上编制而成的。[②] 收录图书的印制时限自 1910 年 10 月由朝鲜总督府编印的石板本《朝鲜民历》始，至 1945 年 8 月由清朝张廷玉等编纂的抄写本《明史》，少数为 1909 年由韩国统监府（朝鲜总督府前身）出版的汉籍文献资料，合计达 6867 条。这些汉籍文献资料都以汉字为载体，一部分由中国流播到朝鲜；一部分由日本传入，或由日本殖民当局重版；还有一部分由朝鲜人用汉字撰写和编纂出版。这些汉籍图书以日本殖民当局在朝鲜半岛当地印刷出版的居多。[③]

二 本书目所录汉籍图书的双重承载：文化劫掠与文化传承

近代以来，随着西方条约殖民体系凭借“船坚炮利”冲击中国宗藩自治体系，日本趁机从内部蚕食宗藩自治体系内的藩属，染指与侵蚀李氏朝鲜

① 《日据时期朝鲜刊刻汉籍文献目录》系复旦大学历史系傅德华教授的著述，2011 年由上海人民出版社出版，是复旦大学亚洲研究中心和复旦大学文史研究院“985 工程”哲学社会科学创新基地研究项目成果之一。

② 李相殷编《古书目录》，保景文化社，1987；《朝鲜总督府古图书目录》（1921），韩国国会图书馆收藏（071.1）；《朝鲜总督府中枢院所藏图书目录》，韩国国会图书馆收藏（120-07-2）；《朝鲜总督府古图书目录》（附补遗篇），韩国国会图书馆收藏（R015-51）；朝鲜总督府警务局编《朝鲜总督府禁止单行本目录》（1941），韩国国会图书馆收藏（R015-51）；傅德华：《研究中日韩东亚文化史的一部重要文献资料书目——写在〈日据时期朝鲜刊刻汉籍文献目录〉出版之际》，《中国索引》2009 年第 1 期，第 39 页。

③ 傅德华编《日据时期朝鲜刊刻汉籍文献目录》，上海人民出版社，2011，第 2~3 页。

王朝。[①] 1910年8月，日本通过《日韩合并条约》吞并朝鲜半岛，废除其一手扶植的苟延残喘14年的傀儡王朝——大韩帝国。[②] 10月，日本设置朝鲜总督府，直接统治朝鲜半岛。为了迫使并驯化朝鲜半岛人民认同和臣服日本，朝鲜总督府武断统治与文化同化双管齐下，搜集和劫掠汉籍文献资料即是其一以贯之的策略，成为其实现“大东亚共荣圈”战略计划的组成部分。[③]

在吞并李氏朝鲜王朝的次年，朝鲜总督府即接管李氏朝鲜王室所属奎章阁，[④] 将所藏四万四千余册图书，包括部分纯“华本（汉书本）”（用汉字编纂的文献资料），全部由朝鲜总督府取调局“引继”。[⑤] 随后，朝鲜总督府开始有计划地编纂、重印、影印有利于其殖民统治的汉籍文献资料，审查禁止危及其统治的汉籍图书（包括《毛泽东自传》《抗战与外交》《抗日救国歌》《鲁迅文集》《鲁迅选集》等[⑥]）。

从日据朝鲜时期所印制与引入的汉籍图书种类及其版本来看，日本殖民当局不遗余力地推进文化劫掠与文化侵蚀。最具代表性的是《朝鲜王朝实录》这部史书。日本掠取了《朝鲜王朝实录》存世的所有版本，包括鼎足山本（摩尼山本）、太白山本、赤裳山本（妙香山本）与五台山本，并将五台山本劫掠至本土，交由东京帝国大学馆藏。[⑦] 日据朝鲜时期，从中国流入朝鲜半岛的稀有汉籍图书，不乏被劫掠而至的成分。

本书目所载汉籍图书是日本殖民统治的铁证。日本殖民当局对中国先秦

① 朱芹：《独立与依附：李承晚之外交独立思想》，社会科学文献出版社，2014，第63～67页。

② 1897年，日本迫使李氏朝鲜王朝高宗更国名为大韩帝国，名为保其独立于中国，实为吞并李氏朝鲜王朝的重要策略。

③ 傅德华编《日据时期朝鲜刊刻汉籍文献目录》，上海人民出版社，2011，第1、11页。

④ 奎章阁是1776年李氏朝鲜王朝第22代王正祖创设的。1911年，朝鲜总督府接管奎章阁。1924年，京城帝国大学（设于朝鲜半岛）接管奎章阁及其藏书。战后韩国收回京城帝国大学（含奎章阁），改为京城大学。1946年，韩国政府合并京城大学等十余所大学成立汉城大学（Seoul National University），管理奎章阁。2005年，汉城大学的汉文名更改为首尔大学。因而，本文提及的汉城大学即今首尔大学。

⑤ 傅德华：《研究中日韩东亚文化史的一部重要文献资料书目——写在〈日据时期朝鲜刊刻汉籍文献目录〉出版之际》，《中国索引》2009年第1期，第39、44页。

⑥ 傅德华编《日据时期朝鲜刊刻汉籍文献目录》，上海人民出版社，2011，第59、188、465～466页。

⑦ 국립조선왕조실록박물관，『조선왕조실록 오대산사고본』，https：//open-pro.dict.naver.com；『조선왕조실록』，두산백과，https：//terms.naver.com.

思想与二十四史方面的汉籍图书情有独钟，说明他们重视利用朝鲜半岛人民对中国文化的认同，重视借鉴编修前朝历史的统治经验，更好地驯化半岛民众。这也是日本殖民当局影印《朝鲜王朝实录》、编修《高宗实录》和《纯宗实录》的考量。[①] 有些汉籍图书鲜明地体现着日本殖民与同化朝鲜半岛人民的意图和痕迹。如朝鲜总督府连续多年编印的《朝鲜民历》（石板本），将李氏朝鲜王朝旧有的纪年更改为日本天皇年号纪年。本书目中收入了标识为明治四十五年、大正二年、大正十年、大正十四年等年份出版的《朝鲜民历》。民历是民众日常生活起居、祭祀嫁娶、农时耕种等的必备参考工具书。通过更改民历中的年号，潜移默化地告知世人朝鲜半岛已经“变天”了。

有些书籍残存着对中国的窥视与贬低，试图从文化上彻底清除中国在宗藩自治体系中的中枢地位。如日本人编的《支那历代年表》、《支那本图书目录（校正本）》、《满洲实录》（石板本）、《满洲年鉴》、《满洲国大同三年时宪书》等。[②]“支那”作为外来词最初并无贬义。清政府甲午战败之后，日本以“支那”称呼中国，带有蔑视之意。“满洲国”是1931年日本侵占中国东北后扶植前清废帝溥仪建立的傀儡伪政权，不为国际社会及中国政府所承认。该伪政权是日本试图吞并中国东北之前的过渡手段，与1897年日本扶植李氏朝鲜高宗建立大韩帝国并最终将之废除的操作如出一辙。

出乎日本真实意图与意料的是，该批汉籍文献在客观上传承与弘扬了汉文化，拓展了中日韩三国关系史研究的新领域。本书目收录近7000条日据朝鲜时期的汉籍图书，为学术界深入研究汉籍东传与中韩关系提供了鲜活文本与可信资料。通过韩国留存的汉籍文献资料，反转来观察中国的传统文化在东亚地区的影响，以及东亚文明的相互关系，有着积极意义。[③] 日本殖民

---

① 1932年，日本在汉城所设京城帝国大学法文学部影印出版《朝鲜王朝实录》。1953年，日本学习院东洋文化研究所刊行《李朝实录》（复旦大学图书馆部分藏有）。1986年，韩国国史编纂委员会影印《朝鲜王朝实录》（未含《高宗实录》和《纯宗实录》）（复旦大学韩国研究中心图书室藏有）。此后，韩国国史编纂委员会将《朝鲜王朝实录》数字化，数据库包括了朝鲜总督府编修的《高宗实录》和《纯宗实录》在内的总27代李氏朝鲜国王的实录。국사편찬위원회，『조선왕조실록』，https：//sillok. history. go. kr/main/main. do.

② 傅德华编《日据时期朝鲜刊刻汉籍文献目录》，上海人民出版社，2011，第489~491页。

③ 姜义华：《序》，傅德华编《日据时期朝鲜刊刻汉籍文献目录》，上海人民出版社，2011，第1页。

当局按照中国传统的经史子集四部分类法搜罗和印刷了汉籍文献，很多成为当下稀有的古籍珍本，对相关学科、校勘学与古籍版本学的研究具有重要的参考意义。这批汉籍文献同时为研究日本殖民史与韩国独立运动史提供了不可多得的第一手资料，留下了诸多值得关注、深思与探索的新问题和新课题，在史料的整理与探访中可发掘前人未曾涉猎的研究议题。[①] 如有关《朝鲜史料丛刊》的研究，《朝鲜王朝实录》各个版本的对比研究，朝鲜总督府出版图书及其书目的研究，日据朝鲜时期的教科书研究，影印整理中国流散海外的珍贵典籍研究，以及如何诠释、研究、发掘和突破这一历史史实给中日韩三国文化带来的积极或负面的影响等。[②]

三 所录禁书的双重折射：殖民奴化与自由独立的较量

本书目一个重要特色是收录了《朝鲜总督府禁止单行本目录》。该禁书目录包含了148种汉籍文献。例如，《小学地理课本》《小学国语读本》《义勇军》《日本田中内阁侵略满蒙之积极政策》《抗战到底》《韩国“三一”纪念宣传大纲》《朝鲜亡国惨史》《韩国独立运动之血史》《屠倭实录》等与抗日独立有关的汉籍资料。[③]

日本殖民当局不仅查禁中韩历史地理书籍，而且禁止或篡改各国革命史、独立史等。被禁图书体现出日本殖民当局通过同化与愚民并重的政策消除异己思想，将朝鲜半岛民众驯化为日本天皇“忠诚驯服”的臣民的企图。[④] 通观本书目不难发现，日据朝鲜时期印制的汉籍图书缺少政治和军事门类。书籍是民族精神与知识传播的载体。无从关心国事与无从研读军事技

① 本书目作者已在书目编纂的基础上，根据所搜集资料发表多篇相关研究成果。傅德华：《日本统治朝鲜时期汉籍出版品研究——以〈高丽大学校中央图书馆（1984）汉籍目录〉为例》，《军事历史研究》2006年第3期；傅德华：《日据朝鲜时期日人所著汉籍研究》，《安徽大学学报》2009年第5期；等等。

② 傅德华编《日据时期朝鲜刊刻汉籍文献目录》，上海人民出版社，2011，第18页。

③ 傅德华：《对〈朝鲜总督府禁止单行本目录〉的分析研究》，石源华主编《韩国独立运动研究新探——纪念大韩民国临时政府创建90周年》，社会科学文献出版社，2010，第283~288页；傅德华编《日据时期朝鲜刊刻汉籍文献目录》，上海人民出版社，2011，第23、54、188、457、458页。

④ 金光耀：《“三一”运动与“五四”运动之比较》，石源华主编《韩国独立运动血史新论》，上海人民出版社，1996，第170页。

能的半岛民众只会日渐沦为任其宰割的羔羊。龚自珍有言：“史存而周存，史亡而周亡。”“灭人之国，必先去其史；隳人之枋，败人之纲纪，必先去其史；绝人之材，湮塞人之教，必先去其史；夷人之祖宗，必先去其史。”[①]日本深谙殖民教育的重要性，宣称“征服其精神，除去其旧国之梦，发挥新国民精神，使之日本化”。[②]朝鲜总督府发布禁书目录，编修李氏朝鲜王朝史书，推行禁学朝鲜语、“内鲜一体”和创氏改名等“皇民化”政策，[③]即是试图通过移风易俗等殖民奴化手段，泯灭与根除朝鲜半岛人民的历史记忆与反抗意识，美化与歪曲日本殖民侵略的真相。

从另一方面看，禁书承载了朝鲜半岛人民的反日复国精神。禁书在半岛的传播，恰恰体现出半岛民众反抗日本殖民统治的抗争精神与独立自由志愿，起到还原历史真相、鼓舞民气、启迪未来的摇旗呐喊的巨大作用。[④]在日本殖民统治的严密控制下，汉籍图书（含禁书）在朝鲜半岛的流传，考察哪些汉籍图书输入得多、刊刻得多和较为流行，可以了解日本殖民统治下的朝鲜半岛人民如何继续积极吸收中国传统文化及近代文化的精髓来充实自己。一个文化上勇于吸收外来文化营养而不断进取的民族是不会真正被打倒的。[⑤]这也是朝鲜半岛独立复国人士坚持在中国、美国与俄罗斯等地筹建流亡政府，刊印赓续民族精神的书籍，苦撑 36 年而不息的根源。

如大韩民国临时政府政要们编著的《独立精神》《韩国痛史》《韩国独立运动之血史》《屠倭实录》等。《独立精神》是李承晚（曾任大韩民国临时政府临时大总统）青年时在狱中写就的，因日本殖民当局禁止出版激发

① 龚自珍：《古史钩沉论二》，《龚自珍全集》，浙江古籍出版社，2014，第 66、67 页。

② 小川太郎：《军国主义教育的历史》，明治图书，1970，第 88 页，转引自赵亚夫《日本在殖民地强制推行的“皇民化”教育》，《中学历史教学参考》2008 年第 8 期，第 6 页。

③ “皇民化”政策是日本殖民当局在中国台湾地区、东北地区与朝鲜半岛推行的一系列殖民同化与臣服奴化政策。毕明：《论日本在朝鲜推行的“皇民化”政策》，《韩国研究论丛》（第 7 辑），中国社会科学出版社，2000；韩顺兰、安成日：《论日本对中国东北朝鲜民族民众的“皇民化”政策》，《日本研究》2014 年第 4 期；陈小冲：《1937 ~ 1945 年台湾皇民化运动再论》，《台湾研究集刊》2007 年第 4 期。

④ 朱政惠：《撼天的怒吼，血写的痛史——评朴殷植〈韩国独立运动之血史〉》，石源华主编《韩国独立运动血史新论》，上海人民出版社，1996，第 358 页。

⑤ 姜义华：《序》，傅德华编《日据时期朝鲜刊刻汉籍文献目录》，上海人民出版社，2011，第 1 页。

半岛民众独立意识的书籍，被秘密带至美国于 1910 年出版。[①] 朝鲜半岛民众视之为“民族的圣经”。[②]《韩国痛史》与《韩国独立运动之血史》是朴殷植（曾任大韩民国临时政府国务总理、临时大总统）分别于 1914 年和 1919 年著述的，被视为“激发独立运动之精神的原动力”。[③]《屠倭实录》是金九（曾任大韩民国临时政府主席）领导的韩人爱国团于 1932 年印制的，载有“金九先生小传”“东京炸案之真相”“虹口炸案之真相”等。[④] 这些书籍所宣扬的独立思想与独立理念，对朝鲜半岛人民的反日独立起到巨大的精神鼓舞和支撑作用。

四 本书目的价值：联结历史与现代的时空纽带

本书目收录的汉籍文献呈现了日据朝鲜时期半岛所存的各类汉籍图书的概貌。在体例编排上，所收汉籍文献资料著录齐全，以书名首字笔画顺序排列。编纂顺序与内容包括：流水号、书名、著者（含编、校等）、出版（含出版者、刊行地、刊行年代）、版式、形态（含册数、页数、插图、开本、装帧等）与馆藏地标记（含来源地）等 7 项。流水号从 1 编至 6867，用于检索书名顺序与收录数量。书末附有按人名排序与按机构排序的著者笔画索引以及书名首字汉语拼音检字表，以便查阅。

从版本学的角度考察，本书目所收集的汉籍文献资料涉及木板本（含中国、日本两种）、石板本、新活字本（含铅活字）、古活字本（木活字）、疏古活字本（坊刻木活字）、影印本、油印本、稿本、写本（抄本、誊写本）、写真本、拓本等各种版式。其中，“石板本”有 800 余种、“写本（稿

---

① 리승만,『독립정신』, 로스엔젤레스：대동신셔관 1910；리승만,『독립정신』, 호놀루루：정동출판사 1917；Syngman Rhee, *The Spirit of Independence*：*A Primer of Korean Modernization and Reform*, Translated, Annotated, and with an Introduction by Han - Kyo Kim, Honolulu：University of Hawaii Press, 2001；이승만,『독립정신』, 김충남, 김효선 옮김, 서울：청미디어출판사, 2008；朱芹：《独立与依附：李承晚之外交独立思想》，社会科学文献出版社，2014，第 131~139 页。

② 何牧：《韩国四总统合传》，中国社会科学出版社，2005，第 29 页。

③ 朱政惠：《撼天的怒吼，血写的痛史——评朴殷植〈韩国独立运动之血史〉》，石源华主编《韩国独立运动血史新论》，上海人民出版社，1996，第 344 页。

④ 傅德华：《对〈朝鲜总督府禁止单行本目录〉的分析研究》，石源华主编《韩国独立运动研究新探——纪念大韩民国临时政府创建 90 周年》，社会科学文献出版社，2010，第 286 页。

本）”有1800余种、“木活字本”有170余种、“新活字本”有1300余种、“誊写本”有20余种、“拓本”有30余种、“木板本”有700余种、“新铅活字本”有360余种、“写真本”有30余种、影印本有100余种。[①] 可以看出，日本当时的印刷技术与文化传播手段较为先进。

本书目依据现代编目类别将所录汉籍文献分为哲学（含经学）、宗教、文学、史地（含传记、文物考古、年表历表、图鉴、史料汇编）、文化教育、目录索引、自然科学等七大类。[②] 哲学类如董仲舒撰《春秋繁露义证》（中国木板本）、玄奘译《大乘阿毗达磨集论》（中国木板本）、朱熹编《论语集注》（印刷本）、京都帝国大学编《毛诗残卷》（影印本）、王守仁著《王阳明先生全集》（中国石板本）。史地类如司马迁撰《钦定史记》（写本）、太宗御撰《钦定晋书》（写本）、赵尔巽撰《清史稿》（新铅活字本）、王国维编《蒙古史料四种》（新活字本）、《李朝历代实录索引》（油印本）、《朝鲜王朝实录》（影印）、沈镐著《地学》（中国石板本）。文学类如王羲之书《王右军法帖》（拓本）、刘勰撰《文心雕龙》（中国新活字本）、《兴宣大院君略传》（油印本）。文化教育类如朱熹刊误《孝经大义（并）谚解》（木板本）、朝鲜总督府编《汉文读本》（新活字本）。书目索引类有《朝鲜王朝实录总目录》（写本）、朝鲜总督府编《朝鲜总督府图书目录》（新活字本）等。

本书目的编纂是现代学人开拓进取、严谨治学的体现，是将历史古籍延及现在的时空载体，具有传承、补遗和通古知今的重要价值。

（一）对汉籍文献资料书目具有拾遗补缺的功能

在韩汉籍图书目录，韩国学界已出版了几十种。如韩国民族美术研究所编《涧松文库汉籍目录》（1967）；韩国国会图书馆编《李朝书院文库目录》（1969）；韩国国立中央图书馆编《古书目录》（1970）；韩国高丽大学中央图书馆编《华山文库汉籍目录》（1976）、《汉籍目录：旧藏》（1984）；韩国学中央研究院藏书阁编《藏书阁图书中国版总目录》（1974）；韩国延

① 傅德华编《日据时期朝鲜刊刻汉籍文献目录》，上海人民出版社，2011，第14页。

② 傅德华：《研究中日韩东亚文化史的一部重要文献资料书目——写在〈日据时期朝鲜刊刻汉籍文献目录〉出版之际》，《中国索引》2009年第1期，第40页。

世大学中央图书馆编《古书目录》（1977、1987）；韩国成均馆大学中央图书馆编《古书目录》（1979、1981）；韩国汉城大学人文大学附设东亚文化研究所编《补订奎章阁图书韩国本总目录》（1980）；韩国梨花女子大学韩国文化研究院编《古书目录》（1981）；韩国汉城大学图书馆编《奎章阁图书中国本综合目录》（1982）；韩国国史编纂委员会编《古书目录》（1983）；韩国精神文化研究院编《藏书目录：古书篇》（1991）；韩国檀国大学栗谷纪念图书馆编《汉籍目录》（1994）；韩国延世大学中文系编《韩国所藏中国汉籍总目》（2005）等。[①]

《韩国所藏中国汉籍总目》汇总了韩国各大图书馆保存的汉籍目录，总数达12500余条。在时间断限上，以1911年以前的线装书为主，包含少量20世纪50年代之前的石印本。编排体例参照中国传统的经史子集四部编排法，同类书中依据书名的韩语音序排列。该书是收录韩国所藏中国古籍最完备的一部图书目录。[②] 上述书目或侧重1910年以前的汉籍古书，或将日据朝鲜时期的汉籍文献与其他汉籍古书统合混编，欠缺专门性与便利性。本书目无疑是一个补白。

令人惋惜的是，本书目中部分原始汉籍图书在中国已经失传。如1916年和1922年版的宋朝朱熹著《朱子百选》、清朝胡凤丹辑《唐四家诗集》等。那些中国所缺藏的在韩珍稀汉籍文献，对文献学、目录学、版本学与新闻出版界来说，是弥足珍贵的，其史料价值、收藏价值和学术价值是不言而喻的。[③] 根据本目录所载汉籍文献来源与馆藏地，可以按图索骥，找到原始文献。这是一些相似书目类著述所缺少的功能。一般来说，工具书供检索的途径越多，功能越齐全，内容越全面，其实用性和价值就越大。本书目沧海寻珠的探索精神颇受赞许。

（二）承载了书目学在治学研究中的价值功用

许多学问大家与文化闻人，在收藏珍本、博览群书的时候，也爱好书目编纂。如前文所述，近代政治家与思想家梁启超，在目录学上颇具造诣。他

---

① （全寅初）전인초，『韩国所藏中国汉籍总目』（1-6），서울：学古房，2005；김현철，『한적의 문명과 전파 연구』，고양：学古房，2017.

② 潘美月：《韩国收藏中国古籍的现状》，台湾佛光大学新世纪图书馆，2006。

③ 傅德华编《日据时期朝鲜刊刻汉籍文献目录》，上海人民出版社，2011，第15页。

曾应《清华周刊》之约，撰述了《国学入门书要目及其读法》。[①] 梁启超不仅列出书目，还配有导读式精炼评介，指引阅读门径。这一份看似简单的书目，承载的是中国国学文化的精髓，为读书人指点迷津。“载籍浩博，决非一人之力所能尽藏、所能尽读。流览诸录，可以周知古今著作之大凡。有解题者读其解题，虽未睹原书，亦可知梗概。”[②] 书目不是一个个枯燥无味书单的罗列，而是精神文化的载体、知识汲取的捷径以及前人治学经验的结晶，具有“辨章学术，考镜源流”的文化功能与学术功能。[③] 本书目对日据朝鲜时期汉籍图书目录的编修，“稀见秘籍，识者知珍。孤微仅存，流传有绪”。[④] 这对学术界无疑是一个馈赠。

（三）传承学人的工匠精神与奉献精神

在学术研究中，资料的搜集与书目的整理是最基础也是最辛苦的工作。本书目作者将全部精力奉献给了这默默无闻而又极有意义的工作，非常值得敬佩。[⑤] 2018 年，习近平主席指出：“大国工匠是职工队伍中的高技能人才。体现在他们身上的劳模精神、劳动精神、工匠精神，是伟大民族精神的重要内容。”[⑥] 一本本图书的爬梳筛选，一条条书目的誊抄编排，一个个符号的精细校堪，即如工匠般的精雕细刻，容不得细微疏忽，承载着民族精神中笃实、敬业、精益与专注的精髓。一路筚路蓝缕，泽被后世，是从事目录学、古籍文献学与历史学等基础学科建设与研究的诸多前辈的共同品质。[⑦]

---

① 梁启超：《国学入门书要目及其读法》，《清华周刊》，台湾中华书局，1923；梁启超：《国学入门书要目及其读法》，载梁启超《饮冰室合集·专集之七十一》，中华书局，2015，第 8353~8381 页。

② 梁启超：《图书大辞典簿录之部·官录及史志》，载梁启超《饮冰室合集·专集之八十七》，中华书局，2015，第 9387 页。

③ 戴丽琴、彭树欣、柯平：《梁启超：中国古代目录学研究现代第一人》，《图书馆论坛》2012 年第 3 期，第 192 页。

④ 梁启超：《图书大辞典簿录之部·官录及史志》，载梁启超《饮冰室合集·专集之八十七》，中华书局，2015，第 9387~9388 页。

⑤ 姜义华：《序》，傅德华编《日据时期朝鲜刊刻汉籍文献目录》，上海人民出版社，2011，第 2 页。

⑥ 《习近平论培养造就更多劳动模范、大国工匠》，学习强国，2024 年 5 月 1 日。

⑦ 吴慰慈、董焱：《筚路蓝缕　泽被后世——王重民先生对我国图书馆学和目录学教育的重要贡献》，《中国图书馆学报》2023 年第 5 期。

五 结语

搜集与编辑近7000册各种版本与不同年代出版的汉籍图书，是一项艰苦细致的工作，也是功利后人的基础研究。不可避免的是，本书目也存有瑕不掩瑜之处，如将《清季外交史料》（新活字本）的纂者王彦威误写为王彦，将《钦定隋书》误录为《钦定陏书》，将朝鲜总督府成立时间误输为1909年等个别笔误。另外，令人稍感缺憾的是，《朝鲜总督府禁止单行本目录》是研究日本殖民当局推行文化殖民与思想钳制政策的很有价值的资料，若能将之作为独立部分或附录单独编入，令读者一览禁书清单全貌，将会进一步提升本书目的利用价值。中韩文化交流源远流长，近代流入朝鲜半岛的中国汉籍文献资料，因诸多因素限制，难免百密一疏，很难做到涓滴不漏，尚待继续补充和匡正。一本具有开启与发掘意义的著述，不在齐全，贵在创见。

书目是学术研究与学海泛舟的重要工具书。依靠书目的索引功能，对所需图书的查找与知识的汲取有着事半功倍的效果。纸质版书目与数字化数据库有着相辅相成的互补性与不可替代性。纸质版图书（含书目类）是数字化数据库建设的基石与参考，数字化数据库是纸质版图书（含书目类）保存与传播的一种形式。因年代久远或保存条件等因素限制，纸质版图书普遍存在不同程度的损坏，推动二者的有机结合是值得研究的课题。以“抱残守缺”之目录学家之态度，[①] 将本书目所录汉籍珍本转化为可以长期保存和广泛利用的数字化数据库，也是值得努力完成的项目。

---

① 梁启超：《佛学研究十八篇》，商务印书馆，2022，第352页；戴丽琴、彭树欣、柯平：《梁启超：中国古代目录学研究现代第一人》，《图书馆论坛》2012年第3期，第191页。

社会与管理

韩国语言政策的演变及价值取向研究*

崔惠玲　朴壮彬

【内容提要】建国初期，韩国面临维护政权和恢复民族认同的双重挑战。语言作为符号和记忆的载体，包含着深刻的民族性和政治价值，制定语言政策成为国家建构中不可避免的关键任务之一。后殖民时期的韩国采取了“去日化”和“去汉化”等语言政策，降低日语和汉字在韩国社会的影响力和支配力，以求脱离长期的册封关系和严酷的殖民统治的影响。随着21世纪全球化的发展，韩国政府一方面动用“举国机制”推进英语教育改革，提升国民外语能力；另一方面实施多语多文化政策，提高全民多文化素质，提升跨国移民的社会融入程度，构建了“韩语为本、英语为重，兼顾多语种协调发展”的语言政策体系。综上，韩国语言政策的价值取向从后殖民时期的“强调政治价值”，发展到了21世纪的“提倡工具价值”，再“升华至人文价值”的三个阶段。

【关键词】语言政策　韩国　去日化　去汉化

【作者简介】崔惠玲，文学博士，复旦大学外国语言文学学院副教授，主要从事语言政策与规划、社会语言学、话语分析研究；朴壮彬，复旦大学外国语言文学学院硕士研究生，主要从事社会语言学研究。

一　引言

当今世界大部分国家都会从本国基本国情、基本国策和语言状况出发，

* 本文得到复旦大学亚洲研究中心2021年度研究课题和复旦大学2021年度原创科研基金资助。

制定和完善其语言政策。[①] 因为语言是人类社会化活动中最重要的工具之一，语言政策实施得当与否，直接关系主权国家的和谐、稳定与发展，具有十分重要的现实与理论意义。[②]

韩国作为典型的单一民族国家，境内统一使用韩语。韩语深受两千多年的汉字使用传统和长达 35 年的日本殖民统治的影响。1948 年建国之后，韩国力求摆脱汉字和日语的影响，通过立法规定韩语为国语，以此挖掘语言背后强大的民族认同，保证国家政权的稳定发展。进入 21 世纪，韩国从国家战略层面持续加强英语教育，提升国民语言能力，同时推进多语多文化政策，应对不断涌入的跨国移民，培育和扩大高端多语种人才。本文试图探讨韩国语言政策的演变过程和路径选择，评价各时期韩国语言政策的价值取向。

二 后殖民时期的韩国语言政策

（一）后殖民时期的韩国语言政策之“去日化”

1910 年，日本迫使大韩帝国签订《日韩合邦条约》，朝鲜半岛沦为日本的殖民地，接受日本的统治。日本大力推行语言同化政策，企图通过语言认同实现思想同化。1911 年，日本发布第一次《朝鲜教育令》，规定日语为朝鲜半岛的国语，1922 年颁布第二次《朝鲜教育令》，进一步规定日语为学校教学语言。[③]

长达 35 年的日本殖民统治和残酷的语言同化政策遭到了朝鲜半岛人民的激烈反抗。1948 年韩国建国之后，首任总统李承晚实施强有力的反日政策，宣布在国家层面全面禁止日语教育，在经济和教育等领域完全排除日语，以消除韩语中的日语残留。1948 年，韩国文教部出版《重新找回韩语》，发放到全国各地，积极宣传从日语词汇到韩语的转换。1956 年，韩国

---

① 周玉忠：《美国语言政策研究》，外语教学与研究出版社，2011，第 1 页。

② 董天美：《中亚国家语言政策的选择及评价》，《俄罗斯东欧中亚研究》2019 年第 5 期，第 109~122 页。

③ 尹悦、金基石：《光复后韩国的语言生态及语言政策》，《东疆学刊》2019 年第 2 期，第 80~85 页。

文教部下令各级学校，禁止使用日版教材和书籍，并要求在教育课程中开展一小时以上的“反日”教育。直到1973年，随着韩日经贸交流的发展，朴正熙总统号召重启日语教育，韩国文教部时隔25年允许出版“日本语读本”，日语作为第二外语进入高中语言教育。可以说，韩国建国至1973年25年间，日语教育几乎是一片空白。①

综上，后殖民时期的韩国持续削弱日语在本国的地位，通过显著的“去日化”语言政策获得了“脱离殖民统治，走向国家独立”的政治象征。正如卡尔顿·海斯（Carlton Hayes）和路易斯·斯奈德（Louis Snyder）等学者将语言提升到民族认同主要支柱的高度②一样，韩国语言政策的“去日化”也纠正了全民长期使用日语背后的扭曲的民族记忆、身份认同和日常习俗，提升了民众的身份认同，改正了当时业已形成的日语和韩语使用不均衡的状态，保证了独立之初的政权稳定。

（二）后殖民时期韩国语言政策之“去汉化”

汉字传入朝鲜半岛已有两千多年，1444年朝鲜王朝的世宗大王创制韩文之后，汉字依然是朝鲜官方和私人的记录载体，直至韩国建国。可以说，朝鲜半岛长期维持了“言文的不一致”。③

1948年韩国建国初期，汉字与日语一同遭到了政治上的排斥。1948年韩国国会通过《韩文专用法第6号》，规定韩国的官方文件须用韩文书写，1949年通过《汉字使用建议案》，允许在一定时期内，根据需要并用韩文和汉字。该时期的韩国语言政策并没有明确限制汉字的使用，导致报纸杂志等大众媒体依然采取汉韩并用书写法。1958年，韩国政府颁布《韩文专用纲要》，规定社会各类文件、招牌和官方印章等均须专用韩文。1961年朴正熙总统上任之后，积极推行韩文专用政策。1963年，韩国文教部先后编撰《语法统一案》《科学技术术语集》《法令术语集》《机关名称缩略语制定法》《外来语韩文标记集》等韩文专用政策配套书籍，促进了韩文术语的统一。1967年，朴正熙总统再次下令专用韩文，1968年

① 金恩希：《去殖民化时代的日语教育》，《日本语教育研究》2018年第1期，第43~58页。

② A. Smith, *The Ethnic Revival in the Modern World*, Cambridge University Press, 1981, p. 46.

③ 罗卫东：《汉字在韩国、日本的传播历史及教育概况》，《中央民族大学学报》2001年第3期，第122~126页。

起实行“韩文专用五年计划”，全面废除学校教材中的汉字，规定从 1970 年 1 月 1 日起，所有政府机关必须只用韩文，废弃以往的汉文韩文并用书写法。20 世纪 70 年代之后，韩国全面进入韩文专用时代；到 1983 年，韩国基本实现了韩文专用的政策目标，汉字丧失了原有的政治功能和交际功能。

与日语不同，汉字在朝鲜半岛的影响根深蒂固，长期与韩文并行使用，这使得独立后的韩国只能采取渐进式的“去汉化”政策。该政策实施过程并不顺利，阻力重重，一度引起了学界内部的矛盾和舆论界的抗议，屡次陷入进退两难的困境，时至今日，关于“韩文专用”和“韩汉文并用”的讨论依旧难分伯仲。①

（三）后殖民时期韩国语言政策之“国语纯化运动”

建国后，韩国政府与“去日化”“去汉化”语言政策同步开展了全国范围内的“国语纯化运动”，以保护、整理、完善、推广和普及纯正的韩语。具体有如下三方面内容：第一，去除日语和西方外来词的影响，恢复韩文固有词的使用，保证韩语的“纯粹性”；第二，简化汉字词等复杂难懂的词汇，使其易于民众使用；第三，使用高雅的语言，净化语言环境。1948 年，韩国文教部成立“国语纯化委员会”，将 940 个日语外来词和日语汉字词转换为韩语。1962 年，文教部成立“韩文专用特别审议会”，下设生活用语、语言文学、法律制度、经济金融、艺术、科学技术六个分支委员会，负责将汉字术语转换为韩文固有词。1970 年，文教部编撰全新韩文拼写法、标准语、外来语及罗马字的标记法。1972 年，《韩文新消息》月刊创办，推进韩文专用和国语纯化运动的大众化。然而，因为汉字词在韩语词汇中的占比较高，多达 70%左右，加上学界和民众对汉字的接受程度较高等原因，“国语纯化运动”也遭到了主观色彩强、民众参与度不高、推广力度不足、审议标准不明确等质疑。

独立后的韩国语言政策降低日语和汉字在韩国社会的影响力和支配力，提升韩语在国家语言生态中的地位，是国家意识欲脱离长期册封关系和严酷

① 穆彪：《中韩语言政策对比——以中韩两国对通用语言的语言政策为中心》，《现代语文》2018 年第 6 期，第 151~155 页。

殖民统治的体现。独立后的国家恢复本民族历史文化的真实面貌，将民族语言提升至应有的地位，是正当的，也是无可厚非的。然而，该政策走向了另一个极端——强烈的民族主义倾向，尤其是在汉字词的纯化方面，未能获得民众的响应，从某种意义上成了政府和语言学者的“独角戏”。[①]

三　21 世纪的韩国语言政策

韩国语言政策的最高决策层包括总统及主管教育的副总理，教育部负责重大语言政策的决策、统一管理语言政策的规划和执行、调配资源。进入 21 世纪，韩国构建了“韩语为本、英语为重，兼顾多语种协调发展”的语言政策体系。

（一）动用“举国机制”的英语教育政策

韩国的英语教育可以追溯到 19 世纪 80 年代，1886 年朝鲜王朝开办育英公院，开始了英语教育。然而日本的入侵和长时间的殖民统治，使得朝鲜半岛的英语教育长期处于停滞状态。1948 年，具有浓厚亲美倾向的李承晚当选首任韩国总统，加上韩国在经济和军事方面需要大规模美国援助，英语在韩国社会的地位日渐提升。

20 世纪 90 年代以来，随着全球化和信息革命的迅猛发展，韩国政府规定公民外语教育为国家战略，1992 年颁布的《第六次教育课程修订案》正式将英语列入高考主要科目，这在韩国的英语教育史上具有重要意义。1997 年颁布的《第七次教育课程》降低了英语学习者的起始年龄，英语成为小学阶段的必修课程。

进入 21 世纪，英语更是受到了韩国政府的重视，考虑如何提高国家英语教育质量，改善英语教育“费时低效”等现实问题。2007 年韩国总统竞选时，外语教育战略和政策首次成为各候选人施政纲领的重要内容之一。[②] 2008 年，李明博总统上台之后将英语教育提升至 21 世纪发展国家创

① 高陆洋：《韩国语言净化事业——“国语醇化运动”的启示》，《东北亚外语研究》2013 年第 2 期，第 58~62 页。

② 沈骑：《当代东亚外语教育政策发展的战略特征与趋势》，《比较教育研究》2011 年第 9 期，第 64~68 页。

新战略的重要组成部分，大刀阔斧地实施了英语教育政策改革，不仅推出了新的《教育课程修订案》，改革教材、实施英语教师轮岗制度，还斥巨资推出《强化英语教育方案》，强调“用英语授英语课”，提倡“实用型英语”教育。

可见，在韩国，英语不仅是一门重要的课程或学科，更是国家和民族图进步、实现现代化发展的阶梯和桥梁，这也体现了韩国社会强烈的“现代化情结”。韩国政府动用“举国机制”推进英语教育改革，改善和提高英语教育质量和效率，以期提升国民的外语能力，也显示出韩国加强英语教育的决心。然而，“自上而下”持续升温的“英语教育政策”导致韩国英语教育资源与供需关系的“冰火两重天”：一方面举国上下对英语推崇备至，“英语热”发展到狂热的程度，导致了韩国社会的语言阶级分化；[①] 另一方面，造成了“英语一家独大”的局面，导致了语种发展失衡问题。

（二）针对不同人群的“多语多文化政策”

语言是思想与文化的载体，母语是维系民族文化身份的根基，尤其是在韩国这一单一民族国家，韩语的地位毋庸置疑，不可撼动。然而，韩国的外语政策长期默认为英语教育政策，加上全球化导致了韩国的“英语热”，甚至发展到“狂热”的程度，这在某种程度上产生了语言、文化与价值观之间的隔阂与障碍，冲击了韩语的地位和文化身份。

面临全球化与本土化的平衡，以及跨国移民的涌入和多语种规划等问题，韩国政府开始积极规划各语种之间的平衡和多语种人才的培养。2006年韩国政府正式宣布进入多文化多种族社会，着手推进“多语多文化政策”，其实施对象主要分为两类：其一是跨国移民，其二是高校高端人才。

2004年韩国为了解决跨国劳工的语言使用问题，在全国范围内成立“韩国外国劳工支援中心”，为相关人员提供韩国语言文化培训、职业培训

---

① M. Smith & D. Kim, “English and Linguistic Imperialism: A Korean Perspective in the Age of Globalization,” *The Journal of Mirae English Language and Literature*, Vol. 20, No. 2, 2015, pp. 331-350.

和法律咨询。2008 年韩国制定《多文化家庭支援法》，在法律和制度基础上开展跨国移民的语言教育政策。为了提高跨国婚姻家庭父母和子女的韩语能力，提升韩国学生对多语多文化的理解，韩国实施“双重语言讲师制度”（也叫“多文化语言讲师制度”），[①] 将通过培训考核的高学历跨国移民安排在一线学校，实行多语多文化教育。基础教育阶段的多语多文化政策，既可以辅助跨国移民家庭子女的学业，也可以提升学生群体的跨文化素质，以开放心态与多文化意识理解社会与世界的变化。

另一方面，2016 年韩国教育部发布《特殊外语教育振兴五年基本计划（2017~2021）》。当年 8 月，与国立国际教育院一同颁布了《特殊外语教育振兴相关法律》。根据《特殊外语教育振兴 5 年基本计划（2017~2021）》，韩国政府每年投入 150 亿韩元（合人民币 8000 万元左右），重点扶持高校的多语种教育，全力培养高端多语人才。[②] 值得注意的是，韩国政府的多语教育培养目标与英语教育有明显区别，多语能力并不意味着流利使用特定外语，而是鼓励多语能力培养和相关文化理解，以改变“外语教育过度偏向英语且外语语种数量不足”的局面，培养真正意义上的“外语+专业”的多语多文化高端人才。

综上，在全球化背景下，韩国的语言政策融合了国家和社会发展需求与个人全面发展需求，在国家战略或政府强有力的政策驱动基础上，摸索出了“全球本土化”的语言发展路径，即在全球化背景下定位语言政策和战略，积极提升英语教育质量和效率，同时引导和实现跨国移民对韩国的理解，扩大其他语种和相关文化教育，争取更大范围的国际话语权。这既有利于提高全民多文化素质，也提升了跨国移民的社会融入程度，构建了“韩语为本、英语为重，兼顾多语种协调发展”的语言政策体系。

四　韩国语言政策的价值取向

价值定位和取向是语言政策体系的核心，也是分析语言政策的重要框

① J. Hyong, “Multiple Issues of Multi-cultural Policy between Korea and Japan,” *Humanities Studies East and West*, No. 57, 2019, pp. 7-27.

② 崔惠玲、王星星：《韩国高校“一带一路”沿线国家语言文化教育政策研究》，《韩国研究论丛》2018 年第 2 辑，社会科学文献出版社，2019，第 275~286 页。

架。在“价值驱动”下，构建和改革语言政策，意味着国家作为语言政策的决策主体，在权衡公共价值追求和利益群体价值取舍的基础上，从战略高度规划和部署语言政策，负责配置教育资源和投入，从而确保语言政策对于国家发展的战略价值得以实现。可以说语言政策的价值取向是语言政策发展过程中最为根本和核心的问题。[1] 韩国语言政策的价值取向对于韩国不同时期的发展有着不容忽视的时代意义和战略意义。

后殖民时期，韩国实行了“去日化”和“去汉化”政策，同期开展了“国语纯化运动”。在全球化背景下，韩国全面改革英语教育政策体系，同时推出针对不同人群的多语多文化政策，有助于拓展本国人民的跨文化视野和素质。可以说，韩国语言政策的演变过程具有浓厚的本土底色和国际化发展的文化内涵。具体而言，韩国语言政策的价值取向主要体现在如下三个方面。

第一，后殖民时期的韩国语言政策体现了语言的政治价值。经历了三十多年殖民统治的韩国在建国初期大力推行语言使用的“去汉化”和“去日化”，确保韩语在后殖民时期语言生态中的主导地位。其他语种，尤其是日语教育受到了制约和挤压。这虽然在一定程度上满足了韩国建国初期政权稳定和民族身份认同重构的需要，然而，对此后的日韩经济文化交流产生了负面影响，“国语纯化运动”也未能得到学界和民间的充分认可。

第二，在全球化时代背景下，21 世纪的韩国英语教育政策强调语言的工具价值。在“语言资源观”指导下，英语被认为是“现代化”的工具之一，英语教育的交流工具战略地位在韩国得到确立和巩固，政府推进革故鼎新，致力于英语教育实用化改革，提升英语教育质量和效率。随着世界化进程的加快，韩国的英语教育政策确实为韩国向世界发出自己的声音、向世界展示经济和文化强国形象方面起到了积极作用，然而，英语的作用不断被放大，甚至威胁到韩语的支配地位。

第三，面临跨国劳工和跨国婚姻家庭日益增多的现实，韩国语言政策的人文价值也得到了深化。多语多文化政策不仅拓宽了语言教育学科的发展，提升人们的文化素质，还在一定程度上促进了“全球本土化”的语言意识，既实现了跨国移民对韩国社会的理解和适应，也改善了“英语独大”的外

---

① 沈骑：《外语教育政策价值国际比较研究》，复旦大学出版社，2017，第 173 页。

语布局，扩大了其他语种规划和相关文化教育，有助于提升全民跨文化素养。

五　结语

语言本身是人的一种能力、资产或资源，也是民族认同和共同体形成的纽带。因此，后殖民时期的韩国政治精英旗帜鲜明地强调语言政策的“政治价值”，通过“去汉化”和“去日化”等降低外语影响力和支配力的语言政策，实现“脱离长期册封关系和殖民统治，走向国家独立”的政治象征，强化民族认同，维持建国初期的政权稳定。然而，汉字在朝鲜半岛的影响根深蒂固，长期与韩文并行使用，与较为顺利的“去日化”进程相比，“去汉化”以及具有强烈民族主义倾向的“国语纯化运动”遭到了学界、舆论界和民间的抵抗，金大中总统时期，政府最终允许居民身份证标示汉字姓名是最典型的例子。

进入21世纪，韩国政府充分考虑到全球化这一趋势，开始强调语言政策的工具价值，动用“举国机制”推进英语教育改革，体现了韩国强化英语教育的决心。然而，“自上而下”持续升温的“英语教育政策”也导致了不少问题：一方面全国范围内的“英语热”发展到了狂热的程度，在某种程度上产生了语言、文化与价值观之间的隔阂，冲击了韩语的地位和文化身份；另一方面，造成了“英语一家独大”的外语布局，导致了语种发展失衡、外语人才分布不均等问题。

韩国政府逐渐认识到全球化并不能取代本土语言文化，国家语言能力的建构需要在国际化和本土化之间找到合理的平衡。韩国语言政策在融合国家和社会发展需求与个人全面发展需求基础上，摸索出了“全球本土化”的语言发展路径，推进针对不同人群的多语多文化政策，即在全球化背景下定位语言政策和战略，一方面针对跨国移民，提升他们对韩国社会和韩语的理解；另一方面针对高校高端人才，扩大其他语种和相关文化教育，争取获得更大范围的国际话语权。基于此，韩国构建了“韩语为本、英语为重，兼顾多语种协调发展”的语言政策体系，彰显了语言政策的人文价值。

中国意识形态安全治理*

——基于"韩流"扩散的分析

庄谦之　揭　晓

【内容提要】随着信息技术的进步和国际联系的日益密切，当代国家间的竞争不仅是军事、政治、经济的竞争，更表现为文化、信息的竞争。韩国是以发达的文化产业著称且对东亚国家颇有辐射性的国家。近年来，韩国的文化产业沿着全球商品流通网络，借由互联网的推波助澜，以商品的形式快速广泛扩散到中国，一定程度上影响中国的意识形态安全。对此，中国需要从文化产品、文化传播途径、文化符号体系和网络技术等方面入手，在国际形象宣传、网络安全治理、公共舆论塑造上把握意识形态话语权和文化领导权，从而形成文化商品、文化符号和信息科技三位一体的意识形态竞争优势。

【关键词】"韩流"　意识形态　互联网　文化产业

【作者简介】庄谦之，广东工业大学马克思主义学院讲师，主要从事文化史、意识形态研究；揭晓，广东工业大学马克思主义学院院长，教授，主要从事马克思主义国家治理理论、社会主义意识形态、思想政治教育研究。

在当代国际政治语境中，意识形态安全日益成为国家安全的重要领域，"意识形态"（ideology）[①] 这一马克思政治文化理论的核心概念，也被进一

* 本文系 2023 年度国家社会科学基金一般项目"算法推荐的意识形态风险及治理路径研究"（23BKS118）研究成果。

① Raymond Williams, *Marxism and Literature*, Oxford University Press, 1977, p. 55.

步理解成国家机器的一部分,[①] 甚至具有了争夺文化霸权的意味,[②] 从而使研究者的视野转向了国家治理以及国家文化博弈的宏观格局。从这一视野入手，与意识形态关系极为密切的文化产业，相应地也就被要求从国家安全和意识形态“话语权”切入解读，并且，在网络传播时代，意识形态话语权更加具有国家信息安全的意味。故而，考察中国大陆近年来网络环境下文化产业的发展状况，就为我们研究意识形态竞争和信息安全提供了经典视角。

一 “韩流”的扩散及其特点

在市场经济和大众传媒时代，意识形态主要借文化产业实现广泛传播，无处不在地渗透在日常生活的方方面面。而谈及东亚地区的文化产业，人们会不约而同地想到“韩流”——在东亚国家中，韩国是一个以发展文化产业著称，且对于东亚颇有辐射性和影响力的国家。那么，韩国的文化产业是如何迅猛发展的？其本质和特点又是什么呢？

（一）韩国的政策促进了文化产业的长足发展

作为“亚洲四小龙”之一的韩国，在 20 世纪 60 至 90 年代实行出口导向型的经济战略而实现了经济腾飞之后，便开始着力发展文化产业，借此带动经济，提升国际影响力。1994 年，韩国提出了“文化技术”（culture technology）概念，在亚洲金融危机之后，时任韩国总统的金大中又提出“文化立国”战略，并先后制定了一系列发展规划,[③] 文创产业迅速成为韩国经济的战略性支柱。到 2004 年，韩国已成为世界五大文化产业出口强国之一。[④] 2010 年，韩国又提出了“文化强国（C-Korea）2010 战略”。2013 年，韩国总统朴槿惠提出“经济复兴、国民幸福、文化隆盛”的发展理念。20 世纪 90 年代以来，韩国的文化产业取得了举世瞩目的成就，其迅猛的发展态势

---

① 陈越编《哲学与政治：阿尔都塞读本》，吉林人民出版社，2003，第 334~339 页。

② 安东尼奥·葛兰西：《狱中札记》，葆煦译，人民出版社，1983，第 191~193 页。

③ 如《文化产业发展五年计划》《21 世纪文化产业设想》《文化产业发展推进计划》《电影产业振兴综合计划》等。

④ 姜旼政：《韩国文化产业发展对韩国经济的影响》，哈尔滨工业大学硕士学位论文，2017，第 14 页。

和日益增长的文化影响力不仅令亚洲邻国羡慕，也造成了一种国际性的文化“压迫感”。

这一韩国文化产业的勃兴与迅猛传播，俨然带来了一股“韩流”（Korean Wave，Hallyu）。“韩流”指的是韩国生产的电视剧、电影、流行音乐、舞蹈、电子游戏、食物、时装、旅游、韩语等韩国文化潮流，它们构成了韩国庞大的文化产业体量。凭借着互联网这一跨国媒介，“韩流”在娱乐和消费理念包装下，广泛地传播到包括中国、日本、泰国、越南、新加坡等东亚国家和地区，乃至中东、非洲、欧洲和美国。如此一来，“韩流”在世界范围的广泛蔓延使得韩国俨然成为跨国流行文化的“生产中心”，这不仅造成了国际经济竞争，更为重要的是，韩国文化影响力迅猛扩大，有意无意间激起了国际社会的意识形态之争。[①]

（二）“韩流”以文化商品的形式实现了广泛而快速的扩散

“韩流”能够大规模地快速扩散，一个重要原因在于其文化商品（cultural commodities）具有较强的自我繁殖力。而在这种文化商品的规模化、体系化生产的背后，潜藏着巨大的经济利益。

“韩流”的文化产品涵盖了文化领域的各个方面。在音乐方面，韩国DSP公司于2007年推出女子流行演唱组合“KARA”，其后她们又于2010年在日本出道，并在2013年的第17届全球华语音乐榜中榜获得了最受欢迎国际团体奖，可谓铸造了韩国音乐向日本和华语世界扩张的神话。韩国流行音乐K-pop（Korea-pop）在音乐制作、艺人培养、宣传营销等方面的系统化、大规模标准化生产，更成为各国音乐产业争相追随、模仿的对象——一条成熟的偶像养成生产线。[②] 又如在综艺节目方面，韩国自2000年创造了第一个偶像男团“H.O.T”组合之后，中国的电视频道和网络平台争相模仿，出现了如《星动亚洲》《蜜蜂少女队》《加油！美少女》《国民美少女》《最强女团》《明星的诞生》等偶像养成真人秀节目。“韩流”为何如此火

① 这主要体现在政治紧张度的上升以及后殖民时代的争执上，参见 JungBong Choi，“Of the East Asian Cultural Sphere：Theorizing Cultural Regionalization，” *China Review*，Fall 2010，Vol.10，No.2，pp.109-136。

② 王萱：《浅析韩国K-pop音乐产业全球化发展新趋势》，《大众文艺》2020年第9期，第164~165页。

爆？那是因为，在“韩流”兴起的背后，隐藏着巨大的经济利益！相关事实可谓人所共知：2014 年，韩剧《来自星星的你》的火爆，直接促使剧中使用的一款气垫 BB 霜成为年度最火化妆品。据统计，2020 年韩国化妆品对华出口占比超过了 50%，中国正式成为韩国化妆品的最大进口国。众所周知，韩国所生产的文化产品，在近几十年的时间里以迅猛的态势席卷了国际文化市场，尤其是亚洲文化市场——韩国文化产业的投入和产出系数高于一般产业的平均水平，韩国文化产业出口每增加 100 美元，就能使韩国商品出口增加 412 美元，并且造就了国内旅游业的繁荣。

可见，文化产品的商品属性使得“韩流”借全球商品流通网络实现广泛的文化输出，而“韩流”自身的自我繁殖能力和示范效应则提升了其传播效率，并且，巨大的经济效益更成为“韩流”广泛扩散的催化剂。

（三）互联网对“韩流”的扩散起到推波助澜的作用

韩国文化商品具有如此强盛的传播性和流行性，原因到底何在？除了“韩流”自身的商品属性外，一个助长这种商品流通的最为重要的因素无疑是互联网——互联网无所不在、无所不能的“渗透力”，直接造就了产业、网络、消费者三位一体的紧密联系格局。[①] 在互联网的推波助澜之下，通过将电视剧、电影等文化商品，以及将家用电器、手机、电脑等硬件设施输出到有文化基础的国家两条输出渠道，[②]“韩流”无孔不入、铺天盖地地渗透到了全球。互联网成了“韩流”扩散的推手。

互联网看似是一种无主体、无中心的开放、平等的网络架构，但实际上互联网蕴含着某种集权倾向。正如有研究者指出的，在互联网看似去中心化、多中心化的信息分配机制之下，往往形成不平等的信息分配（unequal distribution of information）、信息的集权化（centralization of information）乃至优先枢纽的寡头政治（oligarchy of preferential hubs）。[③] 那种更易于接受的、

---

① Nissim Kadoh Otmazgin, “Cultural Commodities and Regionalization in East Asia,” *Contemporary Southeast Asia*, Vol. 27, No. 3, 2005, pp. 499–523.

② 白云华：《刍议韩国文化产业及“韩流”市场营销下的经济效应分析》，《现代营销》2020 年第 2 期，第 15~16 页。

③ Paolo Bory, *The Internet Myth: From the Internet Imaginary to Network Ideologies*, University of Westminster Press, 2020, pp. 30–33.

追求视觉快感的、更具有爆炸性的、娱乐化的信息在这场信息角逐中俨然已成为拥有最多受众的"寡头"信息，主导着互联网的信息生态。"韩流"无疑就是这种信息"寡头"的代表。"韩流"的扩散必然对其他信息的生存造成挤压和挑战。在互联网时代，信息安全、信息主动权已然构成国家安全、意识形态话语权的关键要素。美国中央情报局雇员爱德华·斯诺登泄密事件人们耳熟能详，描述黑客和网络信息安全的电影如《我是谁：没有绝对安全的系统》则向世人昭示出黑客如何以一人之力牵动整个国家的神经。种种例子都显示了这样一个事实：在牵一发而动全身的互联网中，人们的生活乃至国家事务很容易被某些信息操纵者所掌控，如果不能掌握信息主动权，就难以保障国家安全。当中国年轻人的生活世界中触目皆是韩国文化产品的时候，要警惕年轻人被"韩流"、被韩国网络意识形态俘获。

在"韩流"经由商品流通、繁殖和凭借互联网快速而广泛传播的情况下，如何正确地认识"韩流"的本质显得尤为重要。

对"韩流"本质的认识离不开对其商品性质的认识。马克思在对商品拜物教性质的批判中指出，劳动产品一旦被当作商品来生产，便成为了赋有生命的存在，而人的社会运动，不仅无法控制商品的运动，甚至受到商品运动的控制。[①] 按照这一思路，"韩流"作为一种全球流通的商品，它对于中国的影响和统制可能不仅仅是经济上的，而且是社会关系上的。"韩流"产品在商品和娱乐的包装下，携带着大量的政治、道德、文化、艺术、法律等方面的意识形态的内容，而其背后是中韩间物质的关系、经济的关系：当韩国的含有意识形态内容的文化产品渗透到中国市场的时候，中国的社会关系、经济关系很容易被韩国所渗透乃至统制。换言之，"韩流"不仅是一种商品和文化的存在，而且已经演变成一种类似于意识形态的存在。

二　"韩流"或影响中国意识形态安全

近年来，消费、移植和复制韩国的文化产品俨然成为国人热衷之事。在这场中韩文化产业竞赛中，韩国显然占据上风，某种程度上甚至影响了中国的意识形态安全。

① 卡尔·马克思：《资本论》（第一卷），人民出版社，1975，第89~91页。

（一）“韩流”渗透进日常生活

在韩国的文化产业中，最具“杀伤力”的莫过于偶像养成真人秀节目——一种融合音乐、舞蹈、广告、影视、游戏等多种要素的综艺节目，全方位地渗透着韩国式的审美和理念。比如，在韩国的偶像养成节目《Produce 101》推出之后，中国推出了本土版的《创造 101》，由发起人、声乐导师、唱作导师、舞蹈导师和选手几类人员构成，通过任务、训练、考核来展现明星的成长历程，最终选出胜出的偶像团体。这种节目全面、细致而且富有戏剧性地演绎了偶像的生成过程，通过展现偶像的日常生活的各种细节，用特写镜头来凸显明星偶像的相貌样态、语言神情、个人品质以及其身上的文化符号。这种偶像制造手法，通过戏剧性的细节放大、明星导师的品评、观众的情绪参与来刻画偶像的形象，制造一种关于偶像的神话，造就观众对于偶像的深刻崇拜。在这种节目的潜移默化之下，明星偶像成为观众崇拜、效仿的对象。

正如奥斯卡·王尔德所说的，生活模仿艺术，远甚于艺术模仿生活。随着韩流的扩散，一些人对于明星偶像进行了可谓全方位的效仿和追随：通过对偶像的相貌、神情、语言、生活方式，从外表到身体再到行为方式的全面效仿。韩国文化渗透进了人们日常的话语、装扮中，并带来了大众对于化妆品、整容业、时装样式、网络流行语、网络表情包、偶像文化衍生商品等文化产品的大规模消费。通过偶像文化的推广，韩国不仅缔造了其作为偶像文化原产国的核心地位，而且更深刻地造成了韩国文化背后的价值观的推广，使得其接受者不自觉地向“文化宗主国”看齐甚至膜拜。

可以看到的是，“韩流”之扩散渗透、波及政治、经济、文化三个维度：“韩流”的文化殖民，是通过文化商品的经济手段开展的，而一旦这些商品遍布人们生活的各个细节中，“韩流”的这种入侵将潜移默化，难以移除。

正如西奥多·阿多诺（Theodor Adorno）所分析的，文化工业经由商品生产、交换和流通环节重新塑造了人类社会的生产关系和人际关系：文化工业向人们许诺使他们逃出日常生活的苦役，然而，文化工业本身也是一种苦役，它体现在其对人类生活的麻醉、宰制上，它使人们变得更加服服帖帖了，它提供的娱乐俨然成为一种新的宗教、一种理想。在这种情况下，文化工业成为资本主义权力控制现实生活中的人的真实情感的工具，甚至物化了人类之间最亲密的反应。[①] 从阿多诺的这一批判中可以看到，文化产品统制着人的生活，其对于人的物化深入人们的精神和情感，而在网络传播时代，文化产品获得了更多元更便捷的扩散渠道，这使得它对于人类生活的主宰更加无孔不入，正如列斐伏尔（Henri Lefebvre）所说，无处不在、无时不在的媒体，占据并构成了我们的日常生活，宰制了我们的时间，抹去了我们的言语，甚至主宰人的存在。[②] 自此，在文化产业和互联网两相叠合之下，人类的生活、思维、情感、人际关系，都被商品的全球流通之网和商品拜物教所笼罩、统治。而如果中国人接受了韩国的文化商品，韩国在这场意识形态博弈中，就可能从生活、思维、情感、人际关系上对我国民众的日常生活实现意识形态控制，从而危害我国的意识形态安全。

（二）“韩流”背后隐藏着西方文化对中国文化的渗透

不论是政治、经济还是文化，韩国都受到美国式政治文化和价值观的深刻影响。若按照不同政治阵营下文化属性的分类，韩国文化可以被视为西方文化，特别是美国文化在亚洲的变种。而从意识形态竞争角度看，韩国正好是西方资本主义文化在儒教文化圈成功推广、移植的最佳例子。模仿西方流行文化的“韩流”的背后，正是资本主义文化、政治势力的亚洲延伸。换言之，这一套“韩流”话语背后，潜藏着西方资本主义的政治和文化权力。

这套西方式话语权力集中体现在“韩流”的产业模式上。韩国的文化产业，大多数模仿自美国的民谣、R&B、电视剧、好莱坞电影、英国摇滚等，而各种流行文化在韩国的传播和再生产，使得韩国俨然成为跨国流行文化的集散地。[③] 正是因为成功复制了这一套成熟的文化产业模式，韩国的文化产业才具备了惊人的生产力。欧美式的流行文化产业在韩国实现了本土

① 马克斯·霍克海默、西奥多·阿多诺：《启蒙辩证法——哲学断片》，渠敬东、曹卫东译，上海人民出版社，2020，第121~172页。

② Henri Lefebvre, *Rhythmanalysis: Space, Time and Everyday Life*, trans by Gerald Moore and Stuart Elden, Continuum, 2004, pp. 46-50.

③ *The Korean Wave: A New Pop Culture Phenomenon*, Seoul: Korean Culture and Information Service, 2011, pp. 17-20.

化的再生产，并以韩国为中心扩散，而这必然带来西方国家软实力的扩张以及西方价值观的推广。正如美国政治学家约瑟夫·奈（Joseph Nye）指出的，依靠软实力，一个国家能够赢得其他国家对其价值观的赞赏，以此塑造其他国家的行为偏好，甚至引起其追随和效仿，最终在国际政治中占据主动权。[①] 而在21世纪的今天，依靠软实力来影响国际关系、获取国家利益的做法，已然成为广泛流行且成效卓著的文化外交（cultural diplomacy）策略。从文化根源和产业性质上，韩国的文化外交政策的推行，或直接或间接地推广了西方式特别是美国式的价值观，这种价值观借助商品的形式和互联网的媒介得以大规模传播，蔓延、渗透并深入国人日常生活的细节之中，潜移默化地改变着国人的思想和行为偏好，从而在不知不觉中追随、效仿西方文化。

这一中西文化和价值观间的较量，从"文明冲突论"（clash of civilizations）的角度看，实际上导源于不同国家不同文明间的文化差异。[②] 也即是说，这种文化和意识形态的博弈，不仅可以还原为不同文化主体间的博弈，还可以进一步溯源至不同文明、文化之间的不兼容性。具体到中西意识形态博弈这一问题上，中西的冲突实质即是儒教文明和基督教文明的冲突：沐浴于基督教文明的西方国家，在历史发展中形成了一种强烈的乃至集体无意识的文化自觉，或者说国家的自我意识（self-consciousness），正是这种自我意识使得西方国家间形成了文化认同并结成了联盟，对于异质性的文明存在一种隔阂感乃至敌视感。[③] 而儒教文明的代表中国，在其近代历史进程中遭遇了文化主体性危机。在这一危机下，中国一方面需要借助西方文明的力量来改造自身的儒教传统，另一方面又力图在现代国家转型中谋求传统的延续和"中国精神"之建立[④]——这一中国近代的"文化主体"心态正好折射了中国在坚守其儒教文化之主体性，并以此锻造民族国家认同、有意区别于西方文明的迫切诉求。值得玩味的是，韩国在其现代化进程中，

① Joseph Nye, *Soft Power: The Means to Success in World Politics*, Public Affairs, 2004, p. 5.

② 塞缪尔·亨廷顿：《文明冲突与世界秩序的重建》，周琪、刘绯、张立平、王圆译，新华出版社，2010，第185页。

③ 诺贝特·埃利亚斯：《文明的进程——文明的社会发生和心理发生的研究》，王佩莉、袁志英译，上海译文出版社，2015，第1~5页。

④ 约瑟夫·列文森：《儒教中国及其现代命运》，郑大华、任菁译，广西师范大学出版社，2009，第132~138页。

一方面有意摆脱中华文化圈的影响，一方面有着逐渐以基督教取代儒教的方式来推行现代化的趋势。这种现代化路径使得韩国在自身文化主体性之建构方面有着追随西方并以之统摄儒教文化的特质。

值得注意的是，“韩流”既具有亚洲儒教文化式的外衣又隐藏着西方资本主义式的意识形态内核。有学者敏锐地指出了韩国的文化产品所蕴含的某种亚洲式的“现代性”：它通过宣扬一种不偏不倚的全球化生活方式，展现一幅超越国界的城市生活、个人追求、自由恋爱、社会正义、现代消费欲望的美好且和谐的生活图景，来为全球消费主义的扩张与中产阶级的崛起张本。更有甚者，韩国的文化产品还展露出一种世界主义式（cosmopolitan）的情怀，它给西方主导下的现代生活渗入了儒家的伦理价值观，使之带有弥补、调节现代化所带来的东西文化冲突的意味。①如果从文化传播、文化再生产的角度看，“韩流”所展现出来的兼容东西方文化的特质，或可以视为西方中心主义文化的他者性在亚洲的再生产，② 而韩国生产的文化产品，无疑是地缘政治博弈和意识形态竞争的产物，充当了西方文化、西方意识形态在东亚的传播工具。

“文化是一个国家、一个民族的灵魂，文化兴国运兴，文化强民族强。”“意识形态决定文化前进方向和发展道路”。③ 文化的强盛意味着国家的强盛，而文化竞争的背后是意识形态的竞争。如果中国不加分辨地大规模接受韩国的文化产品，则可能会在不知不觉、潜移默化中被西方文化所渗透，动摇中国特色社会主义意识形态的主体地位。

（三）互联网成为西方“数字资本主义”扩张的重要阵地，挑战着主权国家的信息安全和文化领导权

在这场意识形态博弈中，互联网充当了加速、激化、升级意识形态博弈的媒介。这需要从互联网的媒介特性即互联网的全球性与国家主权的民族性

---

① Angel Lin and Avin Tong, “Re-Imagining a Cosmopolitan ‘Asian Us’: Korean Media Flows and Imaginaries of Asian Modern Femininities,” in Chua Beng Huat and Koichi Iwabuchi, eds., *East Asian Pop Culture: Analysing the Korean Wave*, Hong Kong University Press, 2008, pp. 91-126.

② Koichi Iwabuchi, Stephen Muecke and Mandy Thomas, *Rogue Flows: Trans-Asian Cultural Traffic*, Hong Kong University Press, 2004, p. 3.

③《习近平谈治国理政》（第 3 卷），外文出版社，2020，第 32 页。

之间的矛盾说起。一方面，互联网的信息流动和信息分配是全球性的、不存在主权国家界限的，甚至形成了各个主权国家被连接在一起的“地球村”，而这是违背民族国家的主权式管理模式的；另一方面，互联网实质上又是一种美国价值观的产物，它不仅诞生在美国，而且无处不在地渗透着自由和开放的美国式价值观，深刻地影响着互联网的技术和管理。[①] 从这个角度说，在互联网的全球性、无主权国家的信息分配逻辑的背后，实际上潜藏着以美国为中心的信息主导权乃至霸权——正是因为这一信息形态和价值观上的霸权的若隐若现的存在，以美国为首的西方世界通过互联网实现了其商品的全球流通、资本的再生产、资本主义的扩张和资产阶级统治地位的强化，甚至形成了一种“数字资本主义”（digital capitalism）格局。从这个意义上说，互联网的大规模覆盖加速了全球化进程，而全球化实际上是后现代主义在全球范围内扩张，是将美国文化强加给全世界的过程，美国文化将变成个人的名副其实的“第二文化”。[②] 互联网俨然成为不同国家争夺文化霸权、意识形态话语权的重要阵地，掌握了网络意识形态的主动权，也就在地缘政治博弈中占据了优势地位，而在互联网信息安全上受到威胁，则是在国家信息安全、文化领导权的博弈中受到侵略。

“韩流”渗透到日常生活所实施的意识形态控制、“韩流”所携带的西方文化对中国特色社会主义意识形态主体地位之侵蚀以及“数字资本主义”的网络格局对中国信息安全的威胁，均凸显了中国的意识形态安全在“韩流”之入侵下面临着威胁和挑战。若要应对这一文化产业、文化和价值观、互联网三者的联合冲击，中国则必须在经济、意识形态和科学技术上采取相应的对策。

三　我国网络意识形态安全的治理策略

面对“韩流”以及西方意识形态的冲击，我国的网络意识形态安全治理必须将网络安全、信息管控纳入国家治理的基本措施中，同时发展本国的

---

① James A. Lewis, “Sovereignty and the Evolution of Internet Ideology,” Center for Strategic and International Studies, 2020, pp. 1-6.

② 斯道雷：《文化理论与大众文化导论》，常江译，北京大学出版社，2010，第 254 页。

文化产业，掌握核心科技研发和应用主导权，牢牢把握意识形态话语权。

习近平总书记高度重视网络意识形态斗争，在互联网、意识形态和文化软实力方面都作出了重要论述。习近平总书记指出，“意识形态工作是党的一项极端重要的工作”，[①]“提高国家文化软实力，要努力传播当代中国价值观念”，“综合运用大众传播、群体传播、人际传播等多种方式展示中华文化魅力”，[②]“网络已是当前意识形态斗争的最前沿。掌控网络意识形态主导权，就是守护国家的主权和政权”。[③] 在网络安全威胁日益向政治、经济、文化、社会、生态、国防等领域传导渗透的情况下，[④] 强化国家的“网络主权”、构建“网络空间命运共同体”已经成为国家安全治理和意识形态工作的当务之急。对于文化产业，中国政府也发布了相关的指导意见和法规，旨在将文化产业的发展与信息化建设、人才培养相结合，以推进文化强国建设。在党和国家的相关政策和方针的指导下，针对当今意识形态竞争所具有的商品、科技、文化和政治四个维度，我国可以从以下四个方面采取相应的对策。

第一，应对外国文化产业入侵的最直接方法是发展本国的文化产业。根据韩国的发展经验，发展文化产业要从行政干预、经济鼓励和法律规范三方面着手。其中，政策的指导和支持是文化产业发展的先导；文化产业所带来的经济效益则不仅仅是文化产业发展的加速剂，更是我国实现产业升级转型、提升利润率的有效手段；而法律则是规范文化产业市场的有力保障。

我国文化产业发展的关键契机在于本国超大规模的国内市场优势和内需潜力，而文化产业链的成熟又可以促进文化产品经济的国内国际双循环，从而限制外国文化产品对中国市场的入侵，并拉动本国文化产品的投资、消费乃至出口。政府可以引进、培养文化产业方面的人才，引进先进文化产业的生产模式并加以改造，鼓励能够体现中国形象的、坚守民族文化主体性的、具有中国元素的书籍、影视、游戏作品。只有通过民族文化的展现，中国的文化产品才能凸显其商业独特性，并通过文化产业的经济效益来促进文化产业的发展。

---

① 习近平：《习近平谈治国理政》，外文出版社，2014，第153页。

② 习近平：《习近平谈治国理政》，外文出版社，2014，第160~162页。

③ 习近平：《论党的宣传工作》，中央文献出版社，2020，第22页。

④ 习近平：《在网络安全和信息化工作座谈会上的讲话》，《人民日报》2016年4月19日。

值得注意的是，文化产品作用于日常生活的方方面面。它不仅作用于人的视觉、听觉，甚至还影响着人的日常话语、表情、动作乃至生活方式。因而，我国的文化产业也需要在语言、图像、行为动作、生活方式等方方面面体现本土文化元素，从而体现本国文化的主体性。

第二，在网络传播时代，掌握、运用好互联网，需要掌握相关的核心科技，抢夺核心技术的研发权，就是抢夺网络意识形态的主动权。在这方面，我国一方面要大力支持、鼓励核心科技研发，另一方面则需要将核心技术与文化产业的发展和网络安全治理相结合。在文化产业的发展上，需要将科学技术运用于文化产品的开发、销售、传播和共享，促进文化产业的信息化、数据化。在网络空间治理上，政府可以通过国内网络管辖来为本国企业保留高增长的市场，通过为企业提供信息化服务和发展指导来鼓励以信息产品为核心的企业的发展。

互联网已经成为各国间信息斗争、地缘政治博弈的竞技场，掌握信息主动权意味着掌握网络安全主动权。习总书记提出的强化国家“网络主权”、构建“网络空间命运共同体”，已经指出了数据、网络实际上是一种政府管理和国际政治博弈的手段。在美国垄断网络平台、主导互联网规则的情况下，我国更应积极参与规则的制订，注重网络平台的开发。在实现更高水平的网络开放的同时，时刻牢记网络技术的政治属性，以网络技术来维护国家主权，反制信息资本主义的威胁，为科学技术的发展赢得空间。

第三，在国际意识形态竞争中，我国也要积极构建自身的文化符号体系。当代意识形态的竞争渗透在文化产品中，已经演变成了文化符号的竞争，这一套符号通过影响受众的认知、感情和心理来进行意识上的渗透。根据“意识操纵”的原理，意识的操纵者常常利用语言的暧昧、情感的调动、轰动效应的制造、断章取义和支离破碎的解读、重复的宣传等手段来实现意识的操纵。[①] 为了应对防不胜防的意识操纵，宣传和教育机构即新闻媒体和学校应成为我国反制西方意识形态渗透、进行社会主义意识形态传播的前沿阵地。

我国必须牢牢把握宣传和教育机构在意识形态领域的关键作用，大力推

① 谢·卡拉-穆尔扎：《论意识操纵》，徐昌翰等译，社会科学文献出版社，2004，第984～995页。

动本国文化符号体系的塑造和传播。一方面，我国可以通过加强信息素养教育来培养民众的信息分辨能力和思考能力，反制他国的意识操控；另一方面，我国必须在语言、艺术、历史、科学等领域构建出一套中国特色的文化符号，并通过这套文化符号的构建和传播，在对外宣传及国内的公共舆论上塑造中国良好的国家形象。

第四，文化产业和网络技术的发展均需要围绕维护国家意识形态安全展开。在当代，不同的文化产品携带着不同的政治倾向及与之相伴的商业利益，网络的开放性表面之下潜藏着西方主导的技术格局，网络时代他国文化符号的流行又隐含着对受众的意识操控。在这一政治、文化、经济相互捆绑的状况下，意识形态安全工作的失利即意味着经济、科技和文化上的失利。意识形态安全已然成为国家安全的重要一环。

在这方面，我们必须坚持马克思主义在意识形态领域的主导地位，发挥社会主义核心价值观在各个领域的文化领导权，并将这种意识形态领导权深入到各种文化符号系统之中，深入到文化产品的方方面面，深入到阻止资本主义价值观和异化人的生活的信息传播之中。同时，我们也要坚持民族文化本位，构建和宣扬新时代中国特色社会主义话语体系，宣传和发展符合中国实际发展状况、符合中国利益的当代马克思主义意识形态理论，从而在国际形象宣传、网络安全治理、公共舆论塑造上掌握意识形态话语权。

四　结语

意大利共产党创始人葛兰西（Antonio Gramsci）对马克思主义意识形态理论作出了深入的发展和论述，他指出，在现代政治斗争中，政治权威的因素已经逐渐从军事领导权、政治霸权转移到文化领导权上，从“镇压”转移到“说服”上，转变成为一种“政治艺术”、一种意识形态“阵地战”。统治阶级若要夺取文化领导权，需要有意识地在教育、道德、文化方面占据统治地位，使得广大人民群众的“文明”和道德标准符合经济制度不断发展的要求。[①] 在网络传播时代，文化商品的竞争和信息的竞争日趋白热化，此时的“政治艺术”、意识形态“阵地战”更成为政治博弈和国家安全治理

① 安东尼奥·葛兰西：《狱中札记》，葆煦译，人民出版社，1983，第 121~123、191~192 页。

的重要手段。在意识形态安全治理上，我国要有意识地建立起文化领导权，建立和不断完善符合广大人民群众文化和道德标准的、符合中国发展阶段的意识形态话语体系。这种意识形态安全治理的一种重要做法是，加快发展本国文化产业，抢占文化产业的国内国际市场，提高文化软实力，同时抢夺核心科学技术的研发权和使用权，力图在国际形象宣传、网络安全治理、公共舆论塑造上把握意识形态话语权和文化领导权，形成文化商品、文化符号和信息科技三位一体的竞争优势。只有在文化、商品、科技方面牢固树立马克思主义的指导地位，明确文化、经济和科技工作的意识形态安全含义，我国才能发挥社会主义核心价值观在各个领域的文化领导权，才能够在网络意识形态竞争时代取得主动权。

韩国家庭债务风险：形成机制与影响*

朴英爱　李美茹　孙弘远

【内容提要】新冠疫情冲击下韩国家庭部门的高债务给宏观经济平稳运行带来巨大挑战。自 2008 年以来，韩国家庭债务规模持续扩大且增速快。从结构上看，年轻人和老年人的家庭债务增长快，高收入家庭债务多，低收入家庭偿债负担重。高债务伴随着高风险，韩国家庭债务风险也不断升高，这与经济增速放缓、失业率上升、利率上调以及房价高涨等具有较强相关性。2022 年初韩国央行以遏制房地产过热为目标而提高基准利率，高风险借款人的债务偿还压力增大。韩国家庭债务在外部冲击下成为金融不稳定的重要来源之一，这对中国家庭债务问题具有警示意义。

【关键词】韩国　家庭债务　高债务

【作者简介】朴英爱，吉林大学东北亚研究中心教授，博士生导师，主要从事东北亚区域经济合作研究；李美茹，吉林大学东北亚学院博士研究生，主要从事家庭金融研究；孙弘远，吉林大学商学与管理学院博士研究生，主要从事金融市场研究。

一　问题的提出

新冠疫情冲击下韩国家庭部门的高债务有可能成为打破金融稳定的

* 本文为国家社科基金一般项目“中国‘一带一路’与韩国‘朝鲜半岛新经济地图’‘新北方政策’战略对接研究”（项目编号：19BGJ049）的阶段性成果。

“灰犀牛”。韩国家庭债务增长势头一直较为强劲，其规模在 2020 年首次超过 GDP，占 GDP 比重达到 103.4%，继而韩国也成为少数家庭债务超过 GDP 的国家之一。在新冠疫情期间，韩国家庭债务非但没有减少还在不断上升，2021 年达到 1862.1 万亿韩元，这主要是由高涨的房价和较低的利率推动的。2022 年初韩国央行为遏制过热的房地产市场而上调基准利率至疫情前水平，但随之而来的副作用是家庭债务偿还负担加重。2022 年韩国宏观经济环境仍具有较大的不确定性同时疫情也对韩国经济造成巨大冲击，并严重影响韩国家庭收入。那么，在这种不利的宏观经济环境影响下，韩国家庭债务风险究竟有多大？哪些家庭的债务风险在加剧？以上两个问题构成了本文的逻辑主线。

二　韩国家庭债务及其结构特征

（一）债务规模大且增速较快

自 2008 年以来，受金融危机的影响，韩国家庭债务在最初的几年间增速有所放缓，2008~2014 年，年均增长率为 7%。但 2015 年韩国家庭债务又开始快速攀升，其增长率高达 10.9%，规模涨至 1203.1 万亿韩元（见图 1）。随后，韩国房地产市场开始加强监管，家庭贷款标准也随之收紧，导致家庭债务在 2017 年后增速放缓，2019 年降至 4.2%，为 2008 年金融危机后的最低增长率。然而，这种降速未能持续下去。为应对新冠疫情的冲击，韩国央行通过降低基准利率增强金融市场稳定性。受此影响，2021 年韩国家庭债务增加 134.2 万亿韩元，达到 1862.1 万亿韩元；2023 年持续上涨，达到最高值 1886.4 万亿韩元。

韩国家庭债务持续攀升，原因主要有以下两点。第一，房地产市场的日益繁荣。近年来，韩国房地产市场过热，特别是首都圈及周边城市房价大涨，基于抵押品效应和财富效应，许多家庭举债购房，从而陷入高债务之中。虽然新冠疫情对韩国经济造成严重冲击，但房地产市场依旧过热，房价继续上涨，家庭住房贷款随之增多。第二，长期的低利率政策。自 2000 年以来，韩国央行不断下调基准利率，寄希望于这样能够重振经济，但带来的往往是资产价格上涨和投资过热的副作用。受新冠疫情影响，韩国央行又于

2019 年 7 月开始下调基准利率，并于 2020 年 3 月降至历史最低点 0.5%，随后，房地产市场过热，家庭住房贷款增多。

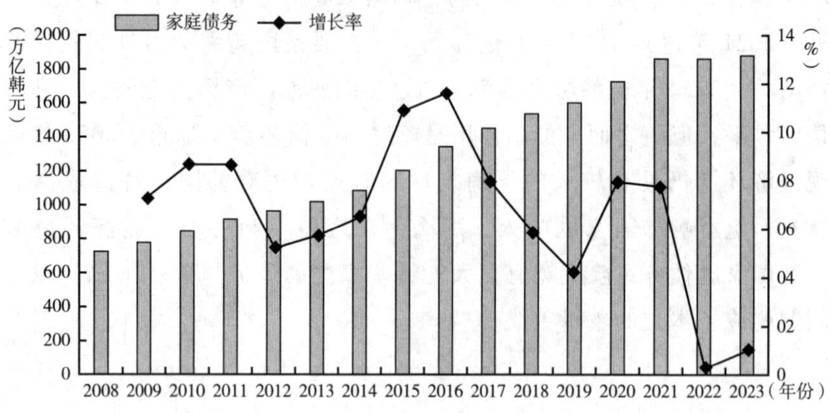

图 1　韩国家庭债务规模及其增长率

数据来源：韩国银行。

（二）年轻人和老年人的家庭债务增长快

按年龄结构划分的韩国家庭债务呈倒“U”型分布，即中年人的家庭债务份额最多，年轻人次之，老年人最小。① 韩国年轻人的家庭债务比重超过 50%，2012~2023 年，户主在 39 岁及以下家庭中持有债务的家庭比重为 68.1%~75.2%，略低于同期中年户主家庭（见表 1），而 60 岁及以上户主家庭持有债务的家庭比重很低，不足一半。然而，韩国年轻人和老年人家庭的债务增长较快，并成为韩国家庭债务持续上升的重要推动力。

第一，年轻家庭债务激增。截至 2020 年第三季度，韩国年轻家庭（户主在 39 岁以下家庭）债务达到 409.3 万亿韩元，同比增长 8.5%，其债务总量占总债务量的比重为 25.8%。而这些贷款中与住房相关的贷款较多，占比达到 29.2%。年轻家庭的贷款涨幅较大，主要原因在于：其一，租赁保证金和月租金贷款增加；其二，年轻家庭的购房需求较大；其三，股票投资

① 衡量家庭债务分布有很多种方式，划分依据也各不相同，本文讨论只限于从年龄结构和收入结构两个角度来考察；本文将 39 岁及以下者定义为年轻人组，40~59 岁者定义为中年组，60 岁及以上者定义为老年组。

表 1　各年龄组持有债务的家庭比重及债务均值

单位：%，万韩元

	39 岁及以下		40~49 岁		50~59 岁		60 岁及以上	
	比重	均值	比重	均值	比重	均值	比重	均值
2012	70. 5	3887	75. 6	6728	73. 3	7671	44. 6	3662
2013	70. 6	4347	77. 8	6879	73. 6	7959	47. 6	4201
2014	70. 5	4800	76. 4	6922	72. 1	7982	47. 0	4406
2015	68. 5	4977	74. 9	7160	71. 6	7939	47. 3	4843
2016	68. 1	5396	76. 0	8120	71. 8	8369	47. 6	5030
2017	68. 6	6268	74. 5	8637	71. 3	8670	46. 8	5199
2018	71. 7	7313	76. 0	10109	70. 3	8820	48. 4	5380
2019	72. 8	8125	76. 0	10689	71. 8	9321	47. 7	5222
2020	75. 1	9117	77. 2	11327	72. 9	9915	46. 7	5279
2021	75. 2	9986	76. 6	12208	72. 8	10074	46. 4	5703
2022	73. 7	10193	76. 5	12328	71. 9	10763	46. 5	6045
2023	71. 2	9937	76. 1	12531	70. 3	10715	45. 8	6206

注：以户主年龄为年龄组划分依据。

资料来源：韩国统计厅。

需求增多；其四，银行发行了较多的非面对面（non-face-to-face）和无抵押的贷款产品。[①] 可见，贷款需求和贷款供给的增长是年轻家庭债务扩张的重要推动力。

第二，老年家庭债务增速较快。2017 年以来，在贷款标准收紧的情况下，所有年龄段的家庭债务增速开始放缓，但 60 岁及以上的家庭债务却仍呈现较高的增长走势，2017 年至 2019 年第三季度，户主年龄在 39 岁及以下、40~49 岁、50~59 岁以及 60 岁及以上的家庭债务增长率分别为 7. 6%、3. 3%、4. 4%和 9. 9%。追溯老年人债务激增的原因，主要有以下三点：其一，倾向于投资租赁地产；其二，创建个人经营企业；其三，为获取生活费用而进行贷款。[②] 由此可知，为维持退休后的生活水平而不断增加贷款是老年人家庭债务扩大的关键原因。

① 韩国银行：《金融稳定报告》，2020 年 12 月，第 25~31 页。

② 韩国银行：《金融稳定报告》，2019 年 12 月，第 110~112 页。

（三）高收入家庭债务多，低收入家庭偿债负担重

高收入家庭持有较多的家庭债务，而低收入家庭债务少。[①] 2012～2023年，韩国家庭债务均值不断上涨，高收入家庭债务均值增长率为 3.8%，2023 年达到 2.06 亿韩元，而同期低收入家庭债务均值增长率为 5.3%，2021 年收入 1 分位和收入 2 分位的家庭债务均值分别为 0.2 亿韩元和 0.44 亿韩元。与此同时，高收入群体中持有债务的家庭比重超过 70%，同比收入 1 分位家庭占比则不足 35%，收入 2 分位家庭占比不到 60%。

高收入家庭偿还债务支出高，而低收入家庭偿债负担重。通过衡量债务偿还能力的两个指标可知，韩国家庭部门的债务负担持续加重。高收入家庭债务收入比较高，2012～2023 年，从 171.2%波动下降到 170.2%，债务偿还收入比由 17.1%上升至 22.9%（见表 2），但由于这些家庭的可支配收入较高，其偿债压力不大。相比之下，低收入家庭由于可支配收入较低而面临较大的财务困境，在同一时期，收入 1 分位家庭的平均债务收入比为 164.7%，平均债务偿还收入比为 21.7%，收入 2 分位家庭的平均债务收入比为 170.1%，平均债务偿还收入比为 24%。

表 2　按收入分位划分的家庭债务收入比和偿还收入比

单位：%

	收入 1 分位		收入 2 分位		收入 3 分位		收入 4 分位		收入 5 分位	
	DTI	DSR	DTI	DSR	DTI	DSR	DTI	DSR	DTI	DSR
2012	146.5	16.0	168.0	16.4	138.5	18.8	138.4	16.7	171.2	17.1
2013	176.9	16.6	189.1	21.2	142.4	19.7	151.6	19.6	164.0	18.3
2014	176.8	24.2	172.5	24.2	145.2	24.5	151.6	21.2	162.2	20.3
2015	168.8	24.3	172.3	26.0	146.0	24.5	155.2	25.5	162.7	22.5
2016	161.4	19.6	160.3	26.9	161.3	26.6	158.2	28.6	176.2	25.9
2017	177.4	22.1	172.9	25.8	169.5	25.6	170.5	25.4	172.9	24.2
2018	175.7	23.1	169.1	25.5	176.0	24.8	159.6	23.5	160.4	22.8
2019	168.1	28.1	161.3	24.3	172.8	27.7	169.9	26.5	165.1	22.7
2020	173.6	24.0	171.2	23.0	173.8	26.5	168.6	27.7	171.8	22.7
2021	152.6	17.6	175.5	25.5	175.0	25.2	179.6	28.8	176.8	24.1

① 此处定义高收入家庭为收入位于 5 分位的家庭，低收入家庭为收入位于 1 分位和 2 分位的家庭。

续表

	收入 1 分位		收入 2 分位		收入 3 分位		收入 4 分位		收入 5 分位	
	DTI	DSR	DTI	DSR	DTI	DSR	DTI	DSR	DTI	DSR
2022	136.3	22.9	171.7	25.7	177.6	22.6	176.3	23.8	174.6	19.7
2023	162.0	21.5	157.1	24.3	164.3	24.0	170.4	22.2	170.2	22.9

注：DTI 为债务收入比，DSR 为债务偿还收入比。

资料来源：韩国统计厅。

三　韩国家庭债务风险及其影响因素

（一）家庭债务风险指标

家庭债务风险指标是判断一国或地区家庭债务是否具有风险的重要依据。通常而言，显性指标即一国或地区的家庭债务规模是常见的统计指标，但隐性指标即债务风险变化更能说明问题。因此，在衡量一国或地区的家庭债务风险时，除了使用债务的绝对量和相对量外，家庭债务风险隐性指标也应纳入其中。基于此，运用家庭债务风险隐性指标判断韩国家庭债务现状尤为必要。随着韩国家庭债务持续上升，其潜在的风险日益加剧，而这种风险在经济下行时尤为明显。

衡量家庭债务风险的主要指标有债务收入比（Debt to Income，DTI）、债务偿还收入比（Debt Service to Income Ratio，DSR）、资产负债率（Debt to Asset，DTA）、贷款价值比（Loan to Value，LTV）以及债务违约率（Debt Delinquency，DD）等。债务收入比用来测量家庭债务持续性以及反映家庭部门的偿债能力；债务偿还收入比是衡量家庭债务负担程度的重要指标，其受利率、贷款期限和家庭收入等影响较大；资产负债率是判断家庭是否有偿还能力的最后一道防线，一旦债务超过总资产，那么就会出现资不抵债的情况，家庭部门将面临破产；贷款价值比多用于住房抵押贷款，同样也是衡量债务偿还风险的指标之一；债务违约率也是度量债务风险的关键指标，能够较好地反映债务风险的大小。

表3　韩国家庭债务风险指标

	指标	内涵	阈值
流量指标	债务收入比（Debt to Income，DTI）	债务占收入比重	DTI>300%
	债务偿还收入比（Debt Service to Income Ratio，DSR）	债务还本付息占可支配收入比重	DSR>40%
存量指标	资产负债率（Debt to Asset，DTA）	债务占资产的比重	DTA>100%
	贷款价值比（Loan to Value，LTV）	贷款占抵押品价值的比重	LTV>70%

资料来源：박 윤 태，「노 정 현. 가구 연령별 가계부채 상환위험요인에 관한 연구」，『大韓不動産學會誌』，第35卷，第2號（通卷第45號），2017，pp. 223-242。

在分析韩国家庭债务风险时，通常选用债务收入比、债务偿还比、资产负债率和贷款价值比。而这些指标的阈值设定主要根据韩国经济状况、就业情况以及家庭部门收入、债务等因素决定，不是固定不变的，而是随着经济冷热等外部环境不断调整。基于韩国的基本经济情况，上述四个指标的阈值可分别设定为300%、40%、100%和70%。

（二）韩国家庭债务风险的变化

随着韩国家庭债务持续上涨，其风险也日益加剧。截至2020年第三季度，韩国债务收入比升高，平均债务收入比为225.9%，较2019年增长8.4个百分点，其中，债务收入比超过300%的借款人比重达到23.6%，比2019年上升1.4个百分点。同期，家庭部门的债务偿还收入比均值为35.7%，略低于2019年的36.5%，主要是平均到期日延长、贷款利率下降和收入增长等因素导致的，而债务偿还收入比大于40%的借款人所占比重为28.5%，他们所持债务占总债务的62.7%，其中超过70%的高负担借款人占比为13.3%，持有总债务的40%，可见，债务偿还比越高的借款人，其债务偿还额越大。[①] 综上可知，韩国家庭债务负担有所加重，其风险也不断上升。然而，韩国家庭债务风险具有异质性，现阶段老年人和低收入人群的家庭债务风险较大。

老年人家庭的债务风险较大但处于可控范围内。随着老年人的家庭债务持续增长，其风险也日益加剧，并呈现以下三个主要特征。第一，老年人的

① 韩国银行：《金融稳定报告》，2020年12月，第123~127页。

债务偿还能力较弱。老年人的家庭债务收入比较高，2023 年，户主在 60 岁以上家庭的债务收入之比高达 146.5%，远高于其他年龄组。[①] 第二，老年人的债务应对能力不强。60 岁及以上的老年人持有的实体资产多于金融资产，这使得该群体在受到经济疲软和房地产市场衰退等负面冲击时，其债务应对能力由于实体资产过度集中、流动性较差而下降。第三，老年人的债务拖欠率较低。60 岁及以上老年人的债务拖欠率较低，2019 年第三季度为 0.65%，但略高于 30 岁及以下群体。[②]

低收入家庭的债务风险较高且不断加剧。低收入家庭的可支配收入较低且增速慢，特别是自新冠疫情以来，这些家庭的债务增长超过可支配收入，导致其债务偿还能力恶化。最为严重的是具有脆弱性的低收入家庭比重上升，特别是持有多项贷款的低收入家庭比例由 2012 年的 14.9%上升到 2020 年的 38.9%，这是因为他们在生活上的支出扩大了，但收入增长缓慢，进而导致其贷款增加。

（三）韩国家庭债务风险的影响因素

从上述分析可知，经济增长、利率、房价以及失业率等因素都是影响家庭债务风险的关键要素。Karasulu 指出实际利率下降和银行扩大零售市场份额的竞争在提高韩国债务水平方面发挥了重要作用。[③] Kim 等认为韩国家庭债务在过去十年内快速增长的原因与房价快速上涨，特别是首尔地区外的房价上涨、银行对于贷款者的宽松态度以及金融机构增加的存款量存在相关性。[④] 另外，韩国央行认为如果新冠疫情对就业市场造成的冲击比 2008 年金融危机时期严重的话，这将导致韩国工薪家庭的债务偿还能力下降以及贷款违约率大幅上升，并伴随着债务风险不断加剧。[⑤]

新冠疫情暴发后，韩国经济增速在 2020 年降为-0.9%，2021 年上升至 4%，韩国劳动力市场也因此受到冲击，韩国整体失业率升高至 2020 年的

---

① 数据来自韩国统计厅。

② 韩国银行：《金融稳定报告》，2019 年 12 月，第 113~115 页。

③ Meral Karasulu, "Stress Testing Household Debt in Korea," *IMF Working Paper*, 2008, pp. 1-21.

④ Hyun Jeong Kim, Dongyeol Lee, Jong Chil Son and Min Kyu Son, "Household Indebtedness in Korea: Its Causes and Sustainability," *Japan and the World Economy*, Vol. 29, 2014, pp. 59-76.

⑤ 韩国银行：《金融稳定报告》，2020 年 6 月，第 137~143 页。

4%，是2001年后的又一新高，2021年略有下降，达到3.7%。为应对新冠疫情下的经济萧条，韩国央行不断下调基准利率，2020年5月降至最低水平0.5%。在低利率的刺激下，韩国房地产过热，房价高涨，推动家庭债务继续升高。自2022年初，为遏制高房价和家庭部门的高债务，韩国央行上调基准利率至疫情前的1.25%，而这对于低收入和老年人家庭的债务偿还能力是一大挑战。因此，基于韩国不容乐观的宏观经济现状，韩国家庭债务风险很大。

四　韩国家庭债务风险影响因素的实证检验

韩国家庭债务风险缘何居高不下？近年来，随着韩国家庭债务不断扩张，其风险也持续上升。虽然2020年初的新冠疫情使韩国经济受到严重冲击，但家庭债务仍在增长。这种现象的背后既有低利率又有高房价的原因。而为遏制房地产市场过热，2022年初，韩国央行上调基准利率至疫情前水平，但宏观经济尚未完全恢复，这将增大高风险借款人的债务偿还压力。基于此，测度韩国家庭债务风险的影响因素显得尤为重要，其不仅能够有效识别债务风险来源，而且有助于完善债务风险的应对机制。

（一）韩国家庭债务风险影响因素的研究方法

1. 模型设定

Copula函数描述的是变量间非线性相依关系，它通过把任意一组随机变量X_1，X_2，……X_N的联合分布函数$F(x_1, x_2, \cdots\cdots x_N)$与其各自的边缘分布函数$F_{X_1}(x_1)$，$F_{X_2}(x_2)$，……$F_{X_N}(x_N)$相连接，构成连接函数Copula，此处将其记为$C(u_1, u_2, \cdots\cdots u_n)$，且联合分布函数与边缘分布函数间满足关系：

$$F(x_1, x_2, \cdots\cdots x_N) = C(F_{X_1}(x_1), F_{X_2}(x_2), \cdots\cdots F_{X_N}(x_N))$$

Copula函数构建了随机变量在概率分布上的相依关系，可以解决两组随机变量在非相互独立条件下的相依关系。在韩国家庭债务风险的影响因素测度上，考虑到韩国经济数据分布特征，本文选择使用二元正态Copula分布函数，将韩国家庭债务风险分别与不同类型的风险因素构建Copula分布函数，以判断不同因素对家庭债务风险的影响。

二元 Copula 分布函数 C（u，v），韩国家庭债务风险 u 和其影响因素 v 是二维递增的，即 C（u，v）是 u 和 v 的增函数。对于任意两期韩国家庭债务风险u_i和其影响因素v_i满足：$0 \leq u_1 \leq u_2 \leq 1$ 和 $0 \leq v_1 \leq v_2 \leq 1$，且有两变量的 Copula 函数满足：

$$C(u_2, v_2) - C(u_2, v_1) - C(u_1, v_2) + C(u_1, v_1) \geq 0$$

对于家庭债务风险和其影响因素，满足连续的一元分布函数 F（x）和 G（y），令 $U=F$（x），$V=G$（y），家庭债务风险 U 与任一影响因素 V 服从［0，1］上的均匀分布，则家庭债务风险和其影响因素的 Copula 函数 C（u，v）是一个边缘分布均为［0，1］上均匀分布的二元联合分布函数，其定义域内任一（u，v），有 $0 \leq C$（u，v）≤ 1。

基于韩国家庭债务风险与其影响因素构建二元正态 Copula 分布函数和密度函数的表达式为：

$$C(u_i, v_i; \rho) = \Phi_\rho(\Phi^{-1}(u_i), \Phi^{-1}(v_i))$$

$$c(u_1, v_1; \rho) = \frac{\partial^N C(u_1, u_2; \rho)}{\partial u_1 \partial u_2} = |\rho|^{-\frac{1}{2}} \exp\left(-\frac{1}{2}\zeta'(\rho^{-1} - \mathrm{I})\zeta\right)$$

其中，u_i为家庭债务风险，v_i为影响因素，ρ 为对角线上元素全为 1 的 N 阶对称正定矩阵，Φ_ρ代表 N 元标准正态分布函数，它的边缘分布均为标准正态分布。

2. 变量选择与数据来源

本文选择家庭债务收入比作为衡量韩国家庭债务风险的观测指标，三个影响因素指标分别为韩国 GDP 增长率、银行间同业拆借利率和全国房屋购买力价格指数，用以考察韩国整体家庭债务风险以及不同年龄组和收入组的家庭债务风险。本文选取的时间范围为 2010 年第一季度到 2021 年第四季度，相关数据来自韩国银行、韩国统计厅及 wind 数据库。

（二）韩国家庭债务风险影响因素的实证结果

韩国家庭债务风险与经济增长呈负相关性，而与利率、失业率和房价指数呈正相关性。表 4（年龄组）和表 5（收入组）测度的是基于 Copula 测度的家庭债务风险与经济增长、利率和失业率三者间的关系。从中可以得出以下四点结论。第一，在平均水平下，韩国家庭债务风险与 GDP 增长率反向变动，即 GDP 增速快会降低家庭债务风险，这表明韩国经济快速发展推动家庭收入上涨，从而缓解家庭部门的债务偿还压力。第二，韩国家庭债务风险与利率为正向关性，即利率升高使得家庭部门的债务偿还增多，进而加剧家庭债务偿还负担，并使得家庭债务风险升高。第三，韩国家庭债务风险与失业率呈正向关系，即失业水平上升会引发家庭债务风险扩大。具体而言，劳动力市场不景气造成大量失业，使得家庭收入减少，这将导致其债务偿还负担加重。第四，整体的家庭债务风险与房地产价格指数间线性相关系数、Knendall 秩相关系数和 Spearman 秩相关系数为正，这表明韩国房价的正向变动会引发家庭债务风险上升。与此同时，在统计意义上，二元正态 Copula 的线性相关系数、Kendall 秩相关系数和 Spearman 秩相关系数符号一致，即估计结果稳健。

不同群体的家庭债务风险具有异质性。从年龄结构上看，家庭债务风险存在结构性差别（见表 4）。其一，韩国家庭债务风险与 GDP 增长的关系在不同年龄组的结果不同。具体而言，50 岁以下家庭的相关系数为负，与平均水平一致，但 50 岁及以上家庭的相关系数为正。其二，在家庭债务风险与利率关系中，60 岁及以上家庭的相关系数为正，59 岁及以下家庭则为负。由此可知，老年组与其他分组在经济增长与利率上存在结构化差异。这表明老年人家庭即使在经济增长和利率宽松的条件下，也会面临沉重的家庭债务负担，并更容易遭受冲击。其三，在家庭债务风险与失业率的关系中，60 岁及以上家庭的线性相关系数为正，但 Kendall 与 Spearman 秩相关系数为负，即老年人家庭债务风险与失业率间关系中，线性相关性为正，非线性相关性为负。可见，失业对老年人的家庭债务风险影响不稳定。其四，在家庭债务风险与房价指数的关系中，50~59 岁与 60 岁及以上家庭的相关系数值均为负，即韩国房价上涨会降低家庭债务风险，这个年龄组的家庭通常已经还清房贷，房价上涨并不能带来其负债水平上升，反而提高家庭拥有的资产价值。

从收入分布上看，低收入家庭债务风险较大。一方面，从表 5 可知家庭债务风险与经济增长呈现负向性，即经济增长可以降低低收入家庭的债务风险（主要是指收入 1 分位家庭），与此同时，低收入家庭的债务情况与其他收入家庭存在明显差异。另一方面，从图 2 中可知，低收入家庭债务风险与经济增长存在较强的尾部相关性，即 GDP 增长率的快速下滑导致低收入家庭债务风险持续上升。另外，在收入组分布中，整体家庭债务风险与房价指数间系数估计值均为正值，表明房价上升会引发家庭债务风险升高。但收入 1 分位数组即极低收入家庭债务风险与房价指数的相关系数为负，这主要源于极端低收入人群难以通过借贷方式购买住房，所拥有的房产较少，房地产价格变化对其家庭债务风险影响微弱。

表 4　按年龄组划分的各相关系数结果

影响因素	不同年龄组	二元正态 Copula 函数线性相关系数	二元正态 Copula 函数 Kendall 秩相关系数	二元正态 Copula 函数 Spearman 秩相关系数
GDP 增长率	整体家庭	-0.4415	-0.2911	-0.4251
	户主在 39 岁及以下家庭	-0.6229	-0.4281	-0.6048
	户主在 40~49 岁家庭	-0.6173	-0.4236	-0.5993
	户主在 50~59 岁家庭	0.0666	0.0424	0.0636
	户主在 60 岁及以上家庭	0.0455	0.5171	0.7093
利率	整体家庭	-0.7357	-0.5263	-0.7194
	户主在 39 岁及以下家庭	-0.8172	-0.6089	-0.8039
	户主在 40~49 岁家庭	-0.8559	-0.6539	-0.8445
	户主在 50~59 岁家庭	-0.2040	-0.1308	-0.1952
	户主在 60 岁及以上家庭	0.1669	0.0107	0.1597
失业率	整体家庭	0.8231	0.6155	0.8100
	户主在 39 岁及以下家庭	0.8311	0.62455	0.8184
	户主在 40~49 岁家庭	0.8344	0.6284	0.8219
	户主在 50~59 岁家庭	-0.4430	0.2922	0.4266
	户主在 60 岁及以上家庭	0.7258	-0.0289	-0.04341
房价指数	整体家庭	0.6553	0.4549	0.6375
	户主在 39 岁及以下家庭	0.8536	0.6511	0.8421
	户主在 40~49 岁家庭	0.8511	0.6481	0.8395
	户主在 50~59 岁家庭	-0.01319	-0.8395	-0.1259
	户主在 60 岁及以上家庭	-0.4917	-0.3273	-0.4774

表5　按不同收入分位划分的各相关系数结果

影响因素	家庭分位数	二元正态 Copula 函数线性相关系数	二元正态 Copula 函数 Kendall 秩相关系数	二元正态 Copula 函数 Spearman 秩相关系数
GDP 增长率	整体家庭	-0.6531	-0.4531	-0.6354
	收入1分位	0.4415	0.2911	0.4251
	收入2分位	-0.2297	-0.1475	-0.2198
	收入3分位	-0.6375	-0.4400	-0.6195
	收入4分位	-0.6509	-0.4512	-0.6331
	收入5分位	-0.3163	-0.2049	-0.3034
利率	整体家庭	-0.8102	-0.6012	-0.7966
	收入1分位	0.3077	0.1991	0.2950
	收入2分位	0.1628	0.1040	0.1556
	收入3分位	-0.7937	-0.5836	-0.7793
	收入4分位	-0.7807	-0.5703	-0.7659
	收入5分位	-0.6287	-0.4328	-0.6107
失业率	整体家庭	0.5211	0.3489	0.5035
	收入1分位	-0.1541	-0.0098	-0.0147
	收入2分位	-0.4848	-0.3222	-0.4677
	收入3分位	0.7626	0.5522	0.7471
	收入4分位	0.5242	0.3513	0.5065
	收入5分位	0.2815	0.1817	0.2697
房价指数	整体家庭	0.9277	0.7564	0.9212
	收入1分位	-0.5216	-0.3493	-0.5039
	收入2分位	0.1018	-0.06494	0.09728
	收入3分位	0.8747	0.6779	0.8645
	收入4分位	0.9225	0.7448	0.9156
	收入5分位	0.5844	0.3974	0.5663

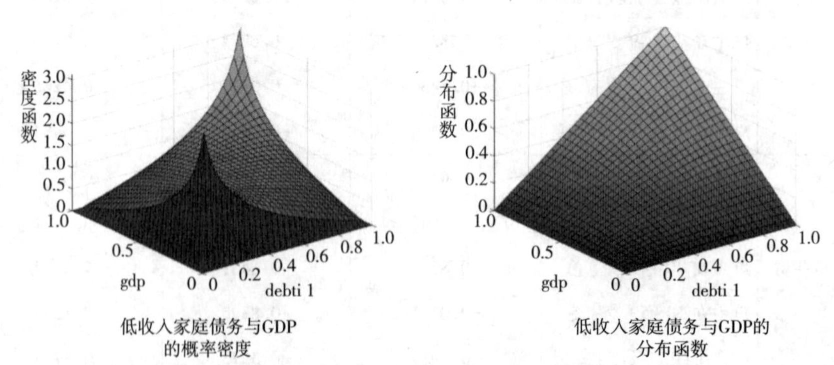

图2　收入1分位家庭债务与GDP的概率密度图和分布函数

五 结论及对中国的启示

韩国家庭债务持续攀升，风险日益加剧，而这种风险在新冠疫情这一外部冲击下升高。在疫情防控常态化背景下，韩国政府很难实现经济增长与高房价、高家庭债务之间的平衡，其原因在于低利率政策的两面性：低利率虽然能够刺激经济增长，但随之而来的副作用是房价高升和家庭债务上涨。而为给过热的房地产降温，韩国央行于 2022 年初上调基准利率。然而，韩国宏观经济尚未恢复，家庭债务风险上升，尤其是低收入和老年人家庭。

相比之下，中国家庭债务增速快，但风险较小。自 2008 年以来，中国家庭债务进入快速扩张期，2008~2021 年，家庭债务从 57.06 万亿元扩张到 71.11 万亿元，年均增长率为 21.4%，家庭债务占 GDP 比重由 2008 年的 17.9%攀升至 2020 年的 61.8%，年均增长 3.7 个百分点。虽然中国家庭债务不断上涨，但风险仍处于低位，主要原因在于：一是住房贷款价值比（LTV）较低，且对第二套及以上的住房贷款有较高的门槛，使得银行的风险较小；二是家庭债务违约率较低，风险较大的住房抵押贷款违约率也很低，2018 年仅为 0.3%；三是中国经济处于稳增长阶段，虽然新冠疫情对宏观经济环境带来较大的不确定性，但 2022 年的经济增长目标为 5.5%，远超大多数国家。

中国低收入家庭债务风险高，但处于可控范围内。[①] 根据 2019 年《中国家庭金融调查》（CHFS）的数据，收入最低 20%人群的家庭债务收入比高达 1140.5%，远远高于其他收入组家庭，其中，银行债务收入比和非银行债务收入比分别为 291%和 849.6%，也处于高位。由此可知，低收入家庭的非银行债务较多，这也成为其风险的主要来源。但由于这些非银行债务多数属于亲戚朋友之间的借贷，违约风险较小，即使违约，也不会对银行机构带来风险。虽然新冠疫情常态化对低收入家庭造成的冲击更大，但

① 由于中国老年人储蓄率高、债务率极低，本文只讨论低收入家庭的债务情况，对老年人的家庭债务不做阐述。

其收入和财富变化不大，可见，低收入家庭债务风险虽高但可控。[①]

综上所述，根据中国家庭债务及其风险状况和韩国家庭债务风险的测度，再结合新冠疫情常态化等背景，解决中国家庭债务问题应从以下两个方面入手。第一，持续推动家庭债务减速，降低其债务风险。面对不利的宏观经济环境，中国金融监管机构应以流量为抓手持续推动家庭债务降速，与此同时，利用数字经济快速发展，将互联网信息化与家庭财务关联，及时识别家庭债务流量变化。第二，增加低收入家庭的收入，减轻其债务偿还负担。低收入家庭的债务收入比较高，为减轻低收入家庭的债务偿还负担，应持续推进共同富裕，采取多元化增收方式提高其收入，以增强其债务偿还能力，减轻偿债负担。

① 根据西南财经大学中国家庭金融调查与研究中心和蚂蚁集团研究院联合发布的《疫情后时代中国家庭的财富变动趋势（中国家庭财富指数调研报告 2021Q4）》调研报告可知，低收入群体的家庭收入和财富变动虽然在 2021 年第三季度出现小幅下滑，但整体趋势向好。

韩国大学人性教育实践经验及其启示*

金　玉

【内容提要】自2015年韩国政府制定《人性教育振兴法》以来，人性教育覆盖各教育阶段。目前韩国大学大多成立了人性教育委员会，负责规划和实施人性教育，但是由于韩国大学对人性教育的探索刚起步，当前大学人性教育呈现不同的特征。本文拟以三所韩国大学的人性教育为案例，考察韩国大学人性教育的具体措施、主要特点及需要完善的因素等，并在此基础上提炼出可供我国大学人性教育借鉴的经验。

【关键词】人性教育　集体主义意识　全球公民意识　韩国

【作者简介】金玉，湖南师范大学公共管理学院社会学系讲师，主要从事教育社会学、社会心理学研究。

一　引言

2011年在韩国大邱市发生的校园暴力受害者自杀事件在韩国影响极大，引发了人们对道德现状的广泛关注和讨论。韩国政府为了有效避免此类事件的发生，2015年制定了《人性教育振兴法》，要求所有大中小学实施人性教育，人性教育覆盖各阶段教学。《人性教育振兴法》颁布之后，各种人性教育相关课程相继出现，但这些课程主要针对小学生，中学生与大学生仍缺乏

* 本文系2020年湖南省教育厅科学研究项目“后疫情时代大学生集体主义意识培育研究”（20B385）研究成果。

相应的课程和系统学习。尤其是在中学阶段，由于学校教育偏重于培养学生的应试能力，人性教育被严重低估和忽略。经历了人性教育空白期进入大学的学生中有相当多的人缺乏自我认同感且自我效能感低，不但难以激发学习动机，而且存在明显的利己主义倾向、缺乏共情能力，无法与人建立良好的人际关系。[①] 大学生缺乏对他人的关怀和尊重，造成了更加严重的社会问题，韩国近几年大学生性暴力事件频繁发生，[②] 再次引起人们对人性教育的思考。实际上，80%以上的韩国大学生认为人性教育是必要的，作为"预备社会人"希望通过人性教育丰富人性，成为有准备的人。[③]

随着加快实施大学人性教育的呼声日渐高涨，为了更好地树立大学人性教育理念，有效推进人性教育发展，目前韩国大学大多成立了人性教育委员会，负责制定长期发展计划、规划合理的人性教育课程等。由于韩国大学对人性教育的探索刚起步，而且各大学对"人性"的理解也各不相同，因此，当前韩国大学人性教育呈现出不同的特征。本文首先明确韩国大学开展人性教育的时代与社会要求，分析韩国大学人性教育的具体实施方法、特点及需要完善的方面等，并在此基础上提炼出可供我国大学人性教育借鉴的经验。

二　韩国大学人性教育开展的时代动因

自2016年"第四次工业革命"一词在韩国社会出现后，为迎接新的时代，教育应该有哪些新的应对策略、应该培养什么样的人才成为各大学的重要议题。第四次工业革命是人工智能、物联网、大数据等先进信息技术与经济社会发展深度融合，实现革新性变化的工业革命。在这个新时代，我们需要重新思考和理解人类存在的意义。随着人类和机器的交互变得越来越活跃，两者之间的界限将变得越来越模糊，人类的作用逐渐被机器所取代，必

① 杨惠莲：《大学人性教育促进方案研究》，《韩国女性教养学会杂志》2006年第15期，第1~28页。

② 如，2011年"高丽大学医学生集体性侵事件"（《韩国日报》2011年6月3日），2016年"对大学同学长期实施暴行和猥亵事件"（《朝鲜日报》2016年9月12日），2016年"首尔大学学生会会长性暴力事件"（《联合新闻》2016年11月4日）等。

③ 池慧珍：《大学生对人性教育的认识与探索》，《教养教育研究》2013年第5期，第433~466页；李宗贤：《大学新生人性教育经验及其重要性的认识》，《教养教育研究》2016年第2期，第219~250页。

然引起对人类存在本质意义的反思。根据 Frey 和 Obsborne 的研究,[①] 在今后 20 年内约 47%的人类工作将被机器替代。人工智能替代的人类工作领域增多，最终人类只能从事只有人类才能胜任的工作，因此，人类独有的能力，即人性将被凸显出来。可以说，尊重人性、发展人性是伴随第四次工业革命时代的必然。

2016 年世界经济论坛公布了第四次工业革命时代人类需具备的 10 大核心胜任力,[②] 并指出强化人性教育的必要性。10 大核心胜任力中有一半是与人性相关的能力，包括人际管理（people management）、与他人合作（coordinating with others）、情绪智力（emotional intelligence）、服务能力（service orientation）、协商（negotiation）等，这些能力都重视与他人的关系以及相互协作。同样，经济合作与发展组织发布的《未来的教育与技能 2030》中也提出了人性相关能力，即合作、共情、解决冲突能力以及责任感和公民性。[③] 可以说，在第四次工业革命时代，应当具备的最基本最首要的能力是共同体能力，即基于正确的价值观和态度，对国家、地区、社会、团体中产生的各种问题采取积极行动的能力。

与此同时，新冠疫情对整个韩国社会产生了深刻影响，人性教育再次成为社会关注的焦点。新型冠状病毒的超强传播能力使全世界陷入严重危机，人们受到恐惧、不安、孤立、抑郁等多种心理问题的困扰。[④] 尤其是从线下到线上的授课方式的转变，给学生的学习及生活带来了极大挑战，大学生所受到的负面影响更大。根据韩国保健福祉部的调查，2021 年韩国人的抑郁症发病率比 2018 年增加了两倍以上，其中 20 岁人群和 30 岁人群的抑郁症

---

① C. B. Frey and M. A. Osborne, "The Future of Employment: How Susceptible are Jobs to Computerisation?" *Technological Forecasting and Social Changes*, Vol. 114, 2017, pp. 254-280.

② 自从 McClelland 在 1973 年提出比起智力，胜任力（competence）能更好地预测职业成就和生活质量以来，英国、加拿大等教育发达国家一直重视对胜任力的研究和应用。McClelland 将胜任力定义为，能够成功完成任务且将表现优秀者与表现一般者区分开来的特征。

③ *OECD Future of Education and Skills 2030*, https://www.oecd.org/education/2030-project/。

④ C. Wang, R. Pan, X. Wan, Y. Tan, L. Xu, C. S. Ho and R. C. Ho, "Immediate Psychological Responses and Associated Factors during the Initial Stage of the 2019 Coronavirus Disease (COVID-19) Epidemic among the General Population in China," *International Journal of Environmental Research and Public Health*, Vol. 17, No. 5, 2020, pp. 17-29；李东勋等：《大众对新冠病毒感染的恐惧和心理社会经验对抑郁、焦虑产生的影响》，《韩国心理学会会刊》2020 年第 4 期，第 2119~2156 页。

发病率最高，达到30%。20岁人群的自杀意念出现率也最高，达到22.5%。[①] 由此可见，当前韩国青年群体的心理健康问题比较严重，因此，如何促进和保护青年人的心理健康成为一个紧迫的社会问题。但是，韩国的防疫经验获得了普遍认可，其原因在于韩国社会强大的共同体意识和社会凝聚力。[②]

共同体意识主要指的是个体在共同体中感受到的归属感、相互影响、需求的满足以及亲密感和纽带感。[③] 共同体意识作为提升个人安宁感、缓解心理压力的最重要的因素，在公共保健领域一直备受关注。[④] 而且共同体意识与生活质量、主观幸福感、生活满意度、轻度抑郁等积极的心理指标存在高度相关性，[⑤] 是预测心理弹性的重要指标之一。[⑥] 共同体意识高的人往往认为自己遇到危险时能够得到其他成员的帮助，且对他人的信任较高，对日常生活中危险的感知较低。[⑦] 在新冠疫情中，共同体意识越高，由疫情导致的忧虑对

---

① 韩国保健福祉部：《2021年国民精神健康状况调查结果》，https：//www.korea.kr/news/pressReleaseView.do？newsId=156450317。

② 《迈克尔·桑德尔：共同体意识，是韩国防疫成功的关键因素》，《韩民族日报》2020年6月8日，https：//www.hani.co.kr/arti/international/america/948421.html#csidx5f7ad773b80e529 a58a0036729ea542。

③ D. W. McMillan and D. M. Chavis，"Sense of Community：A Definition and Theory，" *Journal of Community Psychology*，Vol. 14，No. 1，1986，pp. 6-23.

④ S. Gattino，N. De Piccoli，O. Fassio，& C. Rollero，"Quality of Life and Sense of Community：A Study on Health and Place of Residence，" *Journal of Community Psychology*，Vol. 41，No. 7，2013，pp. 811-826；柳胜雅：《大学生共同体意识对个人安宁感与社会关怀的影响及促进方案》，《韩国心理学会会刊》2014年第3期，第43~60页。

⑤ E. A. Greenfield and N. F. Marks，"Sense of Community as a Protective Factor against Long-term Psychological Effects of Childhood Violence，" *Social Service Review*，Vol. 84，No. 1，2010，pp. 129-147；C. Rollero，S. Gattino and N. De Piccoli，"A Gender Lens on Quality of Life：The Role of Sense of Community，Perceived Social Support，Self-Reported Health and Income，" *Social Indicators Research*，Vol. 116，No. 3，2014，pp. 887-898；金银河、金秀勇：《公平世界理念对成人抑郁症的影响：共同体意识的中介效应》，《咨询学研究》2017年第1期，第1~22页；白珍珠等：《大学生共同体意识与抑郁的关系：自我效能感的中介效应》，《韩国心理学会学术会议论文集》，韩国心理学会，2019，第339~349页。

⑥ S. Chen and G. A. Bonanno，"Psychological Adjustment during the Global Outbreak of COVID-19：A Resilience Perspective，" *Psychological Trauma：Theory Research Practice and Policy*，Vol. 12，No. 1，2020，pp. 51-54.

⑦ 李宰完：《社会信任对风险认知的影响：以首尔市民意识为中心》，《韩国文化信息学会会刊》2018年第10期，第518~526页。

抑郁和焦虑产生的影响越小，并实现了创伤后成长（posttraumatic growth）[①]。

共同体意识能更好地促进和谐与合作，让人不再感到孤单，[②] 有助于缓解对新冠疫情的恐惧，提高心理适应能力。共同体意识激励人们小心行事以免对他人造成伤害，思考和理解他人的处境，对他人的付出心存感激，积极配合国家的方针政策，起到保护精神健康的作用。尤其是，像新冠疫情这种突发事件，在出现需要集体应对的问题的情况下，共同体意识将成为人们精神健康的重要保护因素。

三　韩国大学人性教育的内容和举措

韩国有关人性教育的讨论始于 1995 年的《教育改革方案》，该方案首次明确提出要在学校教育的各个阶段实施系统化的人性教育，并作为其具体的措施引入志愿服务学分制度。2010 年韩国政府再次强调深入发展人性教育的重要性，将“创意·人性教育”提升到教育政策的核心地位，随后在 2015 年制定了世界上第一个将人性教育规定为义务的《人性教育振兴法》。韩国从国家层面积极推动人性教育的发展，韩国教育部每五年制定一次“人性教育强化基本计划”，按年龄和受教育阶段设立人性教育项目，并在全国大中小学、幼儿园进行推广。根据《人性教育振兴法》，首先，人性教育是“保障人的尊严和价值，培养与他人、共同体、自然和谐共存的品格和能力的教育”，其主要目标是培养具有健全、正直品格的公民，使互相尊重、关怀的共同体意识在全社会普及。其次，人性教育倡导的核心价值及道德品质为：礼、孝、正直、责任、尊重、关怀、沟通、合作。可以说，人性教育是伦理意识和道德品质培养的途径，不仅强调个人自身修养的提高，更强调作为共同体成员所必备的、与他人和谐相处的能力与品格的提升。因此，人性教育与培养共同体意识、公民意识的公民教育也密切相关。由此可

---

① 创伤后成长是人们经历重大打击之后产生的积极的心理变化。一般认为，创伤性事件对个体造成负面影响，但是积极心理学认为经历过创伤事件的人不仅得到恢复，还能实现成长。沈宰昌：《新冠疫情对韩国大学生精神健康产生的影响及应对灵活性与共同体意识的调节效应》，翰林大学硕士学位论文，2021。

② K. S. Al-Omoush, M. Orero-Blat and D. Ribeiro-Soriano, “The Role of Sense of Community in Harnessing the Wisdom of Crowds and Creating Collaborative Knowledge during the COVID - 19 Pandemic,” *Journal of Business Research*, Vol. 132, No. 8, 2021, pp. 765-774.

以看出，韩国人性教育的内涵已经超越传统的个人道德教育层面，逐渐涵盖公民教育和情绪教育领域。

目前，虽然韩国各大学实施的人性教育在内容和方法上存在一些差异，但是大部分大学将自我审视、沟通与理解、共同体意识、全球公民意识等作为主要内容。其中，共同体意识和全球公民意识是人性教育的两大轴心。因为过度强化个体对共同体的归属感，会使个体成为“封闭的人”，对其他共同体的成员或文化产生反感、厌恶等排他心理，相反，如果过于强调全球公民意识，则可能破坏或无视本土文化的价值。因此，当前韩国的人性教育注重平衡、兼顾共同体意识和全球公民意识的培养。下面将围绕三个人性教育案例,[①] 考察韩国大学人性教育的实施现状及主要特点。

（一）首尔女子大学：基于共同体的人性教育

首尔女子大学人性教育课程的正式名称为“正直人性教育”，由三个必修科目构成。学生从入学开始分阶段完成所有课程。该课程所追求的目标是培养“具有全球公民意识、引领社会和谐与变革的实践型人才”，要求大学一年级和二年级学生在专门的人性教育机构正直人性教育馆共同生活并接受人性教育。各年级的人性教育课程如表 1 所示。

表 1　首尔女子大学“正直人性教育”课程介绍

课程名称	正直人性教育Ⅰ	正直人性教育Ⅱ	正直人性教育Ⅲ
课程类型	集体生活体验教育	集体生活体验教育	15 周讲授课程
教学时间	一年级第一学期，共 3 周	二年级第二学期，共 2 周	三年级第一或第二学期，共 15 周
教学目标	培养自我认知能力和共同体意识、提升归属感	通过共情沟通，培养对他人的理解和关怀，认同文化多样性，提升社会交往能力	从全球角度看待社会问题，通过参与社会实践培养解决社会问题的能力

① 三个案例分别来自首尔女子大学、成均馆大学、启明大学，这三所学校被评为“人性教育优秀大学”，其中首尔女子大学被认定为“人性教育专业人才培养基地”（韩国教育部，https://www.moe.go.kr/boardCnts/viewRenew.do?boardID=316&lev=0&statusYN=W&s=moe&m=0302&opType=N&boardSeq=76822）。

续表

课程名称	正直人性教育Ⅰ	正直人性教育Ⅱ	正直人性教育Ⅲ
具体目标	• 认识自己，建立自我认同感 • 激发大学生主体性，培养责任感 • 提高对学校的归属感 • 培养共同体意识	• 培养共情沟通能力 • 提升多元文化敏感性 • 促进问题解决能力和社会交往能力 • 培养全球公民意识	• 提高作为全球公民的责任感 • 培养全球意识 • 寻找解决社会问题的实践方案 • 通过参与社会实践，为解决社会问题做出贡献 • 增强全球公民意识

资料来源：首尔女子大学正直人性教育学部，https：//www.swu.ac.kr/www/bahromedu_ 3.html。

正直人性教育的主要特点有二。第一，“正直人性教育Ⅰ”和“正直人性教育Ⅱ”分别是为期3周和2周的集体生活体验教育。“正直人性教育Ⅰ”的授课对象是大学一年级的学生，学生以16人为一组，在集体生活中学习伦理与礼仪，加深自我认知、规划未来、提升集体归属感。“正直人性教育Ⅱ”是学生在为期2周的集体生活中增强理解他人及与他人相处的能力，并感受文化多样性的过程。第二，人性教育贯穿了整个大学学习阶段且内容不断丰富加深，不仅要在入学时开展人性教育，而且在大学三年内分阶段持续进行。“正直人性教育Ⅲ”是通过15周的项目式学习（team project-based learning）提高学生解决社会问题的能力，从而使人性教育不再局限于个体素养与能力的培养，而是对整个社会产生积极影响。

（二）成均馆大学：活用经典的人性教育

成均馆大学的人性教育由“成均人性教育中心”负责进行。该机构实施以儒家核心道德品质仁、义、礼、智为基础的人性教育。人性教育分为理论课程和实践课程，理论课程包括“成均论语”“成均古典”等科目，实践课程包括“人性修养实践项目”“人性夏令营”等。理论课程的主要目标是探索《论语》等儒学经典中所包含的有关人类、自然、宇宙和谐共生的儒家思想及其对解决现代社会问题的有效性。“人性修养实践项目”由“兴仁”“敦义”“崇礼”“弘智”四个子项目构成（见表2），通过参与该项目学生将课堂上学到的儒学思想与自己的日常生活相联系，不仅可以获得自我审视的机会而且能树立正确的价值观。“人性夏令营”是为期两天的“儒生”体验项目，学生们身着古代服饰学习茶道、书法、礼仪、传统音乐等。可以说，成均馆大学的人性教育是在传授古典文化知识、培养大学生人文素养的同时，促进人性的健康发展。

表2　成均馆大学“人性修养实践项目”的内容与构成

<table>
<tr><th colspan="3">兴仁</th></tr>
<tr><td>主题</td><td>内容</td><td>时间</td></tr>
<tr><td>导入</td><td>•寻找失去的“心”：项目意义和过程介绍
•从充实和前进到回顾和休息</td><td>10分钟</td></tr>
<tr><td>展开</td><td>•放松身心
•回顾与审视自己
•增强自我力量
•用语言和文字表达自己
•理解、认同他人</td><td>60分钟</td></tr>
<tr><td>结束</td><td>•讨论如何爱人
•分享心得体会</td><td>15分钟</td></tr>
<tr><th colspan="3">敦义</th></tr>
<tr><td colspan="3">学生自主设计、开展志愿服务活动或社会实践活动，并与其他学生分享经验和心得。以此来培养学生的主体性和利他行为，树立治国平天下的人生理想</td></tr>
<tr><th colspan="3">崇礼</th></tr>
<tr><td>主题</td><td>内容</td><td>时间</td></tr>
<tr><td>导入</td><td>课堂礼仪与项目介绍</td><td>5分钟</td></tr>
<tr><td>展开</td><td>第一阶段：什么是礼仪？
•了解“礼”的内涵与本质
•了解“礼”的起源、原则、作用、使用等
第二阶段：穿韩服、行礼仪
•了解韩服和拜礼
•练习穿韩服和行拜礼
第三阶段：乡饮酒礼
•边喝酒边学习饮酒礼仪和正确的饮酒方法</td><td>85分钟</td></tr>
<tr><td>结束</td><td>•答疑
•分享体验
•穿韩服拍照</td><td>10分钟</td></tr>
<tr><th colspan="3">弘智</th></tr>
<tr><td>主题</td><td>内容</td><td>时间</td></tr>
<tr><td>导入</td><td>•项目介绍：《自省录》与传统思想
•《自省录》的制作工具分配与使用方法说明</td><td>5分钟</td></tr>
</table>

续表

主题	内容	时间
展开	第一阶段:制作《自省录》 • 观看视频"The Art of Making a Book" • 制作《自省录》 第二阶段:书写《自省录》 • 叙述自己心目中的自己 • 叙述别人眼中的自己 • 叙述自己理想中的自己 • 描绘自己现在和未来的人际关系 第三阶段:分享《自省录》 • 分享彼此的梦想和未来	85 分钟
结束	填写问卷,结束活动	10 分钟

资料来源：成均馆大学成均人性教育中心，https：//chec. skku. edu/chec/program/hungin. do。

(三) 启明大学：培养全球公民意识的人性教育

启明大学所开展的人性教育项目为“全球公民素质培养项目”，是为了提升学生作为全球公民应具备的素质和能力而设立的集中沉浸式培训项目，也是为了避免韩国社会“封闭性文化”与全球价值观产生冲突而开发的项目。该项目的学习包括以下三个阶段（见表3）。第一阶段是“照亮自己的光”——理想教育阶段，是寻找真正的自我的过程，通过发现学生各自的潜在优势，使学生更加了解自己，做好未来发展规划。第二阶段是“照亮他人的光”——共生教育阶段，是提升与他人沟通的能力的过程，通过培养对他人的同情心、沟通能力、责任感以及共同体意识，提升作为一个社会成员所必备的和谐共处的能力和领导力。第三阶段是“照亮世界的光”——全球公民素质教育阶段，旨在培养超越政治理念的差异和贫富差距，以及超越种族、文化、传统、宗教之间的差异，追求全人类和谐共存的世界公民。该项目不仅培养学生对他人的共情与关怀，而且以这种能力为基础，促进学生形成善于沟通且富有责任感的领导者品质，使其成为追求人类和谐与共同善的、具有创造力的全球公民。

启明大学的人性教育具有以下特征：第一，该项目的目标是培养学生具备能够在世界舞台上发挥核心力量的优秀公民的资质，为此，邀请在校留学生一同参与该项目，有效提升了学生参与度和活跃度，让学生获得更积极的学习体验；第二，该项目的学习分为三个阶段，其结构和流程清晰明确，即无论从形式上还是内容上，以“我”为圆心向他者和世界展开，而且该项目的学习不是一次性的，而是一个持续深化的过程。

表3 启明大学“全球公民素质培养项目”各阶段教育内容

第一阶段	照亮自己的光:理想教育	• 建立自我认同感 • 认识自己,规划未来
第二阶段	照亮他人的光:共生教育	• 理解与关怀他人 • 社会责任感 • 挑战与开拓精神
第三阶段	照亮世界的光:全球公民素质教育	• 沟通与交流 • 跨文化伦理 • 共情 • 跨文化敏感性 • 问题解决能力 • 创造力 • 共生

资料来源：韩国教养基础教育院：《2015年人性教育3.0项目成果报告书》，http：//www.konige.kr/index.php。

基于上述案例，韩国人性教育的主要特征可概括为如下几点。第一，在教育理念上，“人性”主要是指道德品质或道德情绪（affective），与“知性”形成鲜明对比；在教育目标上，既包括个体的自我实现以及人格完善，又包含社会共同体秩序的维护。第二，在教育体系上，人性教育是学生在进入专业课程学习之前实施的、培养大学生基本素养的教育，被纳入通识教育课程体系。第三，在教学内容上，以培养共同体意识、全球公民意识为重点开设一系列人性教育课程或将传统文化、经典融入人性教育之中。第四，在教学方法上，相对于理论教学，更倾向于选择社会服务、实习等实践教学或体验式教学。其中，最突出的特点是，人性教育应该区别于知识教育。这种“知”与“德”的区分，体现在将人性教育归类为道德教育的教育理念以及强调学生实践和体验的教学方法等各个方面。

韩国教育界乃至社会上存在的一种较为普遍的观点，即认为当前韩国的大学教育过分侧重“知性”的培养，而忽视了“人性”的培养。甚至认为，大学的知识教育阻碍了学生人性的发展。1998 年韩国教育学会发行的《人性教育》杂志序言提到，“我国的学校教育过度重视知识的传授，过于强调考试成绩，以至于忽视教育的终极目标‘使人成为人’，对人性教育没有给予足够的关注”。在这种观点下，人性教育被认为是与知识教育完全相反的，因此，在实施人性教育的过程中更倾向于选择与传统理论教学不同的教学方式，如情绪教育、感性教育、体验式教育等。但是对于知性与人性的对立，我们不得不更加慎重。知识教育本身并没有问题，问题在于我们只关注了知识的工具性价值，把知识作为实现某种目的的一种工具来理解。如今，大学的市场化趋势越来越明显，深受其影响，我们认为具有实用性的、市场价值的知识才是有用的知识，把知识的有用性局限在极小的范围内。知识依然是大学教育的核心，如果按照知性与人性相区分的观点，人性只不过是知性的辅助，会将人性教育降格为次要的教育领域，偏离了人性教育的本质和初衷。人性和知性虽然在概念上有较大差异，在大学教育中发挥着不同的作用，但两者具有密不可分的内在联系。这并不意味着两者应该采取同样的教育方式，也不能将人性与知性相对立。

四　韩国大学人性教育经验的启示

教育的终极目标是使人成为人，人懂得了如何做人以及做一个什么样的人之后才能成为“人才”，因此大学教育应回归人性教育。人性教育长期以来未得到足够重视，由于受市场影响，大学注重学生专业技能的培养，提倡开设实用性、职业性课程，大学教育的明显趋势是专业化程度不断加深，但大学生人文素养的薄弱令人担忧。近年来我国大部分高校开展了各种人性教育活动，虽然在一定程度上对培养大学生形成正确的价值观念及良好的道德品质有积极影响，但人性教育效果并不理想，在实施人性教育方面仍存在一些问题。第一，人性教育定位模糊。我国高校实施人性教育时普遍将心理教育、思想政治教育、意识形态教育与人性教育相结合，但是这种形式的教育活动很容易导致认知误区，认为人性教育是心理教育或思想政治教育的内容，导致人性教育缺乏明确的定位。第二，人性教育缺乏系统性。人性教育应该具备独立的课程体系，但是我国高校的人性教育只有一个模糊的教育目标，没有提出具体的教育理念、内容、方法、流程等。人性教育只是穿插在心理教育和思想政治教育之中，缺少整体性和系统性。第三，人性教育缺乏专业性。目前我国高校主要由思想政治教育和心理健康教育教师以及辅导员来进行大学生人性教育。这些教师多数没有经过专业的人性教育培训，对人性教育的理解不够全面，影响其为学生提供有效的人性教育教学活动。[①]

同为东亚国家，韩国在文化上与中国有着很多相通之处，因此韩国大学的人性教育实践经验可为我国高校人性教育的开展提供有益借鉴。

第一，需要重新思索在现有大学教育体系中人性教育的定位。明确人性教育的性质、人性教育和知识教育之间的有机关联性。比如，《论语》的讲解，应以思考知识教育目标与人性教育目标的异同为前提，以便采取相应的教育措施。另外，需要重新审视人性教育的教学方法。人性教育与知识教育的最大不同之处是教学方法上的差异，即人性教育主要采用的是实习、实践等体验为主的教学方法。人性教育的最终目标不是知识的获取，而是培养健全的品格和正确的价值观。因此，知识教育的教学方法有些不适用于人性教育。但目前存在的问题是，人性教育强调的体验式教学并没有经过深思熟虑，没有深入探讨体验式教学是否符合人性教育的目标，而只是为了替代传统教学方法。对于多数大学生来说，体验式教学是轻松的、不重要的教学活动，认为只要出勤就能获得学分。因此，在没有充分考虑如何平衡理论学习和体验学习的情况下，一味强调体验式教学有可能使人性教育沦为微不足道的教育。

第二，人性教育与家庭教育关联度极高，家庭教育是人性教育的出发点，人性教育深受父母生活态度的影响。但是现实中，由于学生和父母都很忙碌，很难在家庭中有计划地实施人性教育，且对人性教育的内容和方法也不熟悉。目前，很多韩国大学开设了恋爱、婚姻相关课程，但是缺少对父母角色及角色关系的协调等方面的探讨。对于大部分人来说，人生中最重要的事情就是养育子女和工作，但是很多父母投入工作的精力多于教育子女。大学生处于成年早期，面临工作和结婚生子，因此，人性教育需帮助学生树立正确的角色意识和职业伦理意识，促进其人性的更好发展。

---

① 龙跃君：《人性教育：现代大学通识教育的理想》，《大学教育科学》2014年第3期，第18~21页；徐晓艳：《教育生态学视域下大学生人格教育研究》，《渭南师范学院学报》2021年第12期，第69~74页。

第三，要把人性教育与专业教育相结合，探索人性教育与专业教育深度融合的课程模式。通过实施与专业融合的人性教育，不仅可以提高专业认知、增强课堂参与度，而且可以在课堂关注度和参与度提高的基础上，有效提升学生的人性实践能力，加深道德体验。不仅如此，在此过程中如果学生能持续获得教师的关注与支持，学校人性教育的效果将会达到最大化。学校教育环境对大学生的人性实践产生直接的影响，学生的课堂参与度越高、教师的情感支持越高，对人性实践产生的影响也越大。教师的情感支持不仅有助于提高学生上课的积极性，而且影响学生的人性实践。因此，教师作为学生的德育导师，应充分发挥榜样作用，保持对学生的尊重和信任态度。

为了解决韩国社会当前面临的道德危机，同时为了成功步入第四次工业革命时代，人性教育作为“培养未来人才”的新的教育模式受到广泛关注。过去韩国的人性教育具有很强的道德规范性，而现在的人性教育则呼应全球共同体时代需求，把重点放在培养能够了解自我和他人、具有公民性的全球化人才上。由此可以看出，人性教育已经超越个体道德修养层面而具有重要的社会价值，成为社会发展的关键环节。在韩国学历至上及激烈竞争之风的影响下，学生进入大学之前多未接受过系统的人性教育。中国大学生的情况和韩国相似。因此，加强大学生人性教育成为大学教育亟待解决的问题，有效的人性教育有利于培养大学生的健全人性、提高其人性实践能力，使其成长为具有完善人性的合格公民。

CONTENTS

Russia's Northeast Asia Policy: Profit, Practices, and New Trends

Wen Longjie / 3

Abstract Crossing continents of Europe and Asia, Russia has always considered Northeast Asia as an important diplomatic issue. It hopes to influence and shape the security structure of Northeast Asia, maintain its own security in the east to its own advantage by managing relations with Northeast Asian countries. With China, Japan and POK these three major economic entities, Northeast Asia has huge economic potential and development opportunities. Russia aims to strengthen and expand economic cooperation with Northeast Asian countries, integrate into regional economy, and stimulate economic growth. More importantly, Russia hopes to be deeply involved in Northeast Asian affairs, to maintain influence on regional and global hotspot issues, and to consolidate status as a world power. However, the regional structure left over from the Cold War has restricted Russia's diplomatic efforts in this area. After the outbreak of the Ukraine crisis in early 2022, Russia's diplomatic practice in the past period in Northeast Asia has encountered new challenges, which complicated the situation in Northeast Asia.

Keywords Russia; Northeast Asia; Ukraine Crisis; Regional Structure

The Influence and Role of Christianity in the Process of Democratization in ROK

Liu Lu / 21

Abstract Christianity is closely related to the political development process in ROK. Christianity in ROK experienced the coordinated development of politics and religion with Rhee Syngman's dictatorship and the upsurge of democratic struggle with Park Chung-hee's dictatorship, which further promoted the transformation of ROK's democratic politics. During the transition of ROK's politics from authoritarianism to democracy, Christianity actively participated in the democratization construction, became the leader and supporter of citizen's democracy movement, and was an extremely important leading force in the democratization construction of ROK, which had profound historical and practical significance for the development of the democratization process of ROK.

Keywords Politics of ROK; Christianity; Development Process of Democratization

Analyzing the Moon Jae-in Administration's Policies in Response to COVID-19

Yu Wanying, You Dasom and Lee Heeok / 35

Abstract ROK has experienced a total of four pandemics since the first COVID-19 patient occurred on January 20, 2020, until Omicron became a major virus of COVID-19 in February 2022. In the process of responding to COVID-19, ROK gradually sought a response system suitable for its own situation, and described it as "K-quarantine". This policy also became a COVID-19 management line that penetrated the second half of the Moon Jae-in administration. This paper summarizes the major measures of ROK's government's response to COVID-19 and the step-by-step adjustment process after the COVID-19 incident. In addition, this paper analyzed "K-quarantine" management experience and revealed limitations. It is expected that this will have implications for future infectious disease prevention measures.

Keywords ROK; COVID-19; Moon Jae-in Administration; K-quarantine

From Forgetting to Remembering: The Reconstruction and Remembrance of the Historical Memory of "Comfort Women"

Liu Guangjian / 51

Abstract The historical memory of "comfort women" after World War Ⅱ has transformed "forgetting" to "remembering". The collective and individual memories of "comfort women" have been linked together since the issue of "comfort women" arose. During 30 years of progress on the "comfort women" issue, the historical memory of the "comfort women" has been deconstructed and reconstructed. In this process, the collective memory of the "comfort women" has gradually become familiar in public, while individual memories are slowly losing their voice and even being ignored. As the historical memory of the "comfort women" gradually builds a global consensus, relevant countries and regions around the world are taking various actions to remember the history of the "comfort women" and care for the survivors of the "comfort women" system. This paper takes the collective and individual memories of the "comfort women" as the starting point to discuss how to remember the history of the "comfort women" effectively.

Keywords Japanese Army; Comfort Women; Historical Memory; Survivors

The Spread and Influence of Liang Qichao's Newspaper Thoughts in the Period of the Korean Empire

Xu Yulan, *Jin Chunji* / 66

Abstract During the Korean Empire, Liang Qichao's political discourses, newspaper-running thoughts, and literature theories were spread to Korea in succession which influenced and aroused deep spiritual resonance in Korean ideological circle and the press. Among them, Liang Qichao's thoughts of free speech and the political function, enlightenment education function and supervision function of newspapers and periodicals had a profound impact on the press of the Korean Empire, and make them gradually promoted the thoughts of reform and self-prosperity and function theories of newspapers and periodicals in a way that conformed to both traditional oriental culture and the Korean era. Therefore, it can be said that Liang Qichao's thoughts of newspapers and periodicals had a vital impact on the establishment and opening of modern journalism by Neo Confucianism during the Korean Empire.

Keywords Liang Qichao; Newspapers and Periodicals Function Thoughts; Korean Empire

Choe Sŏk-chŏng Corroboration for the Spacial Infinity

Abstract It has been a long debated topic that whether cosmic space is finite or infinite for a long time in Chinese history, it is the Korean scholar Choe Sŏk-chŏng (崔锡鼎, 1646–1715) who has made a more valuable exploration of this topic in the early 18th century. Inspired by Aristotle's view of finite space, Choe Sŏk-chŏng took Qi (气) as the material that composes everything in the universe and sees the infinite existence as the axiom, by describing the equity between the space and time of Qi's physical properties, deriving that Qi expands infinitely in space based on the infinite long in time, thus demonstrating the infinite space of the universe and citing the existence of multiple worlds. At the same time this process also reveals some of the situations in different civilizations of Aristotelian cosmology.

Keywords Choe Sŏk-chŏng; *Yu zhou tu shuo*; Infinite Universe; Multiple Worlds

The Exchange of Ideas between the Confuciansim of the Late Joseon Period and Seohak: A Case Study of Dasan Jeong Yak-yong's Confucian Classics Thought

Zhao Tiantian, *Cui Yingchen* / 95

Abstract Under pressure from Western encroachment, the Confucianism of the late Joseon period threw off the shackles of traditional thinking and began a critical and innovative adoption of Western thinking, creating a new ideology called "Silhak". This had a significant impact on the development of early modern Korean society. Dasan Jeong Yak-yong (1762 – 1836) was an important contributor to Silhak. While his theories have been accused of "rejecting Zhu Xi", they are still grounded in Korean Neo-Confucianism, but augmented with Western influence. His thought is a development and enhancement of Silhak that merits consideration and reflection.

Keywords the Confuciansim of the Late Joseon Period; Seohak; Dasan Jeong Yak-yong; Confucian Classics

The Reference and Acceptance of "Waishishi's Words" in Korean Novel *Dongyehuiji* to "Taishigong's Words" in *Historical Records*

Jin Yashu, *Li Guanfu* / 111

Abstract The writing style of commenting with "Taishigong's words" at the end of the article started from *Zuozhuan*, but it reached its peak with Sima Qian's *Historical Records* (*Shiji*). This writing technique not only had a huge influence on Chinese literature, but also played a huge role in boosting the creation and development of foreign literature. The ancient Korean *Dongyehuiji* draws on this method of commenting. Although the style of *Dongyehuiji* is different from *Historical Records*, the end of its article also uses "Waishishi's words" to comment on events. From the aspects of creative motivation, ideological connotation, and artistic characteristics, it can be clearly seen that *Dongyehuiji* draws on and accepts the "Taishigong's words" in *Historical Records*. Excavating the influence of *Historical Records* on *Dongyehuiji* can provide new discoveries and support for the ancient cultural exchanges in the Chinese character cultural circle.

Keywords *Dongyehuiji*; *Historical Records*; Ancient Cultural Exchanges between China and Korea

Text Reconstruction and National Identity: A Study on the World of Consciousness of Cho So-ang's *Hanguowenyuan*

Chai Lin / 123

Abstract *Hanguowenyuan* is a collection of Korean poems compiled by Cho So-ang, an exiled Korean writer who came to China. It has a comprehensive selection of materials and a large publication scale, which has very important literature value. Cho So-ang showed the excellent culture of Korea to the world through *Hanguowenyuan*, and there are many anti-Japanese and patriotic works in the book, which compares the ancient to the present and shows the determination to pursue national independence in the face of Japanese imperialist aggression. Cho So-ang tried to affirm the national character from the Korean traditional culture. In the context of the Chinese revolution, he formed a sense of community with a shared future between China and Korea, and overthrew Japan's imperial power and cultural hegemony through Sino-Korean cooperation, which was a historical choice endowed by common national interests in a special historical era.

Keywords Cho So-ang; *Hanguowenyuan*; National Character Reform; Identity

A Royal Road to Books' Mountain by "Catalogue" —The Academic Significance of *the Catalogue of Books in Chinese Published during the Japanese Occupation of Joseon*

Zhu Qin / 137

Abstract During the period of Japanese occupation of Joseon (1910 – 1945), the Governor – General of Joseon (Korea) took over Kyujanggak (library) and its collection of books belonging to the Lee's royal family of Joseon Dynasty. In order to assimilate the people of the Korean Peninsula into second-class people of the Japanese Emperor and eliminate their anti–Japanese and independent consciousness, the Japanese Colonial Authorities introduced many traditional Chinese classics, edited and published lots of books in Chinese that beautified colonial rule and tampered with historical facts as well as prohibited the dissemination of books that contradicted its enslaved rule. *The Catalogue of Books in Chinese Published during the Japanese Occupation of Joseon* reflects the overview of Chinese books circulating on the Korean Peninsula during that period. It also serves as a supplement to the study of cataloging and indexing in related fields, and is an important reference tool for the study of the Japanese colonial history and the history of Korean independence movement. In the cracks of the strict publishing censorship system of the Japanese Colonial Authorities, the dissemination of Chinese books (including banned books) exposed the colonial assimilation and ideological constraints of the Governor–General of Joseon, and on the other hand demonstrated the spirit of independence and rebuilding country among the people of the Peninsula, as well as continued the cultural exchanges between China and the Korean Peninsula.

Keywords Catalogue of Chinese Classics; the Period of Japanese Occupation of Joseon; Joseon Dynasty; Governor-General of Joseon; the Korean Independence Movement; Digital Database

A Study on the Transformation and Value Orientation of Language Policy in ROK

Cui Huiling, *Piao Zhuangbin* / 151

Abstract In the early years of its founding, ROK faced the dual challenges of maintaining state power and restoring its national identity. As a carrier of symbols and memories, language contains profound national and political values, and the formulation of language policy is thus one of the key tasks in state building. In post-colonial , language policies of ROK such as de-Japanification and de-Sinicization were adopted to reduce the influence and dominance of the Chinese and Japanese languages in society in order to break away from the long-standing tributary relationship and harsh colonial rule. As globalization moves on in the 21st century, the government of ROK has, on the one hand, set up a "nationwide mechanism" to promote the reform of English education and improve foreign language skills nationwide, and on the other hand, implemented a policy of "multilingualism and multiculturalism" to improve the multicultural quality of the people and enhance the social integration of transnational immigrants. In this way, a multilingual language policy system has been established, with Korean as the primary language and English as the focus, taking into account the coordination of multiple languages. In conclusion, the value orientation of ROK's language policy has evolved from "political values first" in the post-colonial period to "promoting instrumental values and then humanistic values" in the 21st century.

Keywords Language Policy; ROK; De-Japanification; De-Sinicization

On the Governance of Ideological Security in China —*Analysis Based on the Spread of "Korean Wave"*

Zhuang Qianzhi, *Jie Xiao* / 160

Abstract With the progress of information technology and the increasingly close international relations, the competition among contemporary countries is not only military, political and economic competition, but also cultural and information competition. ROK is famous for its developed cultural industry and is quite radiative to East Asian countries. In recent decades, ROK's cultural industry has rapidly and widely spread to China in the form of commodities along the global commodity circulation network, fueled by the Internet, resulting in the "Korean Wave" with its economic and cultural invasion to China. To some extent, the spread of ROK's ideology constituted a potential threat to the security of China with its ideological control on the everyday life of Chinese people. In this regard, China needs to focus on the development of cultural products, cultural communication channels, cultural symbol system and network technology, and strive to grasp the ideological discourse and cultural leadership in international image publicity, network security governance and public opinion shaping, so as to form the ideological competitive advantage of the trinity of cultural goods, cultural symbols and information technology.

Keywords "Korean Wave"; Ideology; Internet; Cultural Industries

Why is ROK'S Household Debt Risk so High

Piao Ying'ai, Li Meiru and Sun Hongyuan / 174

Abstract Under the impact of COVID-19, the high debt of the ROK's household sector has posed a huge challenge to the smooth operation of the macro economy. Since 2008, ROK's household debt has continued to expand and grow rapidly. Structurally, the household debts of the young and the elderly are growing faster, high-income households have more debt, and low-income households have heavier repayment burden. Because high debt comes with high risk, the risk of household debt in ROK is increasingly, which is strongly correlated with slower economic growth, higher unemployment, higher interest rates and house price growth. In early 2022, Bank of ROK raised benchmark interest rates in order to curb the overheating in real estate market, which has exacerbated debt repayment pressure on high-risk borrowers. Household debt in ROK has become one of the important sources of financial instability under external shocks, which has a warning significance for Chinese household debt problems.

Keywords ROK; Household Debt; High Debt

The Practical Experience and Enlightenment of Personality Education in Universities of ROK

Abstract Since the government of ROK enacted "Personality Education Promotion Act" in 2015, personality education has covered all levels of education. Currently, the most universities in ROK have set up personality education committees, which are responsible for planning and implementing personality education. However, as the exploration of personality education in ROK has just started, the current personality education of university presents different characteristics. This paper will focus on three cases of personality education in universities of ROK, to investigate the specific measures, main characteristics and factors that need to be improved, and on this basis, extract the experience that can be used for reference in Chinese personality education, hoping to get some meaningful enlightenment.

Keywords Personality Education; Collectivism; Global Citizenship; ROK

复旦大学《韩国研究论丛》征稿启事

《韩国研究论丛》（简称“本论丛”）为复旦大学韩国研究中心主办的学术集刊，创刊于1995年，一直秉承“前沿、首创、权威”的宗旨，致力于朝鲜半岛问题研究，所刊文章涉及朝鲜半岛研究的各个领域。

2005年，本论丛入选CSSCI首届来源集刊，迄今多次入选。自2013年起每年出版两辑，设置三个专题栏目：（一）政治、外交与安全；（二）历史、哲学与文化；（三）社会、经济与管理。

投稿时请注意学术规范。

（一）原创性论文。本论丛文章出版前均经学术不端系统检测，有条件者请自行检测后投稿，且所投论文不曾在其他出版物（含内刊）上刊载过。

（二）文章格式严格依照学术规范要求，须包括中英文标题、内容提要（200字以内）和关键词及作者简介（姓名、工作单位、职务及职称、研究领域）；基金项目论文，请注明下达单位、项目名称及项目编号等。

（三）论文一般不超过10000字。

（四）稿件须为Microsoft office word（不接受其他文本文档），注释采用脚注形式，每页重新编号，注释序号放在标点符号之后。因需要分发审阅，不再接受纸质版论文。所引文献需有完整出处，如作者、题名、出版单位及出版年份、卷期、页码等。网络文献请注明完整网址。

（五）本论丛编辑部根据编辑工作需要，可能对来稿文字做一定删改，不同意者请在投稿时注明。

（六）编辑部信箱：cks@ fudan. edu. cn，电话：021-65643484。投稿请以本邮箱为准，不接受其他形式的投稿。本论丛不支付稿酬，也不收取任何版面费。

本论丛将继承和发扬创刊以来的风格，注重学术性、前沿性、创新性、时代性，依托复旦大学，面向世界，努力反映最新研究成果。欢迎国内外同行不吝赐稿！

《韩国研究论丛》编辑部

复旦大学韩国研究中心

图书在版编目（CIP）数据

韩国研究论丛．总第四十四辑：2022 年．第二辑／复旦大学韩国研究中心编．--北京：社会科学文献出版社，2024.5

（复旦大学韩国研究丛书）

ISBN 978-7-5228-3376-7

Ⅰ.①韩… Ⅱ.①复… Ⅲ.①韩国-研究-文集 Ⅳ.①K312.607-53

中国国家版本馆 CIP 数据核字（2024）第 066842 号

·复旦大学韩国研究丛书·

韩国研究论丛 总第四十四辑（2022 年第二辑）

编　　者／复旦大学韩国研究中心

出 版 人／冀祥德
组稿编辑／高明秀
责任编辑／许玉燕
责任印制／王京美

出　　版／社会科学文献出版社·区域国别学分社（010）59367078
　　　　　地址：北京市北三环中路甲 29 号院华龙大厦　邮编：100029
　　　　　网址：www.ssap.com.cn
发　　行／社会科学文献出版社（010）59367028
印　　装／三河市尚艺印装有限公司

规　　格／开 本：787mm×1092mm　1/16
　　　　　印 张：13.75　字 数：230 千字
版　　次／2024 年 5 月第 1 版　2024 年 5 月第 1 次印刷
书　　号／ISBN 978-7-5228-3376-7
定　　价／98.00 元

读者服务电话：4008918866